C·H·Beck
PAPERBACK

Lieben Sie Wagner? Dann sollten Sie unbedingt dieses Buch lesen, dessen Autor und Autorin kundig und entspannt über den Meister, seine überwältigende Musik und seine Merkwürdigkeiten plaudern – und die Ihnen überraschende Perspektiven auf den Gegenstand Ihrer Verehrung eröffnen werden! *Meiden Sie Wagner?* Dann sollten Sie unbedingt dieses Buch lesen, dessen Autor und Autorin kenntnisreich und ironisch Skurrilitäten und Abgründe eines Komponisten offenlegen, mit dessen mythengeschwängerter Musik Sie schwerlich einen ganzen Abend verbringen möchten! *Möchten Sie einfach Wagner kennen und seine Musik verstehen lernen?* Dann sollten Sie unbedingt dieses Buch lesen, dessen Autor und Autorin Ihnen verständlich und unterhaltsam alles Wichtige erzählen, was Sie über seinen Lebensweg, sein Seelenleben, seine politischen Ansichten, seine Frauen, seine Geldnöte, seine Opernsujets und die kompositorischen Besonderheiten seiner Werke wissen sollten. Und außerdem erfahren Sie, wie Sie jeden Wagner-Opernabend überstehen.

Regine Müller studierte Musik und Germanistik. Als Autorin und Musikjournalistin arbeitet sie für Presse und Rundfunk sowie für zahlreiche Konzerthäuser. Sie lebt in Düsseldorf. Gemeinsam mit Enrik Lauer hat sie ein sehr erfolgreiches Buch über *Mozart und die Frauen* veröffentlicht, das in mehrere Sprachen übersetzt wurde.
Enrik Lauer ist promovierter Germanist und arbeitet als freier Publizist in Berlin.

Enrik Lauer & Regine Müller

Der kleine Wagnerianer

Zehn Lektionen für Anfänger und Fortgeschrittene

C.H.Beck

Agentur: Montasser Media

Mit zehn Illustrationen
von Felix Gephart, Berlin

Die erste Auflage dieses Buches erschien 2013
in gebundener Form.

1., durchgesehene Auflage in C.H.Beck Paperback. 2020

www.chbeck.de
Umschlaggestaltung: geviert.com, Christian Otto
Umschlagabbildung: Michael Mathias Prechtl, «Richard Wagner» (Ausschnitt), 1982
Satz: Fotosatz Amann, Memmingen
Druck und Bindung: Druckerei C.H.Beck, Nördlingen
Printed in Germany
ISBN 978 3 406 75745 7

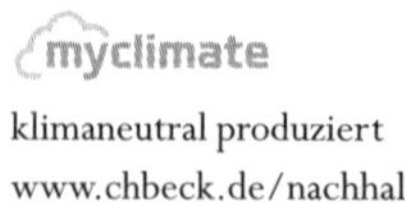

klimaneutral produziert
www.chbeck.de/nachhaltig

Inhalt

1.
«Weißt du, was du sahst?»

Das Wagner'sche «Musikdrama» als permanente Herausforderung

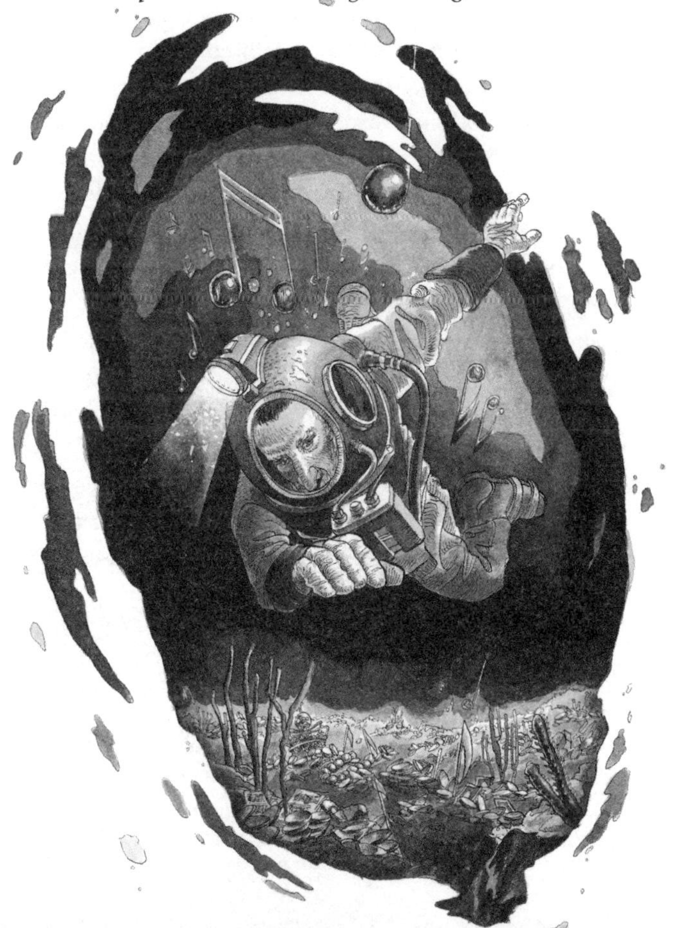

Es gehört zu den Ironien rund um sein Werk, dass der Begriff des «Musikdramas», der gemeinhin eng mit diesem verbunden wird, gar nicht von Wagner stammt, sondern von seinem Zeitgenossen Theodor Mundt (1808–1861) – und dass Wagner selbst diesen Begriff später vehement ablehnte. Mundt hatte im Juni 1831 – da war Wagner gerade 18 und, nun ja, Student in Dresden – in den Leipziger *Blättern für literarische Unterhaltung* einen klugen Aufsatz veröffentlicht: «Ueber Oper, Drama und Melodrama in ihrem Verhältniß zu einander und zum Theater». Mit Rossini und seiner Kunst des virtuosen Gesangs, so Mundt, habe die Oper angefangen, das Drama «auf dem Theater zu verdrängen» und zu einer «Modekunst» zu werden. Infolgedessen würden viele Dramatiker zum vermeintlichen Erfolgsrezept musikalischer Begleitung greifen. Ergebnis dieses «Hülferuf(s) der vom Zeitgeschmack verlassenen dramatischen Dichtkunst» sei das Melodram, in dem die Musik leider immer «untergeordneter und bedeutungsloser angewendet» worden sei, so dass man unter einem Melodram gegenwärtig meist nur noch «ein raffinirtes Mordspectakelstück mit möglichstem Criminalschauder» verstehe. Obwohl die Oper «ihrer Natur nach als ein musikalisches Drama zu betrachten» sei, bedürfe es daher eines neuen Begriffes, mittels dessen sie sich von jener «Gattung von musikalischem Drama, in welchem die Musik nur als Intermezzo mitspielte» unterscheiden lasse. Mundt bezieht sich hier wohl auf die Gattung der Schauspielmusik, zur der etwa Beethovens Musik zu Goethes *Egmont* zählt. Diese unterscheide sich jedoch wesentlich «von der Oper als dem in der Einheit von Dichtkunst und Tonkunst gegründeten Musikdrama».

Die Oper in diesem umfassenden Sinne wieder auf die Höhe

ihrer Möglichkeiten zu bringen, sei «ein ästhetisches Projekt», das «eine zukünftige Umgestaltung der Theaterkunst» erforderlich mache. Das wäre wohl Musik in Wagners Ohren gewesen, wenn er Mundts Text gekannt hätte – was vermutlich nicht der Fall war. Wagners Bühnenwerke als «Musikdramen» zu klassifizieren setzte sich nämlich erst mehr als dreißig Jahre später durch. Weshalb seine knappe Polemik aus dem Jahre 1872 *(Über die Benennung ‹Musikdrama›)* denn auch recht spitzfindig daherkommt, indem Wagner – grammatikalisch korrekt – mutmaßt, mit diesem Kompositum sei, wenn überhaupt etwas, so doch nur ein «Drama zum Zweck der Musik», ergo «das altgewohnte Opernlibretto» gemeint. Weshalb das ‹Musikdrama› am Ende nicht mehr sei als ein «bequemes Nest», das jedem «zum Ausbrüten seiner musikalischen Eier bereit liege».

Dabei hätte ein Blick in Mundts Text (der um den Begriff selbst übrigens kein großes Wesen macht) Wagner eine gewisse Nähe ihrer beider Überlegungen erkennen lassen können. Denn Mundt definiert das Drama durch seine «scharf und consequent durchgeführte Dialektik der Handlung». Dagegen bringe es die «lyrische Natur der Musik» mit sich, dass das Musikdrama «diese Handlung zu einem ganz andern Zwecke» auffasse, «nämlich um die der Handlung inwohnende Lyrik daraus hervorzubilden». Weshalb es in der Oper denn auch mehr um «das Phantasiren des Affects, die Musik der Leidenschaft, die Lyrik des Charakters, den in Töne aufgelösten Sinn der Handlung, als den Affect, die Leidenschaft, den Charakter und die Handlung selbst» gehe. Nichts anderes meinte Wagner im Kern, als er 1851 in der umfassendsten seiner ‹Reformschriften› – *Oper und Drama* – schrieb:

> *Vor dem dargestellten dramatischen Kunstwerke darf Nichts mehr dem kombinirenden Verstande aufzusuchen übrig bleiben: (...) Im Drama müssen wir Wissende werden durch das Gefühl. Der Verstand sagt uns:* so ist es *erst, wenn uns das Gefühl*

> *gesagt hat:* so muß es sein. *Dieß Gefühl wird sich aber nur durch sich selbst verständlich: es versteht keine andere Sprache, als seine eigene. (...) Eine Handlung kann daher nur dann im Drama erklärt werden, wenn sie dem Gefühle vollkommen gerechtfertigt wird, und die Aufgabe des dramatischen Dichters ist es somit, nicht Handlungen zu erfinden, sondern eine Handlung aus der Nothwendigkeit des Gefühles der Art zu verständlichen, daß wir der Hilfe des Verstandes zu ihrer Rechtfertigung gänzlich entbehren dürfen.*

Das ist etwas umständlich formuliert, aber im Grunde leicht zu verstehen. Nach Tolstois unübertroffen knappem Diktum ist Musik «Stenographie der Gefühle». Am Verstand vorbei – modern gesprochen: über unser vegetatives Nervensystem – löst Musik unmittelbare affektive Reaktionen aus. Auch für Wagner ist es vor allem die Musik, die das im Drama Dargestellte – Handlung, Konflikte, Motive der Protagonisten – dem Zuschauer zur sinnlichen Gewissheit bringt. Hinzu treten dann sämtliche anderen auf die Sinne wirkenden Bühnenkünste: etwa Ausdruck, Bewegung, Kostüm oder Szenerie. Und nur der Affekt, der in die Richtung seines intendierten Gehaltes gelenkt wird, kann dann im Nachgang auch wieder zur rationalen Reflexion des «Dramas» und seiner Gehalte drängen.

Die zentrale Differenz zur (barocken) musikalischen Rhetorik und der dahinter stehenden Affektenlehre liegt denn auch nicht in der grundsätzlichen Suprematie des musikalisch ausgedrückten Gefühls, sondern in zwei anderen Punkten: Erstens darin, dass Wagners Musik sich einer rhetorischen (und das heißt: rationalen) Aufschlüsselung im Sinne halbwegs verbindlicher Relationen zwischen musikalischen Figuren und bestimmten Affekten verweigert. Und zweitens darin, dass Wagner die Ansprache des Gefühls hauptsächlich dem Orchester – wohlgemerkt: einem Orchester, dem er eine völlig neue

Fülle an Klangfarben und -schattierungen entlockt – überantwortet, weniger seinem tendenziell deklamatorischen Gesang.

Aber auch für Wagner kann allein das Gefühl «zur Theilnahme fesseln», wie er in *Oper und Drama* darlegt. Im «vollendetsten Kunstwerke» teile dessen Schöpfer seine Absicht «durch Verwendung aller künstlerischen Ausdrucksfähigkeiten des Menschen (...) an die unmittelbarsten Empfängnißorgane des Gefühles, die Sinne», mit. Musik, Handlung und Szene müssten dabei eine «sympathetische Wirkung» hervorbringen. Anders gesagt: Vor das Verstehen setzen Musik und szenische Darstellung eine rational nicht steuerbare Identifikation mit dem Dargestellten. Der Zuschauer wird aus seinen Vorurteilen, aus seinem Alltagsstandpunkt, aus seinem bloßen Meinen über Liebe, Macht, Verrat, Gier – oder was immer sonst im Drama verhandelt wird – herausgerissen und in die ihm zunächst fremde Perspektive des Bühnengeschehens hineingezogen. Wagners ästhetisches Programm: Verfremdung durch Empathie, Erzeugung von Empathie durch kalkulierte Überwältigung. In des Meisters sperriger Syntax:

> *Aus diesem Mitgefühle gelangt er ebenso unwillkürlich zum Verständnisse seines eigenen individuellen Wesens, wie er an den Gegenständen und Gegensätzen seines Fühlens und Handelns (...) auch das Wesen dieser Gegensätze erkennen lernte, und zwar dadurch, daß er, durch lebhafte Sympathie für sein eigenes Bild aus sich herausversetzt, zur unwillkürlichen Theilnahme an dem Fühlen und Handeln auch seiner Gegensätze hingerissen, zur Anerkennung und Gerechtigkeit gegen diese, die nicht mehr seiner Befangenheit im wirklichen Handeln gegenüberstehen, bestimmt wird.*

Doch Wagner zielt letztlich nicht auf die willenlose Hingabe seines Publikums, sondern auf dessen geistige Mobilisierung. Wir sollen uns in der Begegnung mit einem Werk mit unserer

Lebenswirklichkeit auseinandersetzen. Und zu dieser zunächst individuellen Lebenswirklichkeit gehören untrennbar deren gesellschaftliche, politische oder ökonomische Rahmenbedingungen. Wenige Komponisten waren so dezidiert politische Künstler wie Richard Wagner. Das schließt das unauslöschliche Schandmal seines Antisemitismus ebenso ein wie irrlichternde Wandlungen seines Weltbildes oder einen immer wieder aufkeimenden Hang zum Opportunismus gegenüber mächtigen Geldgebern. Doch im Grunde seines Herzens blieb Wagner zeitlebens der utopische Anarchist der 1848er Jahre. In seinem Denken, vor allem aber in seiner Kunst sägte er konsequent kritisch an den tragenden Säulen der bürgerlichen Welt: Staat und Macht, Eigentum, Religion, Ehe und Familie. Vor allem der Politikwissenschaftler Udo Bermbach hat das in mehreren seiner Bücher schlüssig dargelegt.

Doch ob man Wagner nun «links» oder «rechts» wendet – der größte Irrtum wäre stets, aus seinen Schriften, gar aus seinen Werken ein «Programm» herauslesen zu wollen. Wagner war kein systematischer Denker, eher ein «synkretistischer Grübler» (Jochen Hörisch), der unterschiedlichste, bisweilen sogar diametral gegensätzliche Quellen und Impulse aufsaugte wie ein Schwamm – und sie in den Dienst seines künstlerischen Schaffens stellte. Kaum ein Komponist hat denn auch derart umfassend und dezidiert über die gesellschaftliche und politische Funktion des (Musik-)Theaters nachgedacht wie Wagner.

Dass ihm reines *L'art pour l'art,* sei es zum Zwecke der Unterhaltung oder der seelischen Erbauung, zutiefst zuwider war, darf als Allgemeinplatz gelten. Dass seine eigenen Werke in vielem als Kinder ihrer Zeit erscheinen, wohl auch. Durchaus nicht als Allgemeinplatz darf dagegen gelten, was heute oft mit dem unscharfen Begriff der «Aktualisierung» bezeichnet wird: dass Wagners Werk zu jeder Zeit auch wieder zum Kind *dieser* Zeit – zum Zeitgenossen – gemacht werden muss. Das erreicht man sicher nicht dadurch, dass ausschließlich Bärenfelle gegen Designermöbel, Flügelhelme gegen Bauhelme oder Schwerter gegen Smartphones ausgetauscht werden. Noch weniger erreicht man es allerdings, wenn man sich in Wagners Musikdramen an der Musik berauscht, das Drama Drama sein lässt – und alles Missfallen einer ach so furchtbar ‹modernen› Regie in die Schuhe schiebt. Wir erreichen es, wenn wir die Probleme, die in Wagners Werk verhandelt werden, als Probleme unserer jeweils eigenen Zeit verstehen – und damit vielleicht zugleich besser verstehbar machen. «Das absolute Kunstwerk», schrieb Wagner 1851 in seiner *Mittheilung an meine Freunde*, «das ist: das Kunstwerk, das weder an Ort und Zeit gebunden, noch von bestimmten Menschen unter bestimmten Umständen an wiederum bestimmte Menschen dargestellt und von diesen verstanden werden soll, – ist ein vollständiges Unding, ein Schattenbild ästhetischer Gedankenphantasie.»

Als Musikdramatiker ist Wagner daher von im Wortsinne radikaler Konsequenz: Er stellt die Grundwidersprüche seiner Epoche in seinem Werk gnadenlos aus und analysiert sie mit erstaunlich scharfem Blick. Und er versetzt die Hörer seiner Musik in einen emotionalen Furor, der jegliche Gleichgültigkeit gegenüber dem, «was Du sahst», im Grunde verbietet. Es gibt Menschen, die wenden sich angesichts der überwältigenden Macht von Wagners Flötentönen ab. Dagegen kann und muss man nichts machen. Es gab (und gibt wohl immer noch in kleinerer Zahl) Menschen, die seine Musik als – mindestens – kulturellen Marschbefehl ins Gestern auffassen. Solange das ein privates Missverständnis bleibt, ist das unerfreulich, aber hinnehmbar. Der Verweis auf die historischen Konsequenzen einer Kollektivierung dieses Irrtums dürfte im Übrigen auf längere Sicht schlagend bleiben. Für alle Macher eines wohlverstandenen Wagner-Theaters und für «ein partizipatorisches Theaterpublikum» (Bermbach), wie es Wagner vorschwebte, bleibt die Gurnemanz-Frage an Parsifal – «Weißt du, was du sahst?» – eine permanente Herausforderung. Wagner fordert nicht von uns, sein Werk als – gar noch weihevolles – Gesamtkunstwerk zu *verehren*, sondern es als solches immer wieder zu *realisieren*: Als bewusst gestaltete und bewusst besuchte Werkstatt gesellschaftlicher wie individueller Selbstreflexion.

2.
Mehr als *ein* Revolutionär

Tristan und Isolde:
Was Wagner für die Musikgeschichte bedeutet

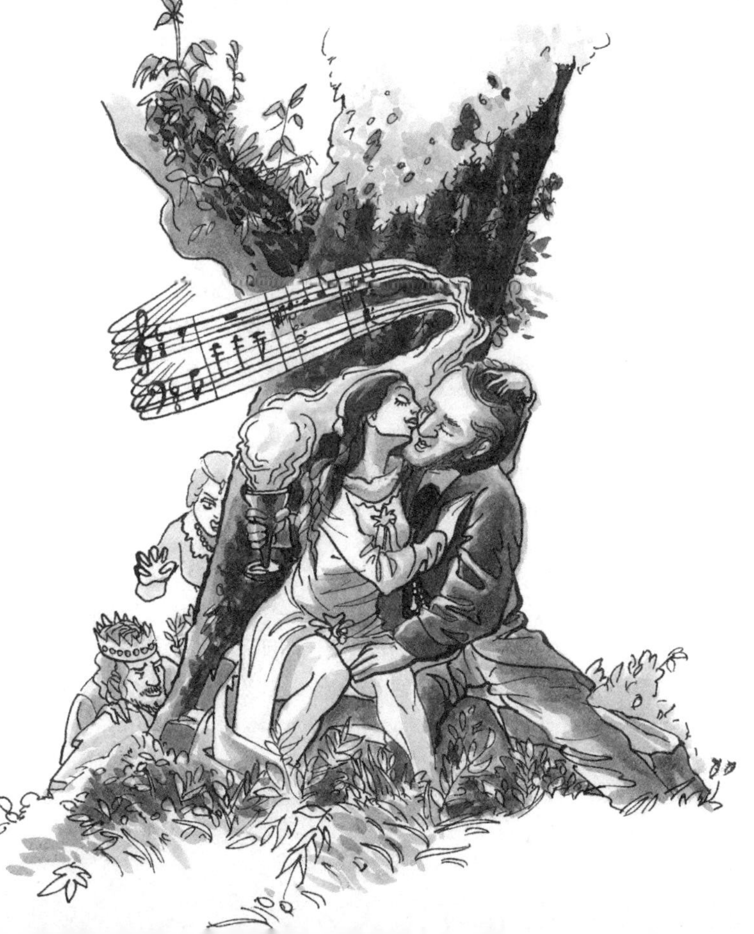

In der Disziplin der Musikwissenschaft denkt und arbeitet man traditionell in der Rückschau. Das liegt in der Natur der Sache. Die Relevanz musikalischer, ja künstlerischer Ereignisse und Entwicklungen generell lässt sich erst dann mit einiger Sicherheit beurteilen, wenn sich deren Spuren ausgebreitet und vertieft haben, statt im Sande zu verlaufen. So hat die Musikwelt, die natürlich nicht nur aus professionellen Chronisten, sondern auch aus der großen Schar der Musikliebhaber besteht, manchen Skandal, manchen Star und sogar manches Genre vergessen, wenn nachfolgende Generationen sich entweder nicht mehr darüber aufregen oder nicht mehr dafür begeistern wollten, was einst so singulär, skandalös und attraktiv zu sein schien. Häufig ermächtigt sich die Musikwissenschaft allerdings auch selbst dazu, in der Rückschau Marksteine der (Be-)Deutung just dort zu sehen und zu setzen, wo die Zeitgenossen noch gleichgültig mit den Schultern zuckten. Oder nur eine verschwindend kleine Zahl von Menschen Zeugen eines Ereignisses von im Nachhinein als epochal begriffener Bedeutung waren.

Ein solches Ereignis war unzweifelhaft die Uraufführung von Claudio Monteverdis *Favola in musica* – grob übersetzt: Geschichte in Musik – *L'Orfeo*, die anno 1607 vor einer kleinen Schar feudaler Spezialisten und Gönner im Palazzo Ducale zu Mantua über eine eher improvisierte Bühne ging. Im Nachhinein wurde aus diesem höchst elitären Ereignis die Geburtsstunde der Oper. Sicher nicht zu Unrecht, denn es war in der Tat Monteverdi, der sich hernach noch über 35 Jahre seines Lebens mit dieser neuen Gattung beschäftigen sollte und sie zu einer ersten Blüte führte. Dennoch gab es sehr wohl Vorläufer des *L'Orfeo* – verloren gegangene Werke aus der Feder von

Kollegen Monteverdis, die womöglich auch einen Anspruch auf Erfindung der neuen Kunstform Oper hätten erheben können. Das Aufkommen dieser Gattung kündigte sich an, drängte gewissermaßen zur Erfindung. Wie auch immer: Das Geburtsdatum der Oper – die damals noch gar nicht so hieß – wurde post festum auf 1607 festgelegt.

Vergleichbar marmorne Marksteine oder gar Revolutionen sind in der Musikgeschichte allerdings relativ selten. Gewiss, man zählt die Geburts- und Todestage der Meister-Tonsetzer und die Uraufführungsdaten ihrer einflussreichsten Werke zu den Weg- und Wendemarken. So wie die Experten der Musikgeschichte etlichen Unsterblichen aus dem Olymp der Komponisten das Etikett des Revolutionärs angeheftet haben. Natürlich gehören Mozart und Beethoven in diese Ahnenreihe. Haydn erfand das moderne Streichquartett, Schubert trieb das Lied zu ungeahnten Höhen voran. Und so fort.

Aber wann konnte und kann man schon einmal behaupten, dass von genau diesem einen Punkt an, mit genau diesem einen Werk alles anders wurde? Dass nach diesem Ereignis die Musikgeschichte nachweislich eine andere Richtung genommen hat? Eines dieser seltenen Ereignisse kann unbestritten Richard Wagner für sich reklamieren. Und zwar mit *Tristan und Isolde*, seinem subjektivsten und vielleicht auch seltsamsten Werk, in dem insbesondere der berühmt-berüchtigte «Tristan-Akkord» jenen magischen Moment markiert, der musikgeschichtlich zum *Point of no Return* wurde. Denn dieser Akkord stieß das Tor zur Moderne weit auf.

Als revolutionär darf freilich Wagners gesamtes Œuvre gelten, und das im weitesten Sinn. Denn Wagner hat – ob nun gewollt oder als Kollateralschaden – die musikalische Avantgarde nicht nur mit dem Tristan-Akkord vorweggenommen. Die Emanzipation der Dissonanz und damit die Antizipation der Auflösung der Tonalität war nur eine von Wagners avantgardistischen Leistungen. Vor allem etablierte er auch die

Wiedererkennungstechnik der Leitmotive – und mit dieser die Möglichkeit von Rückblende und Vorausschau auf der Opernbühne. Mit dieser von Wagner exzessiv eingesetzten Technik zog die Psychologie ins Musiktheater ein, bevor sie eigentlich erfunden wurde. Zudem hob seine Wiederholungstechnik den linearen Zeitverlauf als zwingendes Strukturelement der Oper auf. Wagner darf mit seinen aufwendigen Klangkonzepten aber auch als Erfinder des Raumklangs gelten, auf den sehr viel später ein Komponist wie Karlheinz Stockhausen wieder zurückgreifen sollte. Im unsichtbaren Orchestergraben und dem damals zum ersten Mal vollständig verdunkelten Saal in Bayreuth ist wiederum eine Vorwegnahme des Kinos zu erkennen, in dem ja bis heute die Leitmotivtechnik das bevorzugte Stilmittel der Filmmusik geblieben ist, streng nach Wagners Vorbild. Darüber hinaus hat Wagner die einzelnen Parameter der Musik – wie Tondauer, Dynamik und Klangfarbe – emanzipiert, indem er sie auf ihre Veränderbarkeit untersuchte und solche Veränderungen gezielt, etwa durch Klangfarbenwechsel, einsetzte. Und nicht zuletzt war Wagners berüchtigtes Gesamtkunstwerk eine Vorwegnahme dessen, was man heute als Multimedia-Spektakel bezeichnen würde.

Wagner schuf ein Musiktheater, das alle Sinne anspricht, den ganzen Raum mit einbezieht und keine Distanz zum Geschehen erlaubt. Das genaue Gegenteil dessen also, was Bertolt Brecht später mit seinem Prinzip des epischen Theaters einfordern sollte: intellektuelle Distanz des Zuschauers. Wagner arbeitete lebenslang an einem totalen Überwältigungs-Theater. Vordergründig, um überkommene feudale Sehgewohnheiten zu konterkarieren: Denn die durchkomponierten Partituren Wagner'scher Opern schaffen die Applauspausen ab, und mit ihnen das selektive Hören. Erschien doch das Publikum zu Mozarts Zeiten, aber auch noch in der Ära der französischen Grand Opéra und des italienischen Belcanto allzu gern nur zum Genuss einzelner Bravourarien. Oder kurz vor der Tanzeinlage, weil die Kavaliere die mit ihnen liierten Damen des Corps de Ballet beehren wollten.

Der zähe Sachse beschritt neue Wege aber nicht nur als einfallsreicher Tonsetzer, sondern auch als Theoretiker, als Verfasser ebenso verschwurbelter – seine Kunst-Traktate – wie bisweilen infamer – etwa *Das Judentum in der Musik* – Pamphlete, als Allround-Künstler, der sein eigener Librettist war, als Visionär, als Bauherr, als Festspielgründer und Organisator. Eigenwillig verhielt er sich zudem beim leidigen Problem der Finanzierung seiner Visionen – bei dessen Lösung er jeden heutigen noch so gewieften Fundraiser an Schlitzohrigkeit und Unverschämtheit um Längen überbot.

Dennoch: Innerhalb dieses riesigen, in jeder Hinsicht innovativen Werks gibt es eben diesen einen Schlüsselmoment des Tristan-Akkords, in dem das Revolutionäre von Wagners Kunst sozusagen kulminiert. Der Moment, da er erstmals öffentlich erklang – am 25. Januar 1860 bei einer konzertanten Aufführung des Vorspiels zu *Tristan und Isolde* im Italienischen Theater zu Paris –, gilt als Wendepunkt der abendländischen Musikgeschichte, weil er rückblickend als Beginn der Auflösung der Tonalität identifiziert wurde. Dieser folgenreiche Akkord erklingt bereits im zweiten Takt des Vorspiels – von Wagner als «Einleitung» bezeichnet – und bildet die harmonische Keimzelle der (mit Pausen) fünfstündigen «Handlung».

Auch ohne das Wissen um die historische Tragweite teilt sich die Wirkung dieses denkwürdigen Vierklangs unmittelbar mit. «Mit einem Akkord», schrieb Richard Strauss neidlos anerkennend an den Regisseur und Theaterwissenschaftler Joseph Gregor, «gelingt es der Musik, die Empfindung auszusprechen: Das Gefühl der Liebe, der Sehnsucht, der Bußfertigkeit, der Todesbereitschaft – die ersten zwei Takte des Tristanvorspiels sagen dem Hörer mehr als die schönste Wortdichtung.» Strauss beschreibt damit treffend die ungeheuer suggestive Kraft, mit der die ersten Takte den Hörer sofort unwillkürlich in ihren Bann und in die eigentlich bestürzend ereignisarme «Handlung» hineinziehen. Um nicht zu sagen: hineinsaugen.

«Sehnsucht, unstillbares, ewig sich neu gebärendes Verlangen», so lautet nach Wagners eigenen Worten das Grundmotiv des *Tristan*. Die ersten Takte, die im Tristan-Akkord gipfeln, sind nichts Geringeres als die aufs Äußerste verdichtete Formel genau dieses Programms. Das allein ist schon bemerkenswert genug, einzigartig in seiner Konzentration und umstandslosen Präsentation. Denn Wagner bereitet nichts vor. Es gibt keine Exposition, kein Sichwarmlaufen mit Vertrautem, Eingängigem. Nein, Wagner fällt mit der Tür ins Haus. Das aber nicht mit einem triumphalen Knall, sondern mit einem leisen, aus dem Nichts sich emporschwingenden Sext-Intervall der Celli. Die Vortragsanweisung lautet: «langsam und schmachtend».

Das ist originell, um nicht zu sagen: genial. Die musikgeschichtliche Sensation dieses gewagten Beginns besteht aber nicht im grandiosen Effekt der so konzentriert beschworenen Stimmung. Sie ereignet sich genau einen Takt später, wenn nämlich nach einem kurzen Verharren auf der Sexte die Celli absinken und nur zwei Tonschritte brauchen, um mit dem einsetzenden Holzbläserapparat (Oboen, Klarinetten, Englischhorn und Fagotte) jenen mirakulösen Akkord zu bilden, der seither unerschöpflicher Gegenstand von Analysen, Deutungen und Meinungen ist: f-h-dis-gis.

Die Literatur über den Tristan-Akkord türmt sich und wird weiter fortgeschrieben. Doch eine letztgültige Deutung ist kaum zu erwarten, denn das Wesen des Tristan-Akkords besteht eben gerade in seiner harmonischen Mehrdeutigkeit. Es ist ein dissonanter Akkord, dem Wagner das ihm traditionell innewohnende Bedürfnis zur Auflösung versagt. (Der Begriff der Dissonanz leitet sich aus dem Lateinischen ab: von «dis» =

«unterschiedlich, auseinander» und «sonare» = «klingen».) Die dissonante Spannung wird hier nicht gelöst, daher schlägt der Akkord keine Richtung ein und findet so auch kein harmonisches Ziel. Der Tristan-Akkord bleibt einfach fragend offen stehen, die Strebekräfte der Chromatik (kurz: das Fortschreiten in Halbtonschritten) werden nicht befriedet und der so erzeugte musikalische Erregungszustand findet keine Entspannung.

In dieser Radikalität war das zu Wagners Zeiten unerhört, obwohl das musikalische Material der Wagner'schen Akkordverbindungen alles andere als aus dem Nichts kam. Im Gegenteil. Es gab – wie fast immer – auch hier etliche Vorläufer, bei denen der revolutionäre Moment bereits aufschien. Und Wagner wird vielleicht nicht alle, doch sicher einige von ihnen gekannt haben. Insbesondere Louis Spohr (1784–1859), mit dessen Werk Wagner als Kapellmeister bestens vertraut war, lässt in seiner 1830 uraufgeführten Oper *Der Alchymist* Klänge vernehmen, die dem *Tristan* verwandt scheinen. Auch das Prinzip des Leitmotivs wendet er bereits an. Spohr setzte die Intervallschrittfolge des Tristan-Akkords sogar explizit ein und komponierte ohnehin häufig in chromatischen Fortschreitungen.

Auch die für den *Tristan* so typische und hier bis aufs Äußerste ausgereizte Chromatik ist natürlich keine Erfindung Wagners oder Spohrs (der immerhin dreißig Jahre älter war), sondern wurde schon von Meistern wie dem frühbarocken Gesualdo in ähnlich verunsichernder Weise eingesetzt. Wagner aber hat mit der ihm eigenen Methode penetranten Insistierens und der bis zum Exzess getriebenen Ausreizung der Mittel im *Tristan* sowohl den Einsatz der Chromatik als auch jenes verwirrenden Akkords auf die Spitze getrieben. Er machte den Tristan-Akkord sogar zur musikalischen Keimzelle des ganzen Dramas, verwendete ihn leitmotivisch, spitzte ihn zu, veränderte ihn und wurde des ganzen harmonischen Verwirrspiels über Stunden nicht müde. Das war in der Tat neu und provozierend. Und es wurde deshalb von der Nachwelt als Anfang vom Ende der Tonalität und als die zentrale avantgardistische Leistung Wagners erkannt.

Musikwissenschaftlich betrachtet gibt es sehr viele Meinungen zur Funktion dieses Akkords im Sinne der klassischen Harmonielehre. Denn der Tristan-Akkord ist das erste herausragende Beispiel einer Harmonik, die offensiv mehrdeutig ist. Will sagen, man weiß weder, in welcher Tonart man sich nun gerade befindet, noch, auf welche Grundtonart sich der Akkord bezieht.

Den musikalischen Dimensionen des Tristan-Akkords traute Arnold Schönberg (1874–1951), der Erfinder der Zwölftontechnik, sogar ganz explizit politische Dimensionen zu, als er über die «vagierenden Akkorde» das Folgende schrieb: «Heimatlos zwischen den Gebieten der Tonarten umherstreichende Erscheinungen von unglaublicher Anpassungsfähigkeit und Unselbständigkeit; Spione, die Schwächen auskundschaften, sie benützen, um Verwirrung zu stiften; Überläufer, denen das Aufgeben der eigenen Persönlichkeit Selbstzweck ist; Unruhestifter in jeder Beziehung, aber vor allem: höchst amüsante Gesellen.» Sie machten «dem System (...) den Garaus», mit ihnen würde «das Ende des Systems mit (...) unentrinnbarer Grausamkeit (...) herbeigeführt». Auch wenn Wagner nicht wissen konnte, was er auf lange Sicht mit seinem Tristan-Akkord anrichten würde – Schönbergs Raunen vom «Unruhestifter» und vom «Ende des Systems» hätte er mit Sicherheit begeistert applaudiert.

Kein Wunderkind: Wagner als Spätstarter

Wie war es eigentlich um die fachlichen Voraussetzungen des musikalischen Revolutionärs Wagner bestellt? Unter rein musikalischem Aspekt betrachtet, war Wagners Jugend dürftig ausgestattet. Überhaupt war der Sohn des Polizeiaktuars Friedrich Wagner alles andere als auf Rosen gebettet. Der Vater starb ein halbes Jahr nach Richards Geburt, die Mutter Johanna Rosine heiratete kein Jahr darauf den Schauspieler, Porträtmaler und Dichter Ludwig Geyer, unter dessen Nachnamen der Knabe mit neun Jahren – Geyer war inzwischen auch gestorben – in die Dresdner Kreuzschule aufgenommen wurde. Von musikalischer Früherziehung, wie sie Mozart oder Mendelssohn zuteil wurde, konnte bei Wagner keine Rede sein. Auch zum Wunderkind taugte er kaum. In der Chronologie seines Lebens wird erwähnt, dass Malunterricht mangels Talents aufgegeben wurde, auch aus dem Klavierspiel wollte offensichtlich nichts Rechtes werden, der Violinunterricht wurde nach kurzer Zeit abgebrochen. Man wird den Eindruck nicht los, dass Wagner als Kind mehr oder weniger herumgeschubst wurde und dass sich für seine Ausbildung niemand einsetzen wollte. Es waren viel eher zufällige Begegnungen und Eindrücke, die ihn prägten, als eine gezielt verfolgte, systematisch betriebene Erziehung und Ausbildung.

Dessen ungeachtet entwickelten sich doch erste wegweisende Leidenschaften: Wagner beschäftigte sich bereits zehnjährig mit griechischer und römischer Mythologie, inszenierte im zarten Alter von zwölf Jahren Webers *Freischütz* mit Schulfreunden und fühlte sich mit dreizehn zum Dichter berufen. Mit fünfzehn vollendete er ein Trauerspiel und lieh sich in der Bibliothek die Kompositionslehre Johann Bernhard Logiers aus, um das eigene Theaterstück auch zu vertonen. Das autodidaktische Kompositionsstudium gestaltete sich jedoch langwieriger als geplant – und die Ausleihgebühren summierten sich zum ersten existentiellen Finanzproblem in Wagners lebenslanger Pump- und Schuldenkarriere.

1829, mittlerweile sechzehn Jahre alt und in Leipzig ansässig, erlebte Wagner Wilhelmine Schröder-Devrient als Fidelio und beschloss endgültig, Musiker zu werden. «Lasse Alles liegen, treibe nur Musik ohne Unterricht», schrieb er. Sofort entstanden erste Kompositionen, darunter eine Ouvertüre in B-Dur, deren Uraufführung in Leipzig jedoch ein Reinfall wurde. Das Publikum durchschaute das schlichte Kalkül der ungelenken Komposition und erheiterte sich lautstark über die penetrant wiederholten Paukenschläge. Ein eher peinlicher Start für ein Genie.

Mehr als holprig ging es weiter: Nachdem Wagner den Unterricht an der Leipziger Nikolaischule zuletzt nicht mehr besucht hatte, verließ er diese und wechselte 1830 an die Thomasschule. Doch auch diese verließ er ohne Abschlusszeugnis. Dennoch gelang es ihm, sich 1831 als Musikstudent an der Universität zu immatrikulieren. An die Thomasschule kehrte er jedoch noch einmal zurück, um bei Theodor Weinlig Komposition zu studieren. «Mein Studium bei Weinlig war in weniger als einem halben Jahre beendet, er selbst entließ mich aus der Lehre, nachdem er mich so weit gebracht, daß ich die schwierigsten Aufgaben des Kontrapunktes mit Leichtigkeit zu lösen im Stande war.» So lautet Wagners vermutlich stark beschönigende Selbstauskunft über sein Schnupperstudium.

Wagner war also eigentlich Autodidakt. Wäre es möglich, dass seine genuinen, als revolutionär geltenden Erfindungen und Techniken, wie etwa die Leitmotivik, eigentlich Kompensationen seines mangelnden Komponisten-Handwerks waren? Höchst kreative Umgehungen erheblicher Schwächen der Methodik, um die er sehr wohl wusste? Dafür spricht ein Eintrag in Cosimas Tagebuch vom 13. Januar 1878: «Am Abend sagt R., er müsse alles umarbeiten, was er am Morgen gemacht. Er habe eine Tonart gesucht, und das mechanische Transponieren sei ihm unmöglich! ‹Ich bin ein schöner Musiker›, lacht er; nur wenn er unreflektiert schaffe, stünde ihm alles zu Gebote, wenn er aber überlege, wie ein Thema in eine andre Tonart zu bringen sei, verwirre er sich!»

Eine «Handlung» (fast) ohne Handlung

Das Geschehen des *Tristan* setzt, ebenso wie die musikalisch scheinbar aus dem Nichts kommende Einleitung, ohne jede Exposition unmittelbar im zentralen Konflikt ein. Die fatale Vorgeschichte des Dramas ist dem Zuschauer entweder bekannt, oder sie erschließt sich ihm später aus Rückblenden und Erzählungen. Wenn der Vorhang hochgeht, sind die Weichen längst gestellt und der Zuschauer erlebt eigentlich ‹nur› die finale Krise einer langen Geschichte. Bloß wird nicht, wie etwa in Fernsehserien, zum besseren Verständnis gleich zu Beginn erzählt, «was bisher geschah». Wagner platzt mitten hinein in eine Situation. Ein Kunstgriff, den er immer wieder verwendet hat, erstmals bei den *Feen* und zuletzt im *Parsifal*. Unter Wagnerianern besonders berüchtigt: Der Prolog zur *Götterdämmerung*, der damit beginnt, dass die drei Nornen dem geneigten Publikum gute vierzig Minuten lang referieren, was es an den drei vorhergehenden Abenden gesehen hat. Mit dieser Erzähltechnik spart sich Wagner den langsamen Spannungsaufbau und mühsame Expositionen seiner Figuren. Nebenher verabschiedet er sowohl eine lineare Dramaturgie als auch die Logik zeitlicher Abläufe auf der Bühne. Wagner nimmt damit im Grunde eine filmische Erzählweise vorweg, die dramaturgisch nur deshalb funktioniert, weil er auf den Wiedererkennungswert der Leitmotive setzen kann. Was die Filmmusik, wie bereits erwähnt, dankbar aufgenommen hat.

Wenn die Handlung einsetzt, kennen sich Tristan und Isolde schon lange. Tristan tötete Morold, den Verlobten der irischen Königstochter Isolde, und sandte ihr höhnisch dessen abgeschlagenes Haupt. Im Kampf wurde Tristan jedoch schwer verwundet, und die Verletzung treibt ihn zur heilkundigen Isolde, die allein ihn retten kann. Er verstellt sich unter dem Namen Tantris, um nicht erkannt zu werden, aber Isolde durchschaut seine Täuschung. Als sie Morold schließlich rächen will, sieht sie in Tristans Augen – und lässt das Schwert sinken.

Ein zweites Mal treffen die einander längst Verfallenen in noch fatalerer Konstellation aufeinander: Tristan war als Brautwerber für seinen verwitweten Onkel Marke aufgetreten. Auf dem Schiff, das zur Hochzeit nach Cornwall zurücksegelt, setzt die Handlung ein. Tristan hält sich von Isolde fern, diese verlangt scheinbar Respekt, tatsächlich Sühne, wird von Tristans Knappen Kurwenal und den Matrosen gedemütigt – und beschließt, Tristan und sich selbst mit einem Todestrank zu vergiften. Als Tristan auf Isoldes Wunsch endlich bei ihr erscheint, vertauscht deren Vertraute Brangäne bewusst den Todes- mit dem Liebestrank. Im Glauben, gemeinsam in den Tod zu gehen, trinken Tristan und Isolde den Trank und gestehen sich ihre Liebe. In diesem Moment trifft das Schiff in Cornwall ein.

Im zweiten Aufzug ist Isolde inzwischen Markes Frau, dieser aber befindet sich auf der Jagd. Endlich ist ein ungestörtes Treffen der Liebenden möglich. Brangäne vermutet eine Intrige und versucht vergeblich, Isolde zu warnen. Das Paar trifft sich dennoch und versinkt in einem nicht enden wollenden Liebesduett, das den Tag verwünscht und in unstillbarer Todessehnsucht die «Weltennacht» feiert. Marke überrascht die Liebenden, Tristan erinnert Isolde an den Willen zum gemeinsamen Tod und stürzt sich in das Schwert von Markes Gefolgsmann Melot.

Im dritten Aufzug siecht der tödlich verwundete Tristan auf der bretonischen Burg Kareol dahin. Sein Vertrauter Kurwenal hat ihn in die Burg seiner Väter gebracht und nach Isolde schicken lassen. In Fieberträumen erinnert sich Tristan an seine traurige Kindheit als Waise. Er halluziniert Isolde herbei, die Heilerin, die ihm nun endlich den Tod bringen soll. In der ewig unstillbaren Sehnsucht erkennt er sein Schicksal und verflucht den Liebestrank.

Als Isolde kurz darauf wirklich eintrifft, reißt er sich die Verbände von der Wunde, fühlt in höchster Ekstase sein Blut fließen und stirbt, sich und Isolde den gemeinsamen Liebestod versagend. Marke, der inzwischen von der Vertauschung der Tränke erfahren hat, ist auf einem zweiten Schiff Isolde gefolgt, um dem Paar zu verzeihen. Aber er kommt zu spät. Tristan ist tot, und Isolde sinkt in einer Vision «entseelt» über seiner Leiche zusammen.

Ein Werk «kleineren Umfangs»: Wie der *Tristan* aus dem Ruder lief

Wagners *Tristan* ist im direkten Kontext mit dem *Ring des Nibelungen* entstanden. Über 26 Jahre arbeitete Wagner seit 1848 mit Unterbrechungen an der Tetralogie. Nach einer ersten Konzeption des *Tristan* um 1856 unterbrach er 1857 die Arbeit am *Siegfried*, um sich ganz auf die Komposition des *Tristan* zu konzentrieren. Wagner befand sich zu dieser Zeit in einer seiner existentiellen Krisen. Mehr als andere seiner Werke ist der *Tristan* ganz direkt mit seinen Lebensumständen verwoben. Womöglich ist die ‹Oper› auch deshalb seine persönlichste und formal konzentrierteste Arbeit.

Nach der aktiven Beteiligung am Dresdner Aufstand im Zuge der Revolution von 1848/1849 wurde Wagner steckbrieflich gesucht und musste Deutschland fluchtartig verlassen. So war er über zwölf Jahre der Möglichkeiten beraubt, als Theater-Kapellmeister seine Einkünfte zu sichern. Nach etlichen Fluchtstationen gelang es Wagner 1857, den Zürcher Fabrikanten und Musikliebhaber Otto Wesendonck für sich und sein Werk zu begeistern. Wesendonck vermietete Wagner und seiner ersten Gattin Minna zu günstigsten Bedingungen das «Asyl» genannte Gartenhaus neben der hochherrschaftlichen Villa und unterstützte Wagner auch sonst tatkräftig, vor allem finanziell. Unter anderem kaufte er Wagner die Publikationsrechte des halbfertigen *Ring* für die damals erhebliche Summe von 6000 Schweizer Franken ab.

Doch alsbald schlichen sich Misstöne in die Beziehung zu dem großherzigen Mäzen ein. Denn Wagner, der in der vorschnell geschlossenen Ehe mit Minna Planer unglücklich war, obwohl diese klaglos das gehetzte Leben an der Seite ihres unsteten Gatten ertrug, knüpfte zarte Bande mit der schwärmerisch veranlagten Gattin des Mäzens. Die ebenfalls den Künsten und ihren lockenden Versprechungen aufgeschlossene Mathilde war ihrerseits beeindruckt. Die Meinungen darüber, wie weit die Beziehung zwischen den beiden gedieh, gehen auseinander. Gesichert ist, dass die Harmonie auch künstlerischer Natur war. Denn Wagner vertonte fünf Gedichte aus Mathildes Feder: Die *Wesendonck-Lieder* bildeten so etwas wie musikalische Vorstudien zum *Tristan*.

Ausnahmsweise einmal ganz direkt verwandelte Wagner hier Leben in Kunst. Die fatale Dreieckskonstellation des *Tristan* entsprach der damaligen Lebenssituation des Komponisten ziemlich genau. Nur dass im wirklichen Leben König Marke in der Gestalt Otto Wesendoncks eine zwar ebenfalls unglückliche, aber ungleich mildere Rolle spielte. Als Minna Wagner einen scheu als «Morgenbeichte» betitelten Liebesbrief an Mathilde abfing und die Sache nicht mehr zu vertuschen war, löste man die Angelegenheit im Hause Wesendonck geräuschlos und ohne Mord und Totschlag: Wagner setzte sich – ohne Minna – zunächst nach Venedig ab und vagabundierte dann jahrelang durch Europa, während er an der *Tristan*-Partitur arbeitete.

Den brieflichen Kontakt mit Mathilde hielt Wagner aufrecht. Ihre Korrespondenz bildet eine der aufschlussreichsten Quellen zur ausufernden Arbeit am *Tristan*. Obwohl der Kontakt mit Mathilde nicht abbrach, löste sich die Affäre schließlich ganz und gar in Kunst auf. Denn als der *Tristan* 1865 uraufgeführt wurde, war von Mathilde keine Rede mehr. Wagner steckte nämlich längst in der nächsten fatalen Affäre. Und zwar mit Cosima von Bülow, Gattin des Dirigenten der Uraufführung des *Tristan*, Hans von Bülow. Während der ersten Orchesterprobe brachte Cosima eine Tochter zur Welt. Das Mädchen wurde auf den naheliegenden Namen Isolde getauft. Vater: Richard Wagner. Alle vordergründigen Manöver des Skandal-Trios, das Verhältnis und die wahre Vaterschaft zu vertuschen, fruchteten nichts – neben Wagners beherzten Griffen in die Schatulle Ludwigs II. sicher der Hauptgrund, dass der Meister am 10. Dezember 1865 höflich, aber bestimmt der bayerischen Lande verwiesen wurde.

Doch zurück zur Entstehung des *Tristan*. Neben der pikanten Dreieckskonstellation im Hause Wesendonck hatte Wagner, glaubt man seiner Autobiographie *Mein Leben*, ganz pragmatische Gründe, den *Tristan* in sein Lebenswerk des *Rings* einzuschieben. «Die äußerliche Veranlassung zu dieser Unterbrechung in jener großen Arbeit war der Wunsch, ein seiner szenischen Anforderungen und seines kleineren Umfanges wegen leichter und eher aufführbares Werk zu liefern.» Wagner saß finanziell auf dem Trockenen. Der *Ring* war noch längst nicht vollendet, so er denn überhaupt je zu realisieren sein sollte. Mangels anderer Einnahmequellen brauchte Wagner also eine Oper, die sich schnell zu Geld machen ließ. «Ein einfaches Werk – wie den Tristan, das mir den Vorteil gewährt, es vermutlich schnell auf die Theater zu bringen und dadurch mir Honorare zu verschaffen», wie er am 16. Dezember 1856 an Franz Liszt schrieb. 1857 traf das Angebot ein, für den brasilianischen König Dom Pedro II. eine italienische Oper zu schreiben – wobei Wagner tatsächlich daran dachte, der *Tristan* könne diese Oper werden! Der Plan zerschlug sich jedoch ebenso wie die vage Aussicht auf eine Aufführung in Straßburg.

Dennoch ließ Wagner von seiner Idee eines «einfachen» Werks nicht ab und konzipierte den *Tristan* als – im Vergleich zum *Ring* – kleines Format mit wenig Personal und kaum technischem Bühnenaufwand. Denn das Bühnengeschehen kommt ja nun einmal mit wenig äußerer Handlung aus. Doch die Arbeit am Opernkonzentrat ließ sich nicht domestizieren. Sie wucherte gleichermaßen tropisch wie die Schlingpflanzen im schwül temperierten *Treibhaus*-Lied des Wesendonck-Zyklus. Zum produktiven Treibhausklima der Komposition steuerten mehrere Faktoren emotionale und intellektuelle Hitzegrade bei: Die desolate Exilsituation, der finanzielle Druck, aber auch das drängende Gefühl eines persönlichen Glücksdefizits.

An seinen großzügigen Gönner und späteren Schwiegervater Franz Liszt schrieb Wagner bereits 1854: «Da ich nun aber doch im Leben nie das eigentliche Glück der Liebe genossen habe, so will ich diesem schönsten aller Träume noch ein Denkmal setzen, in dem vom Anfang bis zum Ende diese Liebe sich einmal so recht sättigen soll: Ich habe im Kopf einen Tristan und Isolde entworfen, die einfachste, aber vollblutigste musikalische Konzeption: mit der ‹schwarzen Flagge›, die am Ende weht, will ich mich dann zudecken, um – zu sterben.»

Als er mit der Komposition des *Tristan* begann, bewegte ihn die Hoffnung auf ein reales, greifbar nahes und doch unmögliches Liebesglück mit Mathilde Wesendonck, das sich nie erfüllen sollte. Wie im *Tristan* kamen die Liebenden nie (dauerhaft) zusammen. Und obwohl wenig später Cosima in den Rang von Wagners Herzdame aufrückte und Mathilde keine Rolle mehr spielte, bekannte er noch 1863, also fünf Jahre nach dem Eklat im Hause Wesendonck, zwei Jahre vor der Uraufführung des *Tristan*: «Sie ist und bleibt meine erste und einzige Liebe! Das fühl' ich nun immer bestimmter. Es war der Höhepunkt meines Lebens: die bangen, schön beklemmenden Jahre, die ich in dem wachsenden Zauber ihrer Nähe, ihrer Neigung verlebte, enthalten alle Süße meines Lebens.» Wie gesagt: Als Wagner dieses Bekenntnis zu Papier brachte, war längst Cosima in sein Leben getreten.

Als geistige Inspirationsquelle für den *Tristan* führte Wagner mehrfach die Auseinandersetzung mit dem Werk Arthur Schopenhauers an, etwa in *Mein Leben*: «Es war wohl zum Teil die ernste Stimmung, in welche mich Schopenhauer versetzt hatte und die nun nach einem ekstatischen Ausdrucke ihrer Grundzüge drängte, was mir die Konzeption eines Tristan und Isolde eingab.» Im schon zitierten Brief an Liszt erklärte er auch seine Faszination durch Schopenhauer: «Sein Hauptgedanke, die endliche Verneinung des Willens zum Leben, ist von furchtbarem Ernste, aber einzig erlösend.» Wagners Auseinandersetzung mit Schopenhauer darf man sich zwar als eine intensive, aber nicht im wissenschaftlichen Sinn gründliche Lektüre vorstellen. Denn Wagner interpretierte den Philosophen so eigenwillig wie eigenmächtig. Mit anderen Worten, er nahm das, was ihm passte – und ignorierte oder verbog das, was ihm nicht passte.

Was die künstlerische Ausführung des *Tristan* anging, folgte er ohnehin nur den eigenen, selbst gestellten Regeln. Die geplanten Beschränkungen des avisierten kleineren Formats verlangten nach Konzentration der Mittel und größter Konsequenz in der Ausarbeitung. Diese eigentlich der Selbstdisziplinierung wegen formulierten Maximen bewirkten in der Umsetzung allerdings das Gegenteil des ursprünglich Bezweckten. Statt der Verknappung und Vereinfachung zu dienen, entfesselten sie Wagners Experimentierlust erst recht. Ein Widerspruch, den er selbst staunend zu Kenntnis nahm. Es unterlief ihm sozusagen: «An dieses Werk nun erlaube ich die strengsten, aus meinen theoretischen Behauptungen fließenden Anforderungen zu stellen: nicht, weil ich es nach meinem System geformt hätte, denn alle Theorie war vollständig von mir vergessen; sondern weil ich hier endlich mit der vollsten Freiheit und mit der gänzlichsten Rücksichtslosigkeit gegen jede theoretische Bedenken in einer Weise mich bewegte, dass ich während der Ausführung selbst inne ward, wie ich mein System weit überflügelte.»

Wagners Selbstauskünfte in seinen Briefen, autobiographischen und theoretischen Schriften sind mit Vorsicht zu genießen. Denn sein Hang zu Inszenierung und beschönigender Stilisierung ist unverkennbar. Die Zeugnisse über den *Tristan* sind jedoch insofern besonders interessant, als Wagner beschreibt, wie sowohl das Sujet als auch die künstlerischen Eigenheiten dieses Werks eine Eigendynamik entwickelten, die ihn selbst mitrissen und seine Absichten übertrafen. So, als hätte der *Tristan* unabhängig von seinem Schöpfer ein Eigenleben entwickelt. Besonders deutlich wird dies in den Briefen an Mathilde Wesendonck, die Muse des Werkes. So schreibt Wagner ihr im April 1859 aus Luzern: «Ich fürchte, die Oper wird verboten – falls durch schlechte Aufführung das Ganze nicht parodiert wird –: nur mittelmäßige Aufführungen können mich retten! Vollständig gute müssen die Leute verrückt machen.» Man sieht, Wagner wusste sehr wohl, dass ihm etwas Außergewöhnliches geglückt war und dass diese Oper polarisieren würde. Oder aus Paris, Anfang August 1860: «Der Tristan ist und bleibt mir ein Wunder! Wie ich so etwas habe machen könne, wird mir immer unbegreiflicher (...) Wie schrecklich werde ich für dieses Werk einmal büßen müssen.»

«Hier wütet der Tod»: Warum der *Tristan* keine Liebesgeschichte ist

Neben Shakespeares Romeo und Julia sind Tristan und Isolde das berühmteste aller verhinderten Liebespaare der Weltliteratur. Wagners Verarbeitung des mythischen Stoffs geht aber weit über die tragische Liebesgeschichte hinaus. Und ist bei genauer Betrachtung eigentlich gar keine Liebesgeschichte mehr, sondern eine endlose Reflexion über die Wechselbeziehung von Liebe und Tod, eine Reise ins Unbewusste, an den

Urgrund des Seins und ein stundenlanges Umkreisen von ekstatischen Auflösungsphantasien.

In der mittelalterlichen Nacherzählung des Mythos flüchtet das hohe Paar vor der Übermacht gesellschaftlicher Werte in den Tod. Bei Wagner rücken gesellschaftliche Aspekte und sozialer Druck in den Hintergrund. Das Drama ereignet sich nicht innerhalb einer gesellschaftlichen Konstellation, sondern spielt sich sozusagen ganz und gar ‹innen› ab. Das war Wagners erklärtes Programm: «Mit voller Zuversicht versenkte ich mich hier nur noch in die Tiefen der inneren Seelenvorgänge.»

Der Chor spielt im *Tristan* kaum eine Rolle. Dafür ist das um Tristan und Isolde herum gruppierte Personal mit dem Paar in unverhohlen homoerotische Verbindungen verwoben. So sind es ganz offensichtlich weit mehr als Familienbande, die König Marke an seinen Neffen Tristan binden. Denn die Erschütterung Markes über Tristans «Verrat» äußert sich ganz offen als Klage über einen Treuebruch: «(mit tiefer Ergriffenheit) Mir dies? Dies, Tristan, mir? – Wohin nun Treue, da Tristan mich betrog?» Und aus Isoldes Mund erfahren wir ganz unverhohlen: «Muss mein Trauter mich meiden, dann weilt er bei Melot allein.» Melots Tobsuchtsanfälle wiederum sind ganz eindeutig nicht in der moralischen Entrüstung über den vermeintlichen Ehebruch Isoldes begründet, sondern in der eigenen, nun enttäuschten Leidenschaft zu Tristan. Wer den *Tristan* ohne Scheuklappen betrachtet, sollte daher schnell erkennen, welches Geheimnis Cornwalls Hof umweht: Dort herrscht ein keineswegs nur latent homophiler Männerbund. Homoerotische Züge trägt zudem Kurwenals geradezu hündische Ergebenheit gegenüber Tristan, die sich wiederum spiegelt in Brangänes spürbarer Abhängigkeit von ihrer schroffen Herrin Isolde. Eine unterschwellige sexuelle Spannung liegt allenthalben in der Luft – und damit die Sprengkraft der Triebe jenseits gesellschaftlicher Konventionen.

Die fatalen Vorgeschichten, mit denen Wagner das hohe Paar ausstattet, reichen zurück bis in deren Unbewusstes. Tristan ist ein Waise und singt von: «Vaters Not und Mutters Weh». Wie alle Helden Wagners – und wie Wagner selbst! – leidet Tristan unter einer nicht vorhandenen Vaterbeziehung. Die ‹natürliche› Entwicklung der Wagner'schen Figuren ist allenthalben gehemmt: Mütter sterben bei der Geburt, Väter sind verschollen oder tot. Psychoanalytisch gesprochen sind solche frühkindlichen Koordinaten ein Garant für Bindungsschwäche und allerlei andere Störungen, die niemals befriedigend kompensiert werden können. Die nicht vorhandene Ur-Bindung mündet einerseits in eine übertriebene Bindung an gesellschaftliche Normen. Andererseits werden alle später eingegangenen (Liebes-)Beziehungen mit übergroßen Erwartungen beladen und sind schließlich infolge hypertropher Erlösungsphantasien zum Scheitern verurteilt.

Die Figur des Tristan agiert diese psychische Dissonanz bis an ihre äußersten Grenzen aus. Das Verhältnis der Vollwaise zu seinem Onkel trägt Züge einer inzestuösen Doppelbindung, denn die Bindung an Marke muss sowohl die frühkindliche Bindung zur Mutter ersetzen, die ja bei Tristans Geburt gestorben ist, als auch die zur ebenfalls abwesenden väterlichen Autorität. Tristans Verhältnis zu Melot darf man sich dagegen in Cornwalls Gay-Community als ebenso gesellschaftlich akzeptiert wie manifest homosexuell denken.

Diesen fatalen ‹Familienbanden› – ein Wort, dem nach Karl Kraus' grandiosem Bonmot «ein Geschmack von Wahrheit beikommt» – will Tristan ganz offensichtlich entfliehen, als er Isolde verfällt. Andererseits versperrt er sich diesen Ausweg, indem er selbst den Onkel unter Drohungen gegen dessen Willen drängt, ausgerechnet Isolde zur Frau zu nehmen. Mehr Brandmauern gegen das dunkle Begehren in all seinen Formen kann man schlechterdings nicht errichten.

Doch ungeachtet aller Hindernisse gibt Tristan den destruktiven Kräften des verbotenen Eros dann doch derart hemmungslos nach, dass sich schließlich die Sehnsucht nach Vereinigung in Todessehnsucht verkehrt. Diese Todessehnsucht äußert sich in den von beiden Liebenden ausgesprochenen Wünschen nach totaler Regression und Auflösung in den Urzustand des Nicht-Seins.

Wagner selbst hat im *Tristan* die größte aller Tragödien gesehen, «weil darin die Natur in ihrem höchsten Werke gehemmt sei», aber eben allein das Seelenleben der Protagonisten das Verhängnis auslöst: da «Leben und Tod hier allein von der inneren Seelenbewegung abhängen». So kommt es, dass die Liebe im landläufigen Sinn im *Tristan* vollends auf der Strecke bleibt. Nike Wagner, Richards Urenkelin und Tochter seines Enkels Wieland, stellte bereits vor geraumer Zeit klar: «Tristan ist keine Liebesgeschichte.» Denn obwohl dauernd vom Einswerden und Verschmelzen die Rede ist und immer wieder der gemeinsame Liebestod beschworen werde, sterbe im *Tristan* letztlich jeder für sich allein.

Es wäre einige gesonderte Abhandlungen wert zu verfolgen, inwieweit Wagner in seiner Konzeption auch vom Frühromantiker Novalis beeinflusst war, der in seinen *Hymnen an die Nacht* die Feier der dunklen Tageszeit in ähnlich ekstatische Höhen trieb. Auch Platons *Symposion* hat wohl Spuren im *Tristan* hinterlassen, jener Dialog, in dem der Mythos des von den Göttern einst gewaltsam geteilten doppelgeschlechtlichen Menschen erzählt wird, dessen getrennte Hälften seitdem einander verzweifelt suchen. Wiederholt hat Wagner auch seine Beschäftigung mit Schopenhauers Philosophie und dem Buddhismus in direkten Bezug zur Entstehung des *Tristan* gebracht. Er ging sogar so weit zu behaupten, er sei während der Arbeit daran ganz zum Buddhisten geworden. Wenn man den *Tristan* konsequent buddhistisch liest, könnte man sich fragen, ob Wagner das verhinderte Liebespaar nicht in den Tod, sondern eigentlich ins Nirwana treibt. Sind der so heiß beschworene Liebestod und die Feier der Nacht dann nichts anderes als Wagners Verbrämung der buddhistischen Formel für das Nichts? Dies etwa war der Kerngedanke von Willy Deckers kongenialer *Tristan*-Inszenierung bei der Ruhrtriennale 2011 – die leider bis heute in keiner nutzbaren medialen Form zugänglich ist.

Tatsächlich vermag nur das weit über eine Liebesgeschichte Hinausweisende das bis heute anhaltende Interesse am *Tristan* zu erklären, die geradezu sogartige Faszination, die das Werk nach wie vor auf die Wagner-Gemeinde ausübt. Warum sonst hat der Filmemacher Lars von Trier, der seinen Bayreuther *Ring* aus eingestandener Überforderung absagte, seinen großartigen, hoch depressiven Weltuntergangsfilm *Melancholia* ausgerechnet mit der Musik des *Tristan*-Vorspiels unterlegt? Warum sonst sollte uns im Zeitalter von Patchwork-Beziehungen und Lebensabschnittsgefährten eine Geschichte immer noch so brennend interessieren, in der ein Paar nicht zusammenkommt? Das Drama des *Tristan* entzündet sich an anthropologischen Grundkonstanten, an der Conditio Humana selbst, darin liegt seine Brisanz und seine zeitlose, bestürzende Aktualität. Tristan und Isolde sind in Wahrheit keine Ausnahme-Existenzen, sondern der traurige Normalfall: Denn beide sind Opfer frühkindlicher Traumatisierungen und unterliegen unheilbaren Wiederholungszwängen.

Und in der permanenten Strapazierung musikalischer Grenzbereiche führt Wagner auch die Zuhörer in Rauschzustände, die jener «Gefühlswerdung des Verstandes», die er sich zum Ziel des «Kunstwerks der Zukunft» gesetzt hatte, zumindest nahekommen.

3.
«Unverschämt genial!»

Wagner und das Geld

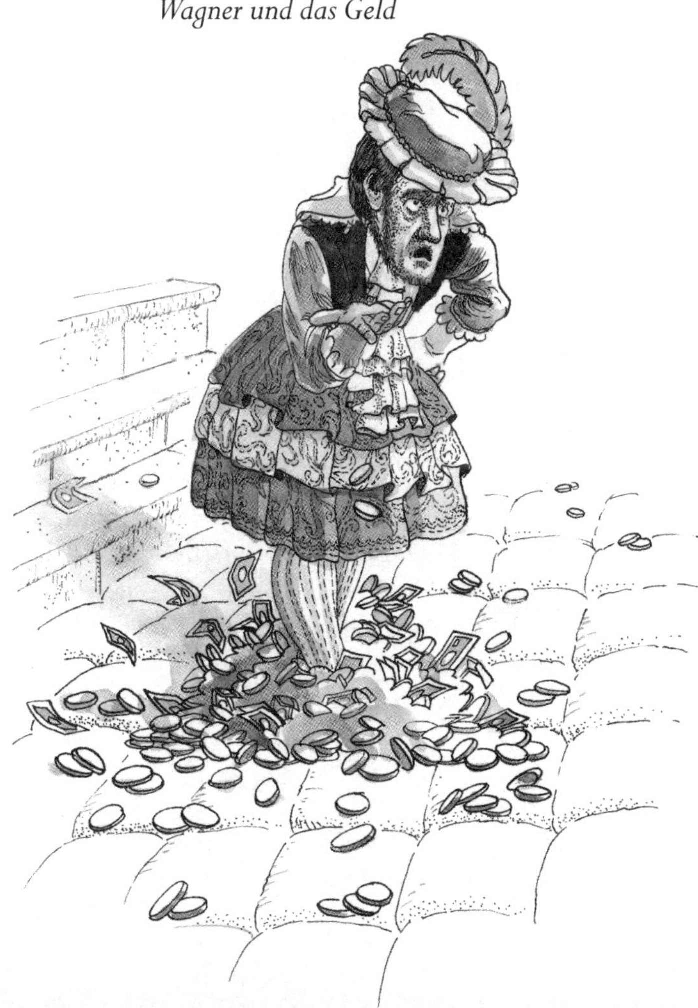

Anhänger eines romantischen Künstlerbildes hören das folgende Bonmot des finnischen Nationalkomponisten Jean Sibelius (1865–1957) nur widerwillig: «Über Musik kann man nur mit Bankdirektoren reden. Künstler reden ja nur übers Geld.» Sibelius' Pointe dient nur deshalb nicht als Überschrift dieses Kapitels, weil die deutlichen Worte des Finnen, angewendet auf den Fall Wagner, viel zu schwach wären und nicht mehr als eine verkürzende, beschönigende Untertreibung. Es wäre freilich falsch zu behaupten, dass Wagner immer nur übers Geld geredet hätte. Das tat er vor allem schriftlich. Wagner schwadronierte darüber hinaus auch endlos über Kunst, Politik, Gesellschaft und die Frauen. Wagners geradezu pathologisches Verhältnis zum Geld aber ist mit Sibelius' Bonmot kaum zu fassen.

Denn das Geld war Wagners Lebensthema schlechthin – sowohl im buchstäblichen als auch im metaphorischen Sinn. Beim Thema Geld klafften des Meisters Ansprüche an das Leben und die Realität weit auseinander. Am Prinzip des Kapitals entzündete sich der ganze Zorn des frühen Barrikadenstürmers Wagner. Und später arbeitete er sich an der destruktiven Macht des Goldes künstlerisch in der Tetralogie *Der Ring des Nibelungen* ab, seinem eigentlichen Lebenswerk. Um es vorwegzunehmen: Wagners Verhältnis zum Geld trug Züge eines Doublebinds, einer extrem widersprüchlichen Bindung, die sich zwischen einer bis zum Ekel reichenden Abneigung und einem unwiderstehlichen Begehren aufrieb.

So konnte sich Wagners Verhältnis zum Geld auch nie normalisieren. Es war von Anfang an ganz eng verwoben mit seinem künstlerischen Schaffen. Immer wieder schlugen in Wagners Leben die existentiellen Nöte akuten Geldmangels abrupt um in die Rauschzustände selbstvergessener Verschwendungssucht. Phasen eines normalen Auskommens in angemessenen Verhältnissen gab es in Wagners Leben so gut wie gar nicht. Chronische Geldnot ist das Signum seiner ganzen Existenz, und zwar auf jeder Sprosse seiner aufsteigenden Karriereleiter. Es war eben nicht nur die böse Welt, die Wagner verwehrte, was ihm seiner Meinung nach zustand. Gewiss, das Leben eines Komponisten barg schon immer die Gefahr, unregelmäßig und schlecht entlohnt zu werden. Wagner jedoch war schon bald kein armer, unbekannter Poet auf dem Dachboden mehr, der mit dem Regenschirm im Bette sitzend dichtete, wie der Biedermeier-Maler und Wagner-Zeitgenosse Carl Spitzweg die Künstlerexistenz damals zur einprägsamen Ikone stilisierte. Wie unter Zwang machte Wagner vielmehr jede Chance zur Befriedung seiner finanziellen Verhältnisse selbst zunichte, indem er entweder alsbald seiner Verschwendungssucht nachgab oder seine Geldgeber verärgerte. Mitunter beides zugleich.

Mit viel Glück, einer gehörigen Portion Anmaßung und unglaublicher Zähigkeit gelang es ihm aber immer wieder, sich aus seinen finanziellen und persönlichen Nöten herauszuwursteln. Seine ambivalente Beziehung zum Geld und allem, was damit an persönlichen Verquickungen und künstlerischen Verwerfungen zu tun hatte, verrät in der Widerholung bestimmte Gesetzmäßigkeiten.

Vieles spricht dafür, dass dieses fatale Muster seine Ursprünge in Wagners Herkunft aus kleinen Verhältnissen hat. In ihnen wurzelt ein Minderwertigkeitskomplex, der ihn sein Leben lang umtreibt und ihm gleichermaßen produktive und destruktive Impulse gibt. Sein häufig ausbrechender Größenwahn, aber auch seine überbordende, zur Erreichung höchster Ziele befähigende Kreativität können – ohne große Persönlichkeitsanalyse – als eine Form der (Über-)Kompensation seines Minderwertigkeitsgefühls gedeutet werden. Ein Lebensantrieb, der nicht zu unterschätzen ist!

Wagners Überlebensstrategien und sein Geschick als Schnorrer trieben oft seltsame Blüten. Da aber Wagners Werk von seiner Beziehung zum Geld nicht zu trennen ist, steht zu vermuten, dass derselbe Komponist mit einem umsichtigen Vermögensverwalter womöglich nur harmlose Spielopern komponiert hätte und als Kapellmeister eines mittleren Theaters nicht weiter aufgefallen wäre.

Unordnung und frühes Leid

In erste Finanznöte geriet Wagner mit gerade einmal fünfzehn Jahren. Damals hatte er das blutige Trauerspiel «Leubald und Adelaide» vollendet und wollte es nun auch vertonen. Der nur mäßig begabte Klavierschüler beschloss, sich das Komponieren selbst beizubringen, und zwar mithilfe des Lehrbuchs *Methode des Generalbasses* von Johann Bernhard Logier, das er aus einer Bibliothek entliehen hatte. Das autodidaktische Studium zog sich jedoch hin, die Leihgebühren wuchsen, und der zuständige Bibliothekar Friedrich Wieck – der Vater Clara Wiecks und spätere Schwiegervater Robert Schumanns! – schickte Mahnungen, deren Begleichung Wagners Taschengeld bei weitem überstieg. So waren bald die ersten Schulden aufgelaufen, und schließlich musste er der Familie daheim sein Missgeschick beichten. Die Aufregung war groß, doch Wagner zeigte keine Reue, sondern verstieg sich weiter, indem er als Mittel gegen Finanznöte auf das Kartenspiel setzte. «Gegen drei Monate blieb ich der Spielwut (…) verfallen», beschrieb er in *Mein Leben* seinen riskanten Finanzierungsplan. Zuletzt verzockte er sogar die Rente seiner Mutter. Er verlor die nicht unbedeutende Summe «bis auf den letzten Taler» und hatte die Chuzpe, auch diesen noch zu setzen. Wie durch ein Wunder riss mit dem letzten Taler die Pechsträhne ab. Wagner gewann wiederholt, eroberte die Rente seiner Mutter zurück und zudem jene Summe, die er brauchte, um alle seine Schulden zu begleichen. Nach dieser Nacht schwor Wagner dem Glücksspiel feierlich und für immer ab und setzte sich nie wieder an einen Kartentisch. Doch blieb er konstitutionell ein Hasardeur, wie sich in vielen Lebensbereichen zeigen sollte. Seine ersten Erfahrungen mit Schulden blieben ihm gleichwohl nachhaltig im Gedächtnis: «Ich entsinne mich, dass die finanziellen Wirren, die mir mein Leben zu jeder Zeit so sehr störten, von hier ihren Ausgang nahmen», schreibt er in *Mein Leben*. Derartige Momente der Selbsterkenntnis sind in Wagners Zeugnissen auffallend häufig zu finden. Oftmals in seinen zahlreichen Bettelbriefen, wo sie ihm dazu dienen, die Tiefe seiner Zerknirschung zu ornamentieren. Mochte Wagner sich seines Problems also durchaus bewusst gewesen sein, so konnte er es deshalb noch lange nicht ändern. Falls er es überhaupt wollte.

Einschüchtern ließ er sich jedenfalls durch die erste existentielle Erfahrung keineswegs, denn seinen zumindest in wirtschaftlicher Hinsicht verwegenen Plan, Komponist zu werden, verfolgte er nur umso nachdrücklicher: «Lasse Alles liegen, treibe nur Musik ohne Unterricht», schrieb er kurz darauf *(Rote Brieftasche)*. Der Autodidakt ließ sich nicht beirren.

Als «Pumpgenie» bezeichnete selbst der bekennende Wagnerianer Thomas Mann die widersprüchliche Persönlichkeit Wagners. Eine Formel, deren Doppelsinn der Wahrheit ziemlich nahe kommt: Meint «Pumpgenie» einen begnadeten Künstler, der unfreiwillig immer auf Pump lebte? Oder einen, dessen Genialität vorzugsweise im Schuldenmachen zum Ausdruck kam? Tatsächlich trifft im Fall Wagner beides zu.

Die Bandbreite Wagner'scher Ökonomie reicht von bitterster Armut bis zum Luxusleben in Samt und Seide in feudalem gesellschaftlichem Umfeld. In Paris hungerte er mit seiner ersten Gattin Minna, später residierte er mit Cosima in venezianischen Palazzi mit Dienstbotenschar. Doch niemals reichten die Mittel – ganz gleichgültig, ob ihm wenig oder viel zur Verfügung stand. Einen nicht unerheblichen Teil seiner Energie musste Wagner daher stets ins Fundraising in eigener Sache stecken, meist zur Tilgung aufgelaufener Schulden. Dabei verschonte er niemanden: Er pumpte alte Schulfreunde ebenso an wie ihm zugeneigte Frauen, Bankiers und Verleger, aber auch ihm ansonsten gänzlich unbekannte Persönlichkeiten, wenn sie nur betucht waren; mal ließ er sich ihnen empfehlen, mal ging er seine Mäzene einfach ‹kalt› um Hilfe an. Zu guter Letzt plünderte er gar einen leibhaftigen König aus: Ludwig II. von Bayern; der ‹Märchenkönig› stürzte beinahe über der Krise, die seine allzu großzügigen Subventionen des Musenfreundes ausgelöst hatten. Übrigens lange bevor seine kühnen Bauprojekte Bayerns Staatskasse endgültig ausbluten ließen – während heute die Kassen an den Ticketschaltern seiner Schlösser sowie bei Hoteliers, Wirten, Souvenirhändlern oder Busunternehmen ganz Oberbayerns täglich klingeln.

Bestürzend und faszinierend zugleich ist die Treffsicherheit, mit der Wagner seine ungezählten Bettelbriefe formulierte, ja regelrecht komponierte. Sie zeigen seine ganze Theater-Begabung, seine Fähigkeit zur Inszenierung, zur suggestiven Überzeugung oder Überrumpelung seines Gegenübers. Allerdings gewinnt man bei der Lektüre den Eindruck, dass ein Teil der suggestiven Schilderungen in seinen Bettelbriefen auch der Selbstvergewisserung dienten und die geschilderte Reue und Erkenntnis nicht ausschließlich Elemente emotionaler Pyrotechnik waren, eingesetzt allein in der Absicht, die Schlitzohrigkeit des Absenders zu vernebeln. Wagner litt natürlich unter seinen Finanzkrisen, er krümmte sich vor Scham und zerfleischte sich zeitweise in Selbstvorwürfen. Aber er verstand es eben sehr geschickt, die eigenen Probleme seinen Adressaten auch wirkungsvoll darzustellen.

In den Genuss von Wagners Bettelbegabung kamen anfänglich vor allem seine besten Freunde. An seinen Schulfreund Theodor Apel schrieb er am 21. August 1835:

> *Ich sehe jetzt nur zu gut, dass das Geld keine Chimäre, keine verächtliche werthlose Nebensache sei; – ich bin jetzt zu der Überzeugung gekommen, dass das Geld jetzt so gut Fleisch u. Blut bekommen hat, wie die Gesellschaft, unter die der Mensch gestellt ist. Ich war im Wahnsinn sage ich, denn ich begriff mich u. meine Stellung zur Welt nicht; – ich wusste, dass ich nicht den mindesten begründeten Anhalt u. Rückhalt hatte, u. handelte doch wie ein Toller, überschritt meine Verhältnisse in jeder Beziehung, u. noch dazu mit der Unwissenheit u. Unerfahrenheit eines Menschen, der eben nie begründete Ansprüche auf Geld hat; jeder andere, u. zumal ein Reicher verschwendet nicht so, wie eben ich.*

Vor dieser Passage, in der die Gesellschaftskritik auf wundersame Weise zum Ausgangspunkt der Selbsterkenntnis wird, hatte Wagner sich noch wortreich «tüchtig ausgeweint». Um dann dem Bekenntnis zur Verschwendung umständliche Erklärungen seiner aktuellen Situation folgen zu lassen, und schließlich in einem Crescendo erst zu beteuern, «neue Bahnen» betreten zu wollen, um unverzüglich die Bitte um Geld folgen zu lassen. «Du bist der Einzige», beteuert er und nimmt eine mögliche Absage des Freundes in einer Reihe von Vielleicht-Sätzen vorweg. Wohl wissend darum, dass dieser psychologische Trick dem alten Freund Apel eine Absage nahezu unmöglich machen würde. Wenig später wird Wagner gegenüber Apel deutlicher, wenn er am 5. November kurz angebunden drängelt: «Du hast mir auch das Geld nicht geschickt, – warum bringst Du mich in so gemeine Verlegenheit, Dich darum zu mahnen, was Du mir nicht schuldig bist?»

Fünf Jahre später – der Kontakt zu Apel war inzwischen abgerissen und der Freund infolge eines Unfalls erblindet – muss

Wagner erst etliche Briefseiten investieren, um die alte Freundschaft wieder heraufzubeschwören und den Freund an gelebte Gemeinsamkeiten zu erinnern. Diese Passagen sind sowohl als vertrauensbildende Maßnahme wie auch als Selbstsuggestion zu verstehen. Denn Wagner fühlte sich in Paris so einsam wie nie zuvor in seinem Leben und hatte aus seiner Notlage bereits zu Beginn des Briefs keinen Hehl gemacht. Dennoch braucht er Seiten, um den eigentlichen Zweck der Epistel zu formulieren: «Sende mir schleunige Hülfe; mein Leben ist verpfändet, löse es ein!»

Einen knappen Monat später, am 25. Oktober 1840 greift Wagner gegenüber Apel zum Äußersten; er lässt seine Gattin Minna einen Brief an Apel schreiben, deren Inhalt er diktiert:

> *Möge es Sie nicht verwundern, wenn Sie von mir einen Brief erhalten, und zwar einen Brief* dieses *Inhaltes (…) Heute früh hat mich Richard verlassen müssen, um das Schuldgefängniß zu beziehen (…) Das Einzige was ich heraus bringe ist: Hülfe, Hülfe! Bringen Sie Richard ein großes Opfer (…)*

Das «Schuldgefängniß» war natürlich frei erfunden und nichts anderes als ein moralisches Druckmittel, das vermittelt durch die arme Minna umso dringlicher wirken sollte. Wagner, der allmählich fürchten musste, dass der Freund seine immer wiederkehrenden Klagen und Forderungen nicht mehr ernst nahm, griff unwillkürlich zur Erfindung einer drastischen Situation, die für sich sprechen sollte. Ohne Bitten, Flehen und Forderungen aus dem eigenen Munde. Eine besonders raffinierte Form der indirekten Rede – und eine besonders miese Tour.

Über Bande spielte Wagner übrigens öfter, wenn er glaubte, die eigene Person aus der Schusslinie nehmen zu müssen. So schreibt er am 19. November 1849 aus dem Züricher Exil an den Regisseur und Bühnenbildner Theodor Heine einen mäandernden Brief, in dem er aus der Rückschau umständlich die

Pariser Zeit und seine finanziellen und ideellen Probleme dort schildert. Dann fährt er fort, wie schwer es sei, fürstliche Gönner zu finden, und warum. Wagners Schlussfolgerung: Um das «Kunstwerk der Zukunft» zu schaffen, von dem er «übervoll» sei, brauche er statt feudaler Unterstützer echte Freunde.

> *Ich Unglücklicher verstehe kein Handwerk, um mir mein tägliches Brod zu verdienen: es muss mir (...) gereicht werden, damit ich Künstler bleiben kann. Wer soll dieß thun? Nur Diejenigen, die mich lieben, und zwar mich, meine Werke, mein künstlerisches Streben und Wollen (...) Deren sind* nicht Viele, *aber die Wenigen haben – der Sache angemessen – das eigenthümliche, dass sie mich* energisch *lieben.*

Freilich will Wagner diesen «Wenigen» nicht selbst an den Geldbeutel gehen, obwohl das, wie er zugibt, das «natürlichste in meiner Lage wäre». Aber er sieht sich außerstande, dies zu tun, denn «ich kann es nicht um meiner Frau willen, – die mich nicht begreifen und nur das Bellen der Hunde hören würde». Also, so führt Wagner aus, brauche er den einflussreichsten seiner Freunde, um die kleine Schar der «Wenigen» zu überzeugen, für ihn, Wagner, «zusammenzutreten».

Und den, wen wundert's, hat er natürlich schon längst gefunden, nämlich im Adressaten selbst: «*Dich* bitte ich nun, mein lieber freund, Dich besonders der Sorge um mich und meine Kunst anzunehmen!» Er macht ein paar Vorschläge, wen Heine kontaktieren solle. «Ihr würdet so viel wie möglich Vertraute und Gleichgesinnte in Eure Absicht – die natürlich von Euch allein ausgegangen sein müsste! – einweihen (...); vielleicht ein discretes Circulum zu diesem Zwecke erlassen.»

Dieser Brief war der Versuch, sogar gleich zweifach über Bande zu spielen, denn zum einen schob Wagner wiederum seine Frau Minna vor, diesmal allerdings nicht, indem er sie selbst aktiv einsetzte, sondern seine feinfühlige Rücksicht auf sie als Grund angab, nicht selbst handeln zu können. Zum anderen versuchte er, seinen Freund Ferdinand Heine mit der Schmeichelei, sein «einflussreichster» Freund zu sein, in Stellung zu bringen. Anders betrachtet: Wagner hatte eigentlich eine moderne, zeitgemäße Idee, denn er wünschte sich nichts anderes als das, was man heute einen Verein der Freunde und Förderer nennt. Mit einem ehrenamtlichen Vorsitzenden und Fundraiser. Nur dass die Idee damals noch reichlich kühn war, und die Art und Weise, wie Wagner sie seinem Freund Heine aufdrängte, nicht anders als dreist bezeichnet werden kann.

Franz Liszt: Freund, Förderer, Kollege und Schwiegervater

In jeder Hinsicht aufschlussreich ist Wagners Korrespondenz mit Franz Liszt. Der erfolgreiche Pianist, Komponist und spätere Schwiegervater förderte Wagner in unerschütterlicher Treue. Liszt war nicht nur großzügig aus Prinzip, er glaubte tatsächlich mehr als andere an Wagner. Seinem größten Gönner trat Wagner daher meist ausgesprochen offen und ungeschminkt gegenüber, denn er musste weder wortreich seine Kunst rechtfertigen noch umständlich und beschönigend die Sorgen und Nöte eines Komponisten erklären. Anders als die meisten seiner Korrespondenzpartner bekam Liszt Wagners Launen ungefiltert zu spüren, ebenso wie dessen gepflegte Ressentiments gegen den vergleichsweise etablierten und auf dem Parkett der großen Gesellschaft so unvergleichlich geschickteren Freund, wie der freche Auftakt des folgenden Briefs zeigt, den Wagner am 23. Juni 1848 an Liszt schrieb:

> *Vortrefflichster Freund! Sie sagten mir kürzlich, dass Sie für einige Zeit Ihr Piano zugeschlossen hätten: Ich nehme nun an, dass Sie für's nächste Bankier geworden sind. Mir geht es schlecht, und wie ein Blitz kommt mir der Gedanke, dass Sie mir helfen könnten.*

Im ersten Satz schwingt leise Verachtung, gepaart mit Neid, wenn er spottet, der mit finanzieller Fortune gesegnete Liszt sei vermutlich Bankier geworden. Doch beißt er weiter nicht die Hand, die ihn füttern soll, und so kommt er gleich zur Sache, Liszt könne, ja müsse ihm helfen. Woraufhin die übliche Beschwörungslitanei einsetzt:

> *Ich würde wieder ein* Mensch *werden, ein Mensch, dem die Existenz möglich geworden ist, – ein Künstler, der nie in seinem Leben wieder nach einem Groschen Geld fragen, und nur froh und freudig arbeiten würde (…)*

Blitzartige Einfälle Wagners bekam Liszt noch häufig zu spüren, der Tonfall wurde dabei immer ungezwungener, spontaner, wie in jenem Brief vom 22. Juli 1856 aus Mornex, der wiederum einen Versuch Wagners offenbart, über Bande zu spielen:

> *Du, Franz! Da habe ich einen göttlichen Einfall!* – Du musst mir einen Erard'schen Flügel verschaffen!! – *Schreib an die Witwe – Du besuchtest mich alle Jahre dreimal (!) und da müsstest Du durchaus einen besseren Flügel als den alten hinkenden haben. Mache ihr hundert tausend Flausen weis, binde ihr auf, es sei für sie ein Ehrenpunkt, dass in meinem Hause ein Erard stünde. – Kurz – denke nicht nach, sondern verfahre unverschämt genial! Ich muss* einen Erard haben. *Will man mir ihn nicht schenken, so sollen sie ihn mir pumpen – auf ellenlange Termine!*

Bemerkenswert an diesem Brief ist vor allem die wunderbare Bettelformel «unverschämt genial», die auf kleinstem Raum Wagners eigenes Finanzierungsprogramm formuliert: Eigentlich unverschämt, sprich anmaßend, und doch genial, sprich unwiderstehlich raffiniert und wirksam. Dieses «unverschämt genial» ist sozusagen ein freimütig gewährter Blick in Wagners Waffenkammer. Doch ist das alles so selbstverständlich kumpelhaft formuliert, als sei Liszt immer schon ein Mitwisser dieser abgefeimten Strategie gewesen und als könne es ihm nur zur Ehre gereichen, dass er sich auf eine solche ebenso versteht, was Wagners verschwörerischer Tonfall zu unterstellen scheint.

Liszts Toleranz war wohl schier unerschöpflich. Wagner traute sich deshalb auch, mit ausgesprochenen Luxus-Wünschen an Liszt heranzutreten. Ans Unverschämte grenzt das folgende Schreiben an Liszt aus Zürich vom 16. Juni 1852:

> *Eine Bitte! Ich arbeite fleißig und gedenke in 14 Tagen mit der Dichtung meiner «Walküre» fertig zu sein. Eine Erfrischung ist mir dann von äußerster Notwendigkeit, ich bedarf einer Reiseerholung, und möchte namentlich auch meine letzte dichterische Arbeit, das große Vorspiel, hier nicht beenden, wo die Monotonie der gewohnten Umgebung mich erdrückt und lästige Besuche mich meist übler Laune machen. Ich muss in die Alpen und wünsche wenigstens die Grenze Italiens zu benaschen, um mich dort ein wenig aufzuhalten. Solche Ausschweifungen kann ich aber von meinem gewöhnlichen Einkommen nicht bestreiten. (…) Wie wäre es, wenn Du mir diese Summe (für den Holländer)* vorschussweise *verschafftest?*

Mit väterlicher Fürsorge und Nachsicht antwortete Liszt aus Weimar am 26. Juni 1852: «Hiermit sende ich Dir einen 100 Taler-Wechsel und wünsche Dir herzlich Glück und gute Stimmung, äußerlich und innerliches schönes Wetter zu Deinem Alpenausflug.» Da schwingt kein Misston mit, keine Kritik, keine Belehrung. Wohl dem, der so einen Gönner hat.

Eineinhalb Jahre später wurde Wagners Tonfall gegenüber dem großherzigen Freund wieder larmoyant-existentieller. Aus Zürich schreibt er am 15. Januar 1854 einen Brief, der Einblicke gewährt in seine widersprüchliche Psyche und den seltsamen Zusammenhang zwischen seiner andauernden Geldnot und seiner Schaffenskraft. Fast wie bei einem Süchtigen scheint die Produktivität des Künstlers von der Droge der drohenden Pleite stimuliert zu werden:

> *Lieber Franz! keines meiner letzten Lebensjahre ist an mir vorübergegangen, ohne dass ich nicht* einmal *darin am äußersten Ende des Entschlusses gestanden hätte, meinem Leben ein Ende zu machen. Es ist alles darin so verfahren, so verloren! (...) Liebster – seitdem ist mir die* Kunst *doch eigentlich nur noch Nebensache, sie ist mir reiner* Notbehelf, *nicht anderes! Doch wird sie endlich immer wieder zum wahren* Notbehelf*: – die Not zwingt mich, mir durch sie zu helfen, um eben noch* leben *zu können, doch eigentlich nur mit wahrer Verzweiflung nehme ich immer wieder die Kunst auf.*

Bis zu dieser Stelle nimmt man zur Kenntnis, dass Wagner zumindest vorgibt, sich alljährlich ob seiner finanziellen Lage mit Suizidgedanken zu tragen, und einzig und allein komponiert, um «eben noch leben zu können». Keine Rede vom großen Auftrag oder vom Kunstwerk der Zukunft und von der Lust zu arbeiten, wie er 1849 aus Reuil schrieb: «Nur Eines habe ich vor mir, und Eines kann und will ich immer froh und freudig tun: arbeiten, d. h. für mich: Opern schreiben. Zu allem übrigen bin ich untauglich ...»

1854 beschreibt er, was tatsächlich (?) abläuft, wenn er beschließt, die künstlerische Arbeit als «Notbehelf» wieder aufzunehmen, und vor allem, was er braucht, um diesen Prozess überhaupt erst zu ermöglichen: «geschieht dies, und muß ich wieder der Wirklichkeit entsagen – muß ich mich wieder in die Wellen der künstlerischen Phantasie stürzen, um mich in einer eingebildeten Welt zu befriedigen, so muß wenigstens meiner Phantasie auch geholfen, meine Einbildungskraft muß unterstützt werden.» Darauf folgt in einer atemberaubenden Volte eine Schilderung und Rechtfertigung der sehr konkreten Bedürfnisse seiner Einbildungskraft:

> *Ich kann dann nicht wie ein Hund leben, ich kann mich nicht auf Stroh betten und mich mit Fusel erquicken: meine stark gereizte, feine, ungeheuer begehrliche, aber ungemein zarte und zärtliche Sinnlichkeit muß irgendwie sich geschmeichelt fühlen, wenn meinem Geiste das blutig schwere Werk der Bildung einer unvorhandenen Welt gelingen soll.*

In die missliche Lage, aus der Liszt ihn nach der Lektüre dieses Briefs befreien soll, kam Wagner wieder einmal durch die ungehemmte Befriedigung der oben genannten Bedürfnisse und das systematische Ausblenden der Realität.

> *Gut! als ich jetzt wieder den Plan der Nibelungen und ihrer wirklichen Ausführung fasste, musste vieles dazu wirken, um mir die nötige künstlerisch-wollüstige Stimmung zu geben: – ich musste ein besseres Leben als zuletzt führen können! (...) ich richtete meine Häuslichkeit neu ein, verschwendete (...) an diesem und jenem Bedürfnisse des Luxus (...) Ich frug endlich nicht mehr, ob etwas Geld koste; sondern alles, was ich mir nur erdenken konnte, was mir irgendwie einen angenehmen Eindruck, eine wohlige Stimmung bereiten möchte, eignete ich mir zu.*

Wagner schildert hier seinen Teufelskreis von finanzieller Not, rauschhaft erlebter Kreativität (Wellen der künstlerischen Phantasie) und Verschwendungssucht luzide und schonungslos und nimmt ihn als gegeben und unabänderlich hin. Womöglich ist ihm klar, dass dieser Mechanismus der eigentliche Urgrund seiner Kreativität ist. Deshalb kann er nun auch abrupt die Erklärungen an den ohnehin wissenden Freund abbrechen und sein eigentliches Anliegen vortragen:

> *Höre, mein Franz! Du musst jetzt helfen! (…) Soll ich die Fähigkeit wieder gewinnen,* auszuhalten *(…), so muß auf dem nun einmal jetzt betretenen Wege der Prostitution meiner Kunst etwas* Ordentliches *geschehen – sonst ist's aus. (…) Vor allem aber muß ich auch* Geld *haben: (…) aber was helfen mir Hunderte, wenn Tausende nötig sind. (…) Nochmals; ich brauche – um mich in volle Ruhe und Gleichgewicht zu setzen –* drei- *bis* vier*tausend Taler. (…) Mein Lieber, zürne mir nicht! ich habe ein Recht an Dich wie an meinen* Schöpfer*! Du bist der Schöpfer desjenigen, der ich jetzt bin: ich lebe jetzt* durch Dich *– das ist keine Übertreibung. Sorge denn für Dein Geschöpf: Ich rufe Dir das wie eine Pflicht zu, die Du hast.*

Was für eine Unverfrorenheit! Wagner fordert nicht nur, sondern nimmt Liszt ganz buchstäblich in die Pflicht, um dann die Unverschämtheit sogleich wieder zu relativieren, indem er sie herunterspielt, und zwar im Rückgriff auf die eigene, verschwiemelt systemkritische Haltung und die Verteufelung des Mammons: «Sieh, es handelt sich ja nur um *Geld*: das sollte doch möglich sein.»

Dergleichen merkwürdig anmutende Ambivalenzen von Kapitalismuskritik bei gleichzeitiger Luxusliebe sind historisch betrachtet kein Einzelfall. Auch Karl Marx verwendete so manchen Scheck von Friedrich Engels lieber für guten Rheinwein oder die Anmietung eines Flügels als für die Begleichung von Mietschulden. Die Philosophie der Toskana-Fraktion verbindet das gute Leben in der nicht ganz so gerechten Gesellschaft elegant mit dem Streben nach einer besseren Welt. So wie umgekehrt in den 1970er Jahren wohlsituierte Bürgerkinder oder exzentrische Bundesliga-Profis mit Porsche-Fuhrpark ebenso kokette wie ignorante Bekenntnisse zum Vorsitzenden Mao und seiner «Großen Proletarischen Kulturrevolution» ablegten.

Manchmal klagte Wagner aber auch jenseits ausgeklügelter Finanzierungsstrategien Liszt einfach nur jammervoll sein Leid und gewährte dabei Einblicke in seine instabile Psyche, wie beispielsweise im folgenden Brief aus Paris vom 5. Juni 1849:

> *Dieses gräuliche Paris (liegt) zentnerschwer auf mir, oft blöke ich wie ein Kalb nach dem Stalle und nach dem Euter der nährenden Mutter. Wie bin ich allein unter diesen Menschen! (...) Bei allem Mute bin ich oft die erbärmlichste Memme! trotz Deiner großherzigen Anerbietungen sehe ich oft mit einer wahren Todesangst auf das Schmelzen meiner Barschaft nach meiner doppelt langen Reise nach Paris. (...)*

Wenig später hatte sich die Todesangst aber offenbar wieder gelegt. Jedenfalls zupfte er im folgenden Brief an Liszt zwar wieder die silberne Saite der Geldforderungen, verzichtete aber auf den Generalbass der Klage über die allgegenwärtige Schlechtigkeit der Welt. Diesmal versucht er es vielmehr mit Scherzen und Hypnosetechnik, als er am 19. Juli 1849 aus Zürich schreibt:

> *Bist Du gut bei Laune? – Wahrscheinlich nicht, da Du einen Brief von Deinem Plagegeiste entfaltest! Und doch liegt mir um alles in der Welt daran, dass Du gerade heute, jetzt, in diesem Augenblicke guter Laune seist! Denke Dich in den schönsten Moment Deines Lebens hinein, und blicke heiter und wohlwollend von da aus auf mich: denn ich habe Dir eine inbrünstige Bitte vorzutragen ...*

Wagner wusste, dass er Liszt überstrapazierte, und gab das auch zu. So etwa in einem Brief aus Zürich vom 2. März 1853: «Ja – mein Gott! – ich werde ewig ein Lump bleiben! – Warum gibst Du Dich mit mir ab?» Doch bei aller Selbsterkenntnis wusste Wagner auch den bittersten Einsichten mit trotzigem Selbstbewusstsein zu begegnen: «Ich bin ein großer Verschwender, aber es kommt etwas dabei heraus», schreibt er am 31. Dezember 1858 an Liszt.

Frauen und andere Gönner

Neben dem großherzigen Franz Liszt fand Wagner gerade in Frauen großzügige Mäzene. Ohne seine Gönnerinnen im Einzelnen zu apostrophieren, wusste Wagner doch nur zu gut, was er an Frauen im Unterschied zu seinen männlichen Sponsoren schätzte: «(...) dass bei aller herrschenden gemeinheit es den frauen doch immer noch am schwierigsten fällt, ihre seelen so gründlich verledern zu lassen, als dieß der statsbürgerlichen männerwelt zu so voller genüge gelungen ist», notiert Wagner am 27. Dezember 1849 an seinen brüderlichen Freund Theodor Uhlig.

Der Womanizer Wagner wandte bei Frauen natürlich alle Tricks an, die ihm zu Gebote standen, und spielte dabei vor allem mit dem nicht «verlederten» weiblichen Verständnis. Wie psychologisch durchtrieben er dabei vorging, indem er sich vertraulich offenbarte, schilderte die Schriftstellerin Malwida von Meysenburg in ihren Memoiren *Gestalten* von 1901: «In schweren Augenblicken hatte er mir mit der Offenheit, wie man sie einer langjährigen Freundin zeigt, über seine Verhältnisse gesprochen, und die Sorge um ihn und sein Geschick lag schwer auf meiner Seele.»

Bei seinen männlichen Geldgebern setzte Wagner – abgesehen von Liszt – indes lieber auf die überrumpelnde Kraft der

Frechheit und seinen quasi musikalisch eingesetzten Witz, so auch in seinem Brief an den Pariser Musikverleger Maurice Schlesinger vom 14. Januar 1841, den er gewissermaßen mit dem Paukenschlag einer Regieanweisung beginnt:

> *(In sehr guter Laune zu lesen!!) Sie haben mir in diesen Tagen Geld versprochen; das ist schön u. herrlich. Wissen (Sie) aber auch wie viel ich jetzt brauche? – Ich mag es gar nicht nennen (...) Um zur Sache zurückzukommen, wehrtester Gönner, so gilt es jetzt einmal noch einen recht tiefen Griff zu thun, und – mit Respect zu sagen, – ein Tausend-Franken-Billet heraus zu holen. Ich sehe, dass Sie erschrocken sind (...)*

Nicht immer waren Wagners Tricks von Erfolg gekrönt. Nüchterne Geschäftsleute wie der Verleger Franz Schott ließen sich kaum beeindrucken von Wagners Winkelzügen. Schott analysierte in seinem Schreiben vom 21. Oktober 1862 Wagners Lage vielmehr mit aller Deutlichkeit: «Den gewünschten größeren Betrag kann ich Ihnen nicht zur Verfügung stellen. Überhaupt kann ein Musikverleger Ihre Bedürfnisse nicht bestreiten: dies kann nur ein enorm reicher Bankier oder ein Fürst, der über Millionen zu verfügen hat.» Dass selbst ein Fürst, ja sogar ein König im Fall Wagner mit seinen Millionen an Grenzen stoßen würde, wie es einige Jahre später tatsächlich geschah, als unverhofft Ludwig II. in Wagners Leben trat und sich finanziell an Wagners unmäßigen Forderungen restlos verausgabte, konnte sich Schott nicht vorstellen.

«Die nötige künstlerisch wollüstige Stimmung»: Wagners Sucht nach exzentrischem Luxus

Eines der gängigen Vorurteile über Wagner Kunst lautet, dass diese den Männlichkeitswahn verherrliche und zelebriere, was die unzähligen Aufmärsche, quasi militärischen Rituale und Kulte ebenso wie etwa das ganze Gewese um die Gralsritter beweise. Tatsächlich: Männerbünde, wohin man sieht! Die fatale, toxische Wirkung, die Wagners martialische Aufgebote und sein chorisches Kriegsgeschrei etwa im *Lohengrin* auf die jüngere Vergangenheit ausübten, ist hinlänglich bekannt.

In merkwürdig unversöhnlichem Kontrast dazu aber steht die Tatsache, dass Wagner weder in Uniformhosen einherschritt noch militärische Kargheit schätzte, sondern im Privatleben in geradezu bizarrer Weise seine weiblichen Anteile auslebte. Um es einmal vorsichtig auszudrücken: Man könnte sagen, er kleidete sich wie eine durchgeknallte Tunte an Karneval und lief auch im Alltag herum wie ein heutiger Popstar mit Fantasy-Faible. Irgendwo zwischen Liberace, Rudolph Moshammer und Ludwig II. Wobei Letzteres vielleicht auch die Affinität zwischen beiden erklären könnte.

Diese privaten Vorlieben waren weit mehr als nur ein zeitweise aufflackernder Spleen, waren doch Wagners exzentrischer Geschmack und seine Luxussucht ganz wesentlich dafür verantwortlich, dass er finanziell über seine Verhältnisse lebte. Trotz akuter Geldnöte achtete er immer darauf, auffallend gekleidet zu sein, wie der Theaterleiter Eduard Devrient etwas irritiert in seinem Tagebuch am 8. Mai 1861 vermerkte:

> *Wagner im Gasthofe besucht. Der arme Mann, der, wie er mir selbst sagt, in den letzten Jahren gar nichts erworben und in Paris ein immenses Geld gebraucht hat, alles aus den Mitteln seiner Freunde, die er zurückzuerstatten eifrig bedacht sein müsse, dieser arme Mann saß im grünen Sammetschlafrock, mit*

violettem Atlas gefüttert, und türkischen Hosen vom selben Stoffe und einem weiten braunen Sammetbarett, das ungeschickt aufgesetzt, seinem spitzen Advokatengesicht drollig stand.

Wagner stolzierte nicht nur auf der Straße herum wie ein Paradiesvogel, noch origineller kostümierte er sich daheim, beim Arbeiten. Die Erinnerungen des Tapezierers Clemens Mathieu vom November 1865 darf man sich auf der Zunge zergehen lassen:

Als Mathieu tags darauf in den im ersten Stock befindlichen Saal geführt wurde, begrüßte ihn Wagner in phantastischer Kleidung von seinem Klavierstuhle aus. Auf dem Haupte hatte er ein Sammetbarett. Der lange, sehr weit gearbeitete Rock war aus rosa Atlas gefertigt, mit weißem Atlas gefüttert, ringsum mit einer Rüsche aus gleichem Stoff besetzt, in deren Mitte fortlaufend Röschen eingenäht waren. Die nach vorne halbweiten Ärmel zeigten die nämliche Garnierung und waren mit reichen, auf die Hand fallenden Spitzen versehen. Vom Hals bis zur Taille reichte ein weißes Spitzenjabot, von der Taille an zog sich zwischen den beiden Flügeln des offenen Rockes ein aus Volants bestehender, nach unten breiter werdender weißer Einsatz. Darunter trug er einen mit Fischbeinstäben verstärkten Reifrock. ‹Pendant in allem, widerstrebt es meinem Schönheitssinn, dass mein Rock irgend eine Falte zeigt, wenn ich auf dem Klavierstuhle sitze.›

Reifrock, Spitzen, Röschengarnierung? Trug Wagner daheim Frauenkleider? Diesen Ausführungen folgend, muss man es glauben. Übung im Crossdressing hatte er in Wien erworben, wo er vor seinen Gläubigern und der Steuerfahndung nachweislich in Frauenkleidern geflohen war.

Wagners fataler Hang zum Luxus erschöpfte sich jedoch nicht in seidenen Kleidern, edlem Schuhwerk und kostbaren

Pariser Parfums, die er sich ungeachtet seines Hasses auf alles Pariserische zusammen mit verschwenderischen Stoffen gleich kistenweise kommen ließ. Er staffierte auch seine jeweiligen Domizile mit allem erdenklichen Pomp aus. Nur einige Monate wohnte er 1863 im österreichischen Penzing, ließ sich aber von der Ausstatterin Bertha Goldwag neben elegant bestückten Gemächern ein Boudoir von orientalischer Schwüle einrichten:

> *Die Wände wurden mit Seide ausgeschlagen und ringsherum wurden Girlanden angebracht. Vom Plafond herab leuchtete eine wundervolle Ampel mit gedämpftem Licht. Den ganzen Boden bedeckten schwere, ungemein weiche Teppiche, in denen der Fuß förmlich versank. (…) Das Zimmer durfte nie von jemanden betreten werden, Wagner hielt sich darin immer ganz allein auf, und zwar immer am Vormittag. … (er) sagte mir einmal, dass er sich in einem solchen Zimmer besonders wohl fühle, weil ihn die Farbenpracht sehr zur Arbeit anrege.*

Von allem nur das Beste, und davon immer mehr als genug! Das war Wagners Prinzip. In Sachen Kleidung hatte er in der Musikgeschichte mindestens einen Bruder im Geiste, und zwar Wolfgang Amadeus Mozart. Von jenem ist zwar ungleich weniger überliefert als von Wagner, aber immerhin findet sich ein Brief an die Baronin von Waldstätten vom 28. September 1782, der er ein auffallendes Kleidungsstück so eindringlich beschrieb, dass er es schließlich von ihr geschenkt bekam:

> *(…) wegen dem schönen rothen frok welcher mich ganz grausam im herzen kitzelt, bitte ich halt recht sehr mir recht sagen zu lassen* wo man ihn bekommt, und wie theuer, *denn daß hab ich ganz vergessen, weil ich nur die schönheit davon in Betrachtung gezogen und nicht den Preis. – denn so einen frok muss ich haben, damit es der Mühe werthe ist die knöpfe darauf*

> *zu setzen, mit welchen ich schon lange in meinen gedanken schwanger gehe; – ich habe sie einmal, als ich mir zu einem kleide knöpfe ausnahm, auf dem kohlmark in der Brandauischen knöpffabrique vis a vis dem Milano gesehen. – diese sind Perlmutter, auf der seite etwelche weisse Steine herum, und in der Mitte ein schöner gelber Stein. – Ich möchte alles haben, was gut, ächt und schön ist!*

Abgesehen von der Diktion könnten diese Sätze auch von Wagner stammen. Überhaupt gibt es in Sachen Lebensführung einige Parallelen zwischen dem ‹Apolliniker› Mozart und dem ‹Dionysiker› Wagner. Auch Mozart verstand sich auf Bettelbriefe, von denen er insbesondere in seinen letzten Jahren einige schrieb. Auch Mozart liebte Zerstreuungen der kostspieligen Art und schaffte sich einen kostbaren Billard-Tisch an, um auch in den eigenen vier Wänden diesem Spiel nachgehen zu können. Auch Mozart lebte meist auf großem, zu großem Fuß. Erst in den letzten Jahren ist das romantische Märchen seiner angeblichen Armut mit Blick auf die Tatsachen revidiert worden. Atlas-Röcke, seidenbestickte Hosen und Pelzröcke fanden sich im Nachlass des angeblichen Hungerleiders. In seinen Wiener Jahren bewohnte Mozart eine Siebenzimmerwohnung und unterhielt einen Stall für zwei Pferde. Die Kaufkraft seines durchschnittlichen Jahreseinkommens von 5000 Gulden entspräche heute in etwa 150 000 Euro. Zum Vergleich: Joseph Haydn verdiente damals 2000 Gulden, ein Universitätsprofessor 300 und Mozarts Dienstmädchen 12 Gulden pro Jahr. Wie Wagner hatte Mozart seine Finanzen offenbar nicht im Griff. Sein viel zu früher Tod verhinderte womöglich tiefere wirtschaftliche Verstrickungen.

Die Stilisierung eines «armen Mozart» entsprach jedoch ganz dem romantischen Bild vom Künstler, das zu Wagners Lebzeiten gang und gäbe war. Zugleich gestanden es die Zeitgenossen einem Künstler zu, sich selbst noch als schnorrender

Parasit zum Genie zu stilisieren, dem die Welt Luxus und Überfluss schuldete. Ein seltsamer Widerspruch, der dieser Epoche jedoch zutiefst entspricht: Den Künstler der Vergangenheit verklärte man als arm und von der Welt vergessen, dem Künstler der Gegenwart des Frühkapitalismus erlaubte man die schmutzigsten Tricks. Wagner teilte mithin seine Ambivalenz in Sachen Geld mit den Widersprüchen seiner Epoche.

4.
«Dem Wahn mich nichts entreißt»

Lohengrin:
Eva und der Erlöser in den Wirren des Bürgerkriegs

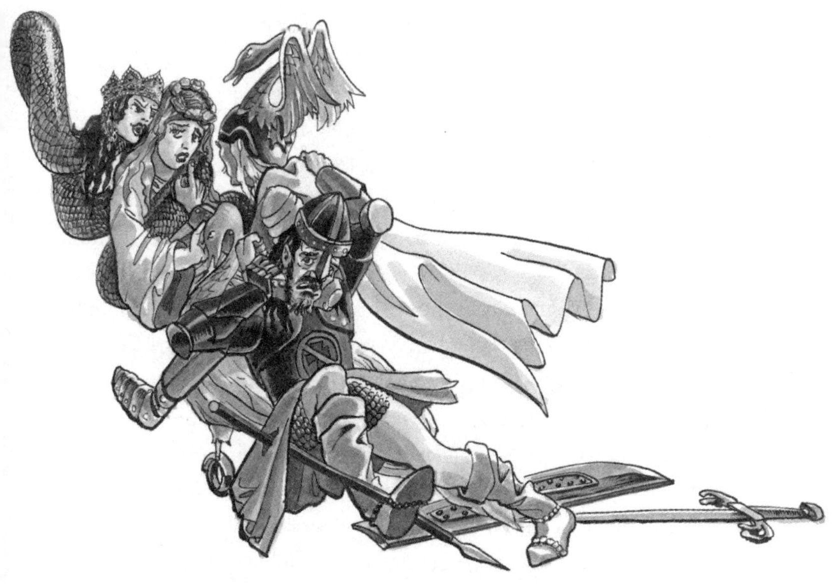

Traditionalisten hätten gern, dass in Wagners populärstem Werk eine träumerische, unschuldige Prinzessin von einem edlen, sittenstrengen Ritter gerettet wird. Vordergründig vor der Intrige rachsüchtiger Verschwörer, in Wahrheit um der großen Liebe willen. Dass diese Liebe tragisch scheitert, tut dem Reiz des Ganzen bekanntlich keinen Abbruch. Romeo und Julia in Brabant. Eigentlich will man Gotik, Brokatgewänder, Prunkschwerter, glänzende Harnische und Helme. Peinlich ist nur, dass ganze Bataillone wehrhafter Männer auf der Bühne stehen, die andauernd irgendwem «Heil!» wünschen. In der Tat wurde der *Lohengrin* bis 1945 gern als Sättigungsbeilage zur vaterländischen Gesinnung gereicht – mit «kriegerischem Unterbau und mystischen Spitzen», so Heinrich Mann in seinem Roman *Der Untertan*. Noch 1985 pflegte der Schriftführer eines örtlichen Wagnerverbandes junge Aspiranten zu fragen: «Haben Sie gedient?» Allerdings sterben die Leute, die heimlich auf so etwas stehen, langsam aus. Was also soll man mit einem mittelalterlichen Märchen anfangen, in dem Weib und wehrtüchtiges Volk die hehre Mission des Götterboten noch weniger verstehen als man selbst?

Spielleiter, die den Shitstorm beim Schlussapplaus vermeiden wollen, verzichten auf aktualisierende Deutungen. Sie begnügen sich mit zeitlos romantisierender Optik und unverfänglichen, überwiegend statischen Arrangements von Chor und Solisten. Ein wenig Ritterromantik ist bei Wagner nicht einmal an den Haaren herbeigezogen: *Ivanhoe*, 1820 erschienen, war knapp zwanzig Jahre vor dem *Lohengrin* von Heinrich Marschner vertont worden. Wagner kannte *Der Templer und die Jüdin* bestens, er hatte das Werk in Magdeburg und Dresden oft dirigiert. Walter Scott zählte zudem später zu seinen Lieblingsautoren.

Was gibt's zu sehen?

Die Oper spielt im Antwerpen des 10. Jahrhunderts, zur Zeit des ostfränkischen Königs Heinrich I. (ca. 876–936), genannt Heinrich der Vogler. Das ist kein nebensächliches Detail. Im Prozess der Herausbildung des Heiligen Römischen Reiches spielte Heinrich eine Schlüsselrolle. Es gelang ihm, die Herzogtümer Schwaben, Bayern und Lothringen unter seiner Vorherrschaft mit seinem Stammland Sachsen zu einen. Im März 933 schlug ein von Heinrich angeführtes Heer in der Schlacht bei Riade, einem nicht eindeutig zu identifizierenden Ort in Thüringen, die Ungarn. Heinrichs Sohn Otto I. wurde 962 in Rom von Papst Johannes XII. zum Kaiser gekrönt. In der deutschen Geschichtsschreibung des 19. und frühen 20. Jahrhunderts galt Heinrich I. vielfach als «Reichsgründer» – eine historisch eher fragwürdige Konstruktion, die von Deutschnationalen und später auch von den Nationalsozialisten in geradezu mythische Dimensionen übersteigert wurde. Die Quellenlage über jene Zeit ist mehr als dürftig. Das bot reichlich Raum für demagogische Geschichtsklitterung. Auch Wagners Brabant – tatsächlich wurde es erst 1182 eigenständiges Herzogtum – ist eine Erfindung, die eher wenig mit der realen Historie zu tun hat. Im Ganzen sind der Handlungsrahmen und Wagners Ausstattungshinweise allerdings recht präzise. Gleichwohl ‹wanderte› das Stück in vielen Inszenierungen in ein meist phantasievoll gestaltetes Hochmittelalter, also in die Zeit der Entstehung jener Epen um den Gral und um Lohengrin, die Wagner als Vorlage dienten.

Erster Aufzug: Wenn der Vorhang sich hebt, sitzt Heinrich am Ufer der Schelde unter einer mächtigen Gerichtseiche – einem zentralen Requisit germanischer Folklore, das erst jüngst von Hans Neuenfels in seiner Bayreuther Inszenierung ironisch zur schwächlichen Topfpflanze degradiert wurde. Der

König klagt über andauernde Überfälle der Ungarn, berichtet, dass ein neunjähriger Waffenstillstand zum Bau «beschirmte(r) Städt' und Burgen» sowie zur Truppenaufrüstung genutzt worden sei, dass diese Frist nun aber ablaufe und der entscheidende Krieg ins Haus stehe. Dafür werden auch Brabants Einheiten benötigt. «Was deutsches Land heißt, stelle Kampfes Scharen, / dann schmäht wohl niemand mehr das deutsche Reich. / DIE SACHSEN *(an die Waffen schlagend):* Wohlauf! Mit Gott für deutschen Reiches Ehr'!» So ist schon nach wenigen Minuten ein Grundton des *Lohengrin* gesetzt.

Bevor man in die Schlacht zieht, muss allerdings ein schwerer Rechtsstreit gelöst werden. Das Land ist «ohne Fürsten». Graf Friedrich von Telramund wurde vom verstorbenen Herzog von Brabant zum Vormund seiner beiden Kinder Gottfried und Elsa eingesetzt. Obendrein wurde ihm die Hand der Tochter zugesagt. Nun klagt Telramund sein Mündel des Brudermordes an: Sie habe Gottfried auf einem Waldspaziergang beseitigt, um zusammen mit einem «geheimen Buhlen» die Herrschaft an sich zu reißen. Er selbst habe daraufhin lieber die friesische Fürstentochter Ortrud geheiratet. Als nach Elsa nächster Verwandter des Herzogs fordert er dessen Würde für sich. Heinrichs Heerrufer ruft offiziell zum Gericht und zitiert die Beklagte herbei.

Elsa tritt wie nachtwandlerisch vor den König. Sie erkennt ihn wortlos als Gerichtsherrn an, ebenso wortlos gibt sie mit Blick auf Friedrich und Ortrud zu verstehen, dass ihr die Anklage bekannt sei, sie aber nichts zu erwidern habe. Statt ihre Schuld zu bestreiten (oder einzugestehen), erzählt Elsa geistesabwesend von einem Traum, in dem ihr ein Ritter «in lichter Waffen Scheine» erschienen sei. Er solle vor Gericht für sie streiten. Für Telramund ist das der klare Beweis, dass ein Nebenbuhler im Spiel ist. Stolz verweigert er die Vorlage weiterer Zeugnisse für Elsas Schuld. König Heinrich ordnet ein Gottesgericht an – für einen christlichen Herrscher ein eher dubioses Entscheidungsverfahren. Gottesurteile waren schon in karolingischer Zeit theologisch umstritten, vor allem in Form von Zweikämpfen galten sie als heidnische Rechtstradition. Elsa bietet ihrem Streiter die Ehe und die Krone von Brabant an. Darauf ruft des Königs Herold zweimal vergeblich nach dem erträumten Retter. Erst auf Elsas Gebet hin erscheint ein Ritter in einem Nachen, gezogen von einem Schwan. Einzig das Publikum weiß dank des Aufdrucks auf den Eintrittskarten, dass es sich bei dem Titelhelden um einen Herrn namens Lohengrin handelt.

Volk und Herrscher deuten dessen spektakulären Auftritt sofort dahingehend, dass es sich um einen «gottgesandte(n) Held(en)» handeln müsse. Mit dem unter Wagnerianern gern scherzhaft verwendeten Spruch «Nun sei bedankt, mein lieber Schwan!» entlässt Lohengrin den mythologisch vorbelasteten Vogel (Zeus hatte die ätolische Königstochter Leda einst in Gestalt eines Schwans verführt). Unter den gegebenen Umständen werden Lohengrin sodann alle juristischen Formalien, etwa der nötige Nachweis freier Geburt, erlassen. Bevor es zum Gotteskampf kommt, knüpft der Unbekannte seinen Rechtsbeistand und sein Eheversprechen dafür an eine seltsame Bedingung, das berühmt-berüchtigte «Frageverbot». Sowohl der schneidende Tonfall als auch dessen Wiederholung machen deutlich, dass es sich hierbei nicht um eine Bitte, sondern um einen Befehl handelt:

> *Nie sollst du mich befragen, / noch Wissens Sorge tragen,*
> *woher ich kam der Fahrt, / noch wie mein Nam' und Art!*

Elsa willigt ein, ihren vom Traum in die Realität entsprungenen Helden inkognito zu ehelichen. Es liegt auf der Hand, dass sie in den folgenden Stunden über ihrem hier noch sehr entschieden vorgetragenen Versprechen schwankend werden wird. Wann immer der Zweifel – oder einer seiner Erreger – im

Raume steht, wird das Publikum das Motiv des Frageverbots aus dem Orchestergraben vernehmen. Anders als viele herbeigeschriebene Wagner'sche «Leitmotive» ist dies eines, das jeder erkennen kann. Telramund lässt sich vom Auftritt des Schwanenritters nicht schrecken. Umständlich werden allerlei Anrufungen, Ermahnungen und Vorbereitungen zum Gottesgericht vorgenommen. Der Kampf selbst ist dafür nach wenigen Sekunden vorbei – Telramund liegt geschlagen am Boden. Doch Lohengrin schont sein Leben, auf das er es künftig der «Reue weihe». Der erste Akt schließt mit großem musikalischem Pomp und ziemlich vielen «Heil!»-Rufen.

Zweiter Aufzug: Es ist Nacht geworden, und die Beteiligten haben sich in die Burg von Antwerpen zurückgezogen. Ortrud und Telramund lungern «in dunkler knechtischer Tracht» auf den Stufen des Münsters herum. Aus dem Orchestergraben ist das Fragemotiv zusammen mit dem Motiv Ortruds zu hören. So weiß der Hörer endgültig, wer dafür sorgt, dass Lohengrin am Ende seine Identität wird preisgeben müssen. Telramund jammert lang und breit über seine verlorene Ehre und die über ihn verhängte Reichsacht. Seine bittere Anklage der Gattin, von ihr «zu (einer) Lüge schändlichem Genossen» gemacht worden zu sein, kontert Ortrud mit einem Gegenvorwurf: Er sei ein Feigling, der sich von einem Blender habe täuschen lassen. Nicht «Gottes Kraft», sondern Zauberei habe dem Ritter zum Sieg verholfen. Müsse er erst Namen und Herkunft nennen, sei es mit seiner Macht schnell vorbei. Friedrich versteht sofort: Es gilt Elsa zu verleiten, ihrem Retter die verbotene Frage zu stellen. Was der *Lohengrin*-Hörer hier mit bedenken sollte: Das Christentum hatte sich im 10. Jahrhundert in ganz Mitteleuropa als vorherrschende Religion etabliert. An den geografischen und sozialen Rändern der frühen feudalen Gesellschaft wurden aber weiterhin die keltischen, germanischen oder slawischen Gottheiten verehrt. Gemessen an den Standards der Kirche ist Ortruds magisches Denken gestrig. Doch mit ihrem Sinn für die Abgründe der menschlichen Seele verkörpert sie das moderne Realitätsprinzip. Nichts belegt das besser als eine beherzt formulierte Kastrationsdrohung: Telramund müsse dem Ritter nur «des Leibes kleinstes Glied» entreißen, um ihn «ohnmächtig» zu machen. Mit solchen psychologischen Einsichten ist Ortrud nicht nur ihrer Zeit, sondern auch Wagners prüdem Biedermeier weit voraus. Ebenso wie mit der Einsicht, dass alles wahre Unheil ein Kind des Traumes ist:

> *Der Rache Werk sei nun beschworen / aus meines Busens wilder Nacht. / Die ihr in süßem Schlaf verloren, / wißt, daß für euch das Unheil wacht!*

Das Opfer der Seelenarbeit ist noch nicht zu Bett gegangen. Elsa «erscheint auf dem Söller» und preist verträumt ihr neues Glück. Ortrud beginnt, die Arglose einzuwickeln. Da Namen im *Lohengrin* bekanntlich eine heikle Angelegenheit sind, ruft sie Elsa erst einmal schlicht bei ihrem Namen – «schauerlich und klagend», wie die Gerufene bemerkt. Sodann macht Ortrud Elsa den einzigen Vorwurf, der bei glücklichen Menschen wirklich zieht: Ja, *Du* hast es gut!

> *Nach kurzem, unschuldsüßem Leiden / siehst lächelnd du das Leben nur; / von mir darfst selig du dich scheiden, / mich schickst du auf des Todes Spur, / – daß meines Jammers trüber Schein / nie kehr' in deine Feste ein.*

Schließlich laste das Unglück schon lange auf Ortruds Stamm, der sich nicht zum Christentum habe bekehren lassen. Nun habe ihr Tölpel von Mann, den Elsa klugerweise verschmäht habe, sie mit seiner ungerechtfertigten Anklage endgültig ins Elend gestoßen. Der Schachzug funktioniert: Während Ortrud noch einmal Rache schwört sowie Wotan und Freia anruft, um sich von den germanischen Göttern «Trug und Heuchelei» absegnen zu lassen, steigt Elsa die Treppe herab, um Ortrud bei sich einzulassen. Gleich morgen, verspricht sie, wolle sie bei ihrem Gatten auch für Telramund um Gnade bitten. Ortrud soll sie als Brautführerin zur Kirche geleiten. Zum «Dank für so viel Güte» flößt Ortrud Elsa schließlich ihr wirksamstes Gift ein: den Zweifel. Da ihr hehrer Gatte doch auf so seltsamem Wege zu ihr gekommen sei – wie könne sie da sicher sein, dass er nicht eines Tages auf ebenso seltsame Weise wieder verschwinde? Elsa antwortet mit der reinen Lehre aller Verliebten: «Laß zu dem Glauben dich bekehren: / Es gibt ein Glück, das ohne Reu'.» Ortrud weiß es besser. Elsas «Hochmut» werde sich bald gegen die Künderin von Treu und Glauben wenden. Telramund bestätigt aus dem Dunkel, was die Zuschauer mehr als nur ahnen: «So zieht das Unheil in dies Haus!»

Den Anbruch des Tages begrüßt Wagners Orchester mit einer sich langsam, aber umso kräftiger entfaltenden Aufmarschmusik. Allerlei Dienstboten wuseln über die Bühne, dann marschieren «Edle und Mannen» ein. Der Heerrufer verkündet offiziell die Reichsacht über Telramund sowie die Belehnung Lohengrins «mit Land und Krone von Brabant». Der Erwählte wolle allerdings nicht Herzog, sondern «Schützer von Brabant» genannt werden. Beinahe hat das Publikum vor lauter Liebe und Intrige die Ungarn schon wieder vergessen, da macht der Heerrufer klar, dass auch Brabants neuer Fürst den alten Krieg vorbehaltlos mittragen wird:

> *… morgen sollt ihr kampfgerüstet nah'n, / zur Heeresfolg' dem König untertan. / Er selbst verschmäht der süßen Ruh' zu pflegen, / er führt euch an zu hehren Ruhmes Segen!*

Lohengrin ist kein romantischer Liebhaber, sondern an erster Stelle Feldherr. Außer ein paar Anhängern Telramunds bejubeln denn auch alle seinen bellizistischen Kurs. Da mischt sich der Geächtete unter das Volk und kündigt an, Lohengrin «des Gottestrugs» anklagen zu wollen.

Es folgt eines der pittoresken Highlights des *Lohengrin:* der Hochzeitszug zum Münster. Wer trotz der klangfarbenprächtigen Musik (und trotz der häufig ebenso farbenprächtigen Einfälle der Kostümabteilung) auf den Text achtet, mag sich kurz fragen, was man sich unter einer «von keuscher Glut entbrannt(en)» Braut vorzustellen hat. Das Volk wünscht Elsa noch «Heil!», da tritt Ortrud ihr herrisch entgegen. Die effektvolle Szene hat Wagner – den *Ring* schon im Kopf, aber noch nicht komponiert – aus dem *Nibelungenlied* entlehnt, wo Brunhild Siegfrieds Braut Kriemhild den Weg in den Wormser Dom verstellt. Ihr einst hochgeehrter Mann, so Ortrud, sei nur aufgrund einer Täuschung des Gerichts verbannt worden. Von Elsas Ritter wisse man dagegen überhaupt nichts. Am Ende sei er wohl nicht einmal von Stand. Warum sonst das herrische Frageverbot? Elsa entgegnet nochmals standfest: An Reinheit und Edelmut ihres Helden sei kein Zweifel möglich. Wie sonst hätte er im Gotteskampf bestehen können? Weil, so Ortrud, sein Frageverbot allein den Zweck habe, «des Zaubers Wesen» zu verbergen, dank dessen er sich den Sieg erschlichen habe. Dabei schürt sie nicht nur Elsas Zweifel, trickreich versucht sie zudem, die Menge ins Einverständnis zu ziehen:

> *Wagst du ihn nicht darum zu fragen, / so glauben alle wir mit Recht, / du müssest selbst in Sorge zagen, / um seine Reine steh' es schlecht!*

König Heinrich und Lohengrin ziehen mit Gefolge ein. Elsa fleht ihren Ritter um Schutz vor der hinterhältigen Ortrud an: «Sie schilt mich, daß ich dir zu sehr vertrau!» Wieder spielt das Orchester das Fragemotiv. Auch Lohengrin riecht sofort den

Braten: «Sag, Elsa, mir, / vermocht ihr Gift sie in dein Herz zu gießen?» Bevor Elsa antworten kann, tritt Telramund vor die Menge und beschuldigt Lohengrin des Betrugs. Er solle endlich «Namen, Stand und Ehren» nennen. Und er solle erklären, wieso ihm «Zaubertiere frommen». Doch Lohengrin weist die Frage des Geächteten zurück. Dann solle er eben dem König Auskunft geben – was Lohengrin unter Berufung auf die Evidenz seiner «guten Tat» ebenfalls verweigert. Einzig Elsa müsse er antworten. Wieder erklingt das Fragemotiv. Elsa ringt sehr ersichtlich mit ihrem Zweifel. Und auch König und Volk werden angesichts von Lohengrins Hochmut langsam schwankend. Telramund tritt im allgemeinen Tumult an Elsa heran: Im Dunkel der Nacht könne er Lohengrin «das kleinste Glied (...), des Fingers Spitze», abschlagen, dann werde sich weisen, wie es um seine Reinheit und seine Treue stehe.

Lohengrin weist die Intriganten harsch zurück. Noch einmal ringt sich Elsa durch, ihre Zweifel zu unterdrücken. Selbst auf explizite Nachfrage Lohengrins bricht sie sein Frageverbot nicht. Das treibt auch dem launischen Bühnenvolk die Flausen aus. Unter allgemeinem «Heil Elsa!» schreitet man in die Kirche. Orgelklänge und Fanfaren mischen sich mit dem Fragemotiv. Die Hochzeit wird so im Wortsinne zur Katastrophe – zum Wendepunkt – des *Lohengrin*.

Dritter Aufzug: Das fulminante Vorspiel (ein gefürchtetes Probestück für Hornisten und Posaunisten) schildert «das prächtige Rauschen des Hochzeitsfestes». Es folgt der berühmte Brautchor («Treulich geführt ...»), der seit den frühen Tagen des Kintopps mit gnadenloser Unvermeidlichkeit erklingt, wann immer auf der Leinwand geheiratet wird. Spöttern zufolge ist einer der Gründe für das Scheitern vieler Ehen darin zu sehen, dass die frisch Verliebten den *Lohengrin* ansonsten nicht kennen. Dann würden sie nämlich auf dieses böse musikalische Omen verzichten.

Jedem im Saal ist mittlerweile klar, dass Lohengrin mit seinem merkwürdigen Frageverbot, über dessen tieferen Sinn noch zu reden sein wird, den Grundstein für das Scheitern seiner Mission gelegt hat. Schon im zweiten Aufzug hatte es Ortrud wenig Mühe bereitet, bei Elsa den Verdacht zu wecken, mit ihrem Mann könne etwas nicht stimmen. Daher kommt es nun im Brautgemach, wie es kommen muss: Bevor der Vollzug der Ehe auch nur in Erwägung gezogen würde, möchte Elsa zuerst den Namen des Gatten wissen. Denn wohl mag man sich bei der Liebe «fraglos» dem «Zauber» «süßer Düfte» hingeben, aber nur ungern einem Mann, dem man so gar nichts Persönliches ins Ohr flüstern kann. Elsas noch schüchterne Bitte ist aber, salopp gesagt, nicht nur eine Absage an anonymen Sex. Die Passage des Librettos ist vor allem eine exakte Umkehrung des berühmten Balkon-Dialogs aus *Romeo und Julia:*

> *JULIA: Dein Nam' ist nur mein Feind. Du bliebst du selbst / Und wärst du auch kein Montague. (...) / Was ist ein Name? Was uns Rose heißt, / Wie es auch hieße, würde lieblich duften; / So Romeo, wenn er auch anders hieße, / Er würde doch den köstlichen Gehalt / Bewahren, welcher sein ist ohne Titel. / O Romeo, leg' deinen Namen ab, / Und für den Namen, der dein Selbst nicht ist, / Nimm meines ganz!*
> *ROMEO: Ich nehme dich beim Wort. / Nenn' Liebster mich, so bin ich neu getauft, / Ich will hinfort nicht Romeo mehr sein.*

Allein, Lohengrin will weiterhin gar nicht beim Namen genannt werden. Nun möchte Elsa – zweiter Anlauf – sein vermeintlich schweres Schicksal teilen, dessentwegen er seine Identität wohl verbergen müsse. Damit zeigt sie sozusagen weibliche Empathie. Mit der taktisch selten ungeschickten Auskunft, er komme gar nicht «aus Nacht und Leiden», sondern «aus Glanz und Wonne», gibt Lohengrin seiner Braut freilich den Rest. So schön, rein und treu kann sie gar nicht sein, als dass sie nicht «die Tage zählen» müsste, bis der «unselig holde Mann» sich wieder aus dem Staub mache. So können weder Bitten noch strenge Ermahnungen Lohengrins verhindern, dass es zur alles entscheidenden Frage nach «Nam' und Art» kommt. Ihrer Sorge, dass der Retter so schnell wieder weg ist, wie er kam, diesem «Wahn», so Elsa, «mich nichts entreißt». Kaum ist das Verbot übertreten, fällt Telramund mit einigen Mannen ins Brautgemach ein. In einem nunmehr blutigen Handgemenge mit Lohengrin wird er getötet. Lohengrin legt Elsa erstmals «sanft (...) auf das Ruhebett»: «Weh'! Nun ist all' unser Glück dahin!» Der Jungfer bleibt nichts, als den Höchsten anzurufen: «Allewiger! Erbarm' dich mein!»

Die Schlussszene beginnt noch einmal mit einem martialischen Aufmarsch: «Heil» – «Für deutsches Land das deutsche Schwert!» – «Heil!» usw. Dann wird die Leiche Telramunds hereingetragen. Lohengrin verkündet, dass er «die kühnen Helden» nicht in die Schlacht führen darf. Er klagt den Toten des nächtlichen Überfalls und Elsa ihrer Übertretung des Frageverbots an. Mit seiner «Gralserzählung» lüftet er sodann gezwungenermaßen sein Geheimnis: Für Normalsterbliche unerreichbar, liege fernab der Welt die Burg Monsalvat. Dort werde der Gral verwahrt, der Kelch des letzten Abendmahls Jesu, in dem auch das Blut des Gekreuzigten aufgefangen wurde. Seinen erwählten Rittern verhelfe er zu «überirdischer Macht» und Unsterblichkeit. Doch wenn sie als Streiter für Glaube, Tugend und Recht in die Welt ziehen, müssen sie unerkannt bleiben. Andernfalls schwinden ihre Kräfte sofort dahin, und sie müssen unverzüglich zum Heiligtum zurückkehren. Sein Vater Parzival trage die Krone des Gralskönigs, er selbst werde «Lohengrin genannt».

Elsa, König Heinrich und das Volk betteln um die Wette, dass der Gatte und der «Führer» (sic!) doch bleiben möge. Es hilft nichts. Ewig voneinander geschieden zu sein, ist für die ungleichen Eheleute «Strafe» und «Sühne». Wollte Lohengrin dagegen als Ritter in den Krieg ziehen, ihm wäre sofort «alle Manneskraft entwandt». Einziger Trost für die irdischen Truppen: Der Gralsritter verheißt König Heinrich einen «großen Sieg» über «des Ostens Horden». Das hört man gern.

Da naht sich der Schwan, denn «schon sendet nach dem Säumigen der Gral» – ein seltener Fall frühmittelalterlicher Echtzeit-Kommunikation. Hätte Elsa nur ein Jahr lang den Mund gehalten, wäre ihr tot geglaubter Bruder in Gestalt des Schwans zurückgekehrt. Denn die Zauberin Ortrud hatte ihn in diese Gestalt verwandelt, der Gral ihn darauf rettend in Dienst genommen. Ortrud wähnt sich schon am Ziel ihrer Rache, da sinkt Lohengrin zum Gebet nieder – und präsentiert im jungen Gottfried den Brabantern ihren neuen – ja, schon wieder! – «Führer». Dass mit Gottfried der göttliche Friede nach Brabant zurückkehrt, darf aber mit Fug und Recht bezweifelt werden. Anders als zu erwarten – und Wagner problemlos zuzutrauen – endet der Schlusschor ausnahmsweise nicht auf «Heil!». Die letzten Worte des *Lohengrin*, sie lauten «Ach!» und «Weh!»

Wie ist das alles zu verstehen?

Wagner selbst leistete einer Variante der verharmlosenden *Lohengrin*-Deutung als Liebestragödie Vorschub: Sein Ritter sei Sinnbild des verkannten romantischen Künstlers. Die Oper habe, so schreibt er 1851 in der *Mitteilung an meine Freunde,* «nur aus der Stimmung und Lebensanschauung eines künstlerischen Menschen hervorgehen» können. In der Tragik Lohengrins, als etwas vollkommen Neues *erscheinen*, dieses aber nicht *erklären* zu wollen, sei er zugleich «auf den Hauptpunkt des Tragischen in der Situation des wahren Künstlers zum Leben der Gegenwart» gestoßen: «das nothwendigste und natürlichste Verlangen (…), durch das Gefühl rückhaltslos aufgenommen und verstanden zu werden; und die – durch das moderne Kunstleben bedingte – Unmöglichkeit, dieses Gefühl in der Unbefangenheit und zweifellosen Bestimmtheit anzutreffen». Statt einfach ihre Augen, Ohren und Herzen aufzuspannen und sein Werk unbefangen auf sich wirken zu lassen, täten die Leute es als christliches Ritterspektakel ab, mäkelten an der ungewohnten Musik herum, und beschwerten sich, das Ganze sei überdies nicht sonderlich unterhaltsam. Lohengrin tut mithin nur, was unverstandene, beleidigte Künstler meistens tun: Er reist ab. Und der Gral? Nun, der wäre in dieser Deutung das dem gemeinen Opernvolk verborgene «Kunstwerk der Zukunft».

Palastrevolte und Bürgerkriegsszenario

Rein äußerlich ist der Handlung des *Lohengrin* leicht zu folgen, was man nun wirklich nicht von allen Werken Wagners behaupten kann. Die Oper besitzt eine klare, lineare Struktur, die Einheit von Zeit, Ort und Handlung ist von aristotelischer Strenge. Gleich dem meist brav nach Stimmgruppen aufgereihten Chor stehen auch die Kategorien stramm: Tag und Nacht, Freund und Feind, Edelmut und Niedertracht, Liebe und Hass, Treue und Verrat, Glaube und Aberglaube, Schwarz und Weiß. Das Personal ist entsprechend übersichtlich organisiert. Zwei Paare – eines gut, das andere böse. Dazwischen König und Heerrufer, die leicht als reine Charaktermasken für offiziöse Proklamationen zu erkennen sind. Selbst Lohengrin, Elsa, Telramund und – mit gewissen Abstufungen – Ortrud sind eigentümlich flache Charaktere. Für Persönlichkeitsstudien bieten sie wenig Raum. Nicht umsonst hat Stefan Herheim 2009 Kleists epochalen Aufsatz *Über das Marionettentheater* als Messlatte an seinen Berliner *Lohengrin* angelegt. Interpreten des Werks sollten seine Hauptprotagonisten also weniger auf Freuds Couch als vielmehr unter das Seziermesser seiner Mythentheorie legen: als Figurinen archaischer Triebe und Träume. Schließlich der nahezu dauerpräsente Chor: Vordergründig bildet er nur die – allzu leicht manipulierbare – Staffage für Klage, Jubel und Akklamation. Doch gerade über die von ihm personifizierten Anfälle kollektiven Wahns wird noch zu reden sein.

Thematisch ist der *Lohengrin* eine rätselhafte Mischung aus Bürgerkriegsoper und Mysterienspiel, so wie er musikalisch zwischen ätherischen A-Dur-Klängen – traditionell die Tonart der Liebe, des Lichtes und des Erhabenen – und formelhaften Fanfaren changiert. Der Schwanenritter ist im Auftrag eines Herrn unterwegs, mit dem sich zumindest die deutschtümelnden Verehrer des Meisters oft nur eingeschränkt befreunden konnten. Die Intriganten Ortrud und Telramund wirken dagegen im Dienste der germanischen Götter, denen zu Ehren Wagnerianer über vier lange Abende den *Ring des Nibelungen* absitzen. Dazwischen steht ein König, dem der Zwist in Brabant seine Aufmarschpläne gegen die Hunnen zu durchkreuzen droht. Für jeden, der nicht blind und taub im *Lohengrin* sitzt, sollte leicht zu erkennen sein: Mit romantischem Liebeszauber hat diese «romantische Oper» wenig zu tun. Mit gnadenlosen Machtkämpfen – gegen innere und äußere Feinde, zwischen alten und neuen Dynastien, den vielen heidnischen Göttern und dem einen christlichen Gott, patriarchalischer und matriarchalischer Ordnung – dafür umso mehr. Weshalb gegen Ende ja auch ein seltsam keusches Brautgemach wartet, in dem nicht das Blut der Jungfer aufs Laken, sondern das des Verschwörers auf den Teppich fließt. All das wird nicht allein von jener ‹herrlichen Musik› unterlegt, die Wagnerianer tapfer gegen alle Zumutungen deutender Regie verteidigen, sondern von einer reichlich herrischen Musik, die keine Kriegsfanfare, keine Marschtrommel und keinen Sieg- und Heil-Ruf auslässt.

In musikalischer und dramaturgischer Hinsicht markiert der *Lohengrin* die Grenze zwischen Wagners romantischen Opern und seinen späteren Musikdramen. Vieles ist schon deutlich zu hören: die Wunschmusik des *Tristan*, die düstre Leitmotivik des *Ring*, die Sphärenklänge des *Parsifal*. Doch noch verweigert der Meister uns nicht die harmonischen Auflösungen. Vor allem die knarzenden Kundgaben des Heerrufers und König Heinrichs klingen stellenweise wie traditionelle Rezitative – genauer: von Teilen des Orchesters begleitete sogenannte Accompagnato-Rezitative. Mindestens die Gralserzählung ist eine klassische Arie. Im Brautgemach finden sich mehr als nur Spurenelemente des hergebrachten Opernduetts. Lustvoll plündert der Komponist zudem das Repertoire des ritualisierten Lärms. Für König und Reich, bei Gottesgericht, Heerbann und Hochzeit schmettern die C-Dur-Posaunen, dass es nur so kracht. Es wird marschiert und mit blanken Waffen geklirrt. Es herrscht wahrlich kein Mangel an dröhnenden Chören. Und die Schlüsse des ersten und zweiten Aufzugs verheimlichen nicht, dass Wagner die pompösen Tricks der zeitgenössischen französischen Grand Opéra immer noch gut beherrschte, obwohl er die Gattung längst als «welschen Tand» verachtete.

Aus der luftigsten Höhe des aus achtfach geteilten Violinen verklingenden Vorspiels werden wir unsanft auf den Boden der Tagespolitik gestoßen: Sachsen und Brabanter sind, wie alle deutschen Stämme, fest entschlossen, dem Feind aus dem «öden Ost» tapfer entgegenzutreten, «wilder Schmach ein Ende zu ersinnen» und gegen die Ungarn zu ziehen. Doch anstelle des Heerführers Heinrich ist zunächst einmal der Gerichtspräsident gefragt. Denn in Brabant herrschen «Verwirrung, wilde Fehde». Indem sie der Herzogstochter Elsa die Ermordung des Bruders und Thronfolgers andichten, versuchen Ortrud und Telramund die Macht an sich zu reißen. Mit den dynastischen sollen zugleich die politisch-theologischen Uhren noch einmal zurückgedreht werden. Denn Wagners mythisches Brabant wurde vor nicht allzu langer Zeit noch von heidnischen «Friesenfürsten» beherrscht. Die Konfliktlinie zwischen Christentum und Heidentum ist kein dekoratives Detail. Beim Gottesurteil geht es selbstredend um mehr als die strafrechtliche Klärung eines Einzelfalls. Gerade Hörer aus dem Mutterland der Reformation sollten mit bedenken, dass hinter der Intrige der Bürgerkrieg der Bekenntnisse lauert.

Wem an «des Reiches Ehr'» nicht sonderlich gelegen ist, der mag sich entschließen, den Text der beinahe dauerpräsenten Chöre einfach zu überhören. Aber er kann schlechterdings nicht ignorieren, dass die militante und deutschnationale Rhetorik im *Lohengrin* keine punktuelle Entgleisung darstellt. Wagners Oper ist stabil mit stählernen Worten und Tönen verschraubt. Nicht umsonst beginnt sie mit einer offenen Kriegserklärung, in die auch der Titelheld unbefangen einstimmt: Nicht allein der Beklagten, auch Heinrichs Schwert werde Gott beistehen. Ganz selbstverständlich präsentiert sich Lohengrin als Lösung der brabantischen Führungskrise, indem er beiläufig ankündigt, das Regionalkommando im anstehenden Feldzug zu übernehmen. Und er schließt seine Mission mit einer chauvinistischen Vorhersage des deutschen Endsieges und der Bestimmung des jungen Gottfried zum «Führer» (was heutzutage gern verschämt durch «Schützer» ersetzt wird). Ganz unzweifelhaft ersehnt das Bühnenvolk des *Lohengrin* im Gralsritter mindestens ebenso sehr den politisch-militärischen Erlöser («Nie kehrt ein Held gleich dir / in diese Lande wieder!»), wie Elsa in ihm ihren Retter und die Erfüllung ihrer Mädchenträume sieht.

Was bei Wagner durchaus häufiger nervt, das nervt im *Lohengrin* ganz besonders: Deutschtümelei, Männlichkeitskult, Aufmärsche, Huldigungschöre, ein reflexartig aufblitzender Hang zur Abgabe theatralischer, aber gänzlich antidramatischer Bekenntnisse. Wagner neigt zu libertären Einsichten – und zu autoritären Ritualen. Ausgerechnet seine Vormärz-Oper markiert eine Demarkationslinie zwischen ihm und aufgeklärten Liberalen und Linken. Und dieser politische Bruch lässt sich weder unter Rekurs auf die rauschhaft schöne Musik noch durch Regietricks wirklich kaschieren. Sieht man von den Vorspielen und vom Brautgemach ab, so sind alle Klangräusche im *Lohengrin* mit ideologischen Quälereien garniert. Weder bürgerliche Seelenzergliederung noch poetische Abstraktion schaffen zudem die Kohorten von der Bühne, die den Proklamationen Heinrichs und des Heerrufers sowie den Feldpredigten Lohengrins huldigen. Dass die Zahl der Versuche, den *Lohengrin* als eine Art mittelalterlichen Reichsparteitag zu denunzieren, selbst zu Hochzeiten des linken Regietheaters übersichtlich blieb, dürfte daher nur einen Grund haben: Zwischen 1933 und 1945 hatten Nazi-Spielleiter diese Variante bis zum Erbrechen ausgereizt.

Es gibt reichlich Gründe, die Musik des *Lohengrin* zu lieben – und, wie immer bei Wagner, Gründe, ihre überrumpelnde Wirkung zu fürchten. Doch kann man die ideologische Tendenz des Werkes ohne Bauchschmerzen ignorieren? Schwerlich, denn seine Grundstimmung wirkt über weite Strecken einfach zu nervös, zu kriegerisch – und zu völkisch-germanisch. So dass der Ruf zu den Waffen im *Lohengrin* nur zu retten ist, wenn man ihn nicht als Propaganda, sondern als messerscharfe Analyse eines kollektiven Wahns liest, von dem vielleicht kein Volk so nachhaltig befallen wurde wie das deutsche. Dabei handelt es sich um einen Wahn, den Wagner ausgerechnet in einem seiner peinlichsten Traktate *(Was ist deutsch?)* sehr pointiert als den einer «phantastischen Selbstgefallsucht» charakterisiert: «Nicht ohne Grauen», heißt es da, könne man «jenen thörigen Festversammlungen mit ihren theatralischen Aufzügen, albernen Festreden und trostlos schalen Liedern sich zuwenden, mit denen man dem deutschen Volke weis machen will, es sei etwas ganz besonderes.»

Doch nicht allein, dass Wagner im *Lohengrin* die wesentlichen Versatzstücke dieser Propaganda schillernd ausstellt. Mit dem außerordentlich scharfen Blick des Psychologen zeigt er uns auch, wie und warum sie funktioniert. Das Bühnenvolk ist im Dauerrausch. Seine Droge: eine Angst, für die «der Ungarn Wut» nur eine Chiffre ist. Zu schwarzer Musik stapelt Wagner besessen Synonyme des Schreckens aufeinander. Brabants Sorge vor der Selbstzerfleischung im politisch-religiösen Bürgerkrieg, also dem deutschen Urtrauma seit Reformation, Bauernkriegen und Dreißigjährigem Krieg, wird rhetorisch akkumuliert, um sie auf den äußeren Feind umzulenken. So wird aus Angst und Schuldgefühl Größenwahn. Man höre: «Not des Reiches», «Drangsal», «Wut», «wilde Schmach», «wildes Drohen», «Zwietracht», «Verwirrung, wilde Fehde», abermals «Drangsal», «grimmer Schmerz», «Entsetzen», «Grauen», «fürchterliche Klage», «Frevel» – und immer wieder «Schuld», «große Schuld», «grässliche Schuld». Mittendrin: «Wohlauf! Mit Gott für Deutschen Reiches Ehr'!» So ist das Volk, als Lohengrin die Bühne betritt, schon bestens präpariert zum höchsten aller destruktiven Gefühle: der Angstlust. «Wie fasst uns selig süßes Grauen! Welch holde Macht hält uns gebannt!»

Der Dichter Botho Strauß hat das einmal sehr präzise als «Terror des Vorgefühls» bezeichnet – und zwar in einem als *Anschwellender Bocksgesang* betitelten Traktat von 1993, der gemeinhin als ähnlich reaktionär eingestuft wird wie Wagners späte politische Schriften. So bestätigt sich eine seit Edmund Burke, dem wütenden Kritiker der Französischen Revolution, zu machende Beobachtung: Die Liebe des Reaktionärs zum Gestrigen schärft den Blick für das Gegenwärtige bisweilen mehr als das «linke» Pathos des Zukünftigen.

Aus dieser Perspektive entpuppen sich Wagner und Lohengrin als personifizierte Synthesen, als Vor- und Wiedergänger aller Gespenster deutscher Geschichte. Nationalismus, linker und liberaler Antisemitismus, eineinhalb Jahrhunderte blutiger Religionskriege, die gescheiterte demokratische und soziale Revolution von 1848, Vegetarismus, «Judentum in der Musik» und rassisch-religiöser Reinkarnationsglaube. Deutsche Geschichte, das ist eben nicht nur «Einigkeit und Recht und Freiheit». Zu ihr gehören auch die verdrängten Glaubenssätze, denen zufolge unser Land «von der Maas bis an die Memel» zu reichen und «deutsche Treue, deutsche Frauen, deutsche(n) Wein und deutsche(n) Sang» zu preisen habe. Auf dem Hambacher Fest feierten die Anhänger des reaktionären «Turnvaters» Friedrich Ludwig Jahn mit Liberalen und Internationalisten. Neben dem Anarchisten Michail Bakunin und dem jüdischen Emigranten Heinrich Heine steht der rassistische Immigrant und Wagner-Schwiegersohn Houston Stewart Chamberlain. Wie Dur und Moll paaren sich bei Wagner Wollust und Entsagung, Innerlichkeit und lärmende Propaganda. Pralle Weiber geraten ständig an homoerotische Männerbünde. Und auf der Bühne des *Lohengrin* tummelt sich ein wirres Volk, das vor der offenen Feldschlacht an die Macht der Liebe betet.

Gegen den Strich seiner propagandistischen Tendenzen gelesen, wird der *Lohengrin* daher zur deutschesten Oper Wagners in einem radikal aufklärerischen Sinne: zu einer Psychoanalyse unserer historischen Albträume. Nichts macht dies deutlicher als die unentwirrbare Gemengelage von Individual- und Kollektivneurosen, die der *Lohengrin*, richtig verstanden, erbarmungslos ausstellt. Darin liegt denn auch *eine* Funktion des rätselhaften Frageverbotes: Das ganze Wahngebilde würde in die Luft fliegen, nennte hier nur einer sich und seine Art beim Namen.

Lohengrins Erbsünde

Und doch verweist das Frageverbot auf eine zweite Dimension des *Lohengrin:* die eines Mysterienspiels von der Möglichkeit (oder Unmöglichkeit) der Rückkehr ins verlorene Paradies.

Denn unzweifelhaft ist Elsa auch eine neue Eva, eine nur scheinbar «Reine», die *sub specie aeternitatis* «in schwerer Schuld Verdacht» steht. Gleich Eva wird sie auf «treulose(n) Rat» der Schlange Ortrud «vor dem Gebote wanken», nicht vom Baum der Erkenntnis zu pflücken. Wogegen vom alten Adam weit und breit nichts zu sehen ist: Lohengrin wird ausdrücklich als «Erlöser» tituliert, im oft noch übercodierten Prosaentwurf gar als «fremde(r) Heiland», vor dem Elsa «vor Anbetung hinschmelzen» möchte. Als solcher hat er selbstredend von beiden verbotenen Bäumen Edens gegessen: vom Apfelbaum der Erkenntnis (an ihm «ist jedes Bösen Trug verloren») *und* vom Birnbaum des Lebens (ihm «weicht des Todes Nacht»). Auch dies formuliert Wagners Prosaentwurf theologisch klarer als das endgültige Libretto: Die «göttliche Wunderkraft» des Grals erhalte dessen Hüter «rein von aller Todsünde». Und um vorderhand keinen Zweifel daran aufkommen zu lassen, dass im Brautgemach eine Travestie der Rückkehr in den Stand der Unschuld inszeniert wird, ist das Paar in Prosa nicht einfach nur «zum ersten mal allein» und «der Welt entronnen». Nein: «Zum erstenmal haben wir in unserem Zusammensein keine Zeugen als Gott!»

Doch worin bestehen nach des Meisters Meinung Unschuld und Todsünde? Textbuch wie Prosafassung geizen nicht mit Hinweisen auf den höchst vordergründigen Verdacht, dass Unschuld mit Keuschheit und Sünde mit Sex identisch sei. Im Entwurf spricht Lohengrin Elsa unmissverständlich als «keusch, rein u. frei von aller Schuld» an, in der Bühnenfassung ist sie die «reine Braut», «von keuscher Glut entbrannt». Der Held naht sich Elsa im Traume natürlich «mit züchtigem Gebaren» – wenngleich mit einem «golden Horn zur Hüften» geziert. Wagner liebt derlei Zweideutigkeiten. Wogegen der gewiefte Theaterprofi nicht nur die halbe Gralserzählung der «Nothwendigkeit dramatischer Haushaltung» opferte, sondern auch den überflüssigen Hinweis, die Gralsritter dürften «nie der Weibesliebe pflegen»; nur deren König sei «ein reines Weib erlaubt». Es versteht sich, dass Elsa/Eva für Parsifals vermutlich jungfräulich gezeugten Sohn, den Gralskönig in spe, die denkbar schlechteste Wahl ist. Daher ist die viel belächelte Frage Lohengrins am Ende der Münster-Szene («Elsa, mit wem verkehrst du da?») auch nicht wirklich zweideutig.

Ist Lohengrin also ein neuer Jesus, der in einer desolaten Welt des «rohe(n) Kampf(es) der Habgier um gemeinen Besitz, um ohnmächtige Gewalt» ebenso notwendig scheitern muss wie sein Vorgänger? Wäre Wagner damit weit früher zu Kreuze gekrochen, als Nietzsche nach Kenntnisnahme des *Parsifal* vermutete? Etwas in der Art scheint ihm, als er den *Lohengrin* konzipierte, durchaus vorgeschwebt zu haben. Findet sich doch im Prosaentwurf eine geradezu aberwitzig platte Verkündung Lohengrins an die Brabanter: «Mit solchem Segen hätt' ich dieses Land geschmückt, daß ihr das Himmelreich zu euch herabgekommen hättet wähnen sollen».

Tatsächlich kann man Wagner vieles vorwerfen, aber sicher nicht, dass er ein verkappter Frömmler war. In der zitierten *Mitteilung an meine Freunde* verweist er auf den Mythos von Zeus und Semele: Angestiftet von der eifersüchtigen Hera, begehrt die thebanische Königstochter den Gott, der in sterblicher Gestalt mit ihr Dionysos gezeugt hatte, in seinem vollen Glanz zu sehen. Nachdem Zeus ihr in Gestalt eines Blitzes willfahren war, löste sie sich buchstäblich in Rauch auf.

Was aber, fragt Wagner, begehrt der Mensch, der Gott von Angesicht zu Angesicht schauen will? Als (noch) überzeugter Anhänger der materialistischen Religionsphilosophie Ludwig Feuerbachs antwortet er: Dem Menschen erscheine «der Genuß seiner eigenen Natur als das Allerersehnenswertheste». Nicht Gott begehrt er, sondern *sich selbst*. Die Liebe sei daher nichts anderes als das «Verlangen nach voller sinnlicher Wirklichkeit, nach dem Genusse eines mit allen Sinnen zu fassenden, mit aller Kraft des wirklichen Seins fest und innig zu umschließenden Gegenstandes». Und dieser «Gegenstand» werde im Begriff eines sich offenbarenden Gottes bloß hypostasiert. Somit wäre das Fazit des *Lohengrin* keine wagnerianische Variante einer Theologie der Offenbarung. Im Gegenteil: Es ist der Aufruf zu deren Verweigerung. In zweifelsfreier Klarheit hat Wagner diese Absage an den kommenden Gott in einem Brief an den Schriftsteller Hermann Franck im Mai 1846 formuliert:

> *Als Symbol der Fabel kann ich nur festhalten: die Berührung einer übersinnlichen Erscheinung mit der menschlichen Natur und die Unmöglichkeit einer Dauer derselben. Die Lehre würde sein: der liebe Gott thäte klüger, uns mit Offenbarungen zu verschonen, da er doch die Gesetze der Natur nicht lösen darf: die Natur, hier die menschliche Natur, muß sich rächen und die Offenbarung zu nichte machen. Dies scheint mir der Sinn der Meisten jener wundervollen Sagen, die nicht von Pfaffen gemacht worden sind.*

Doch muss, wenn die Erlösung durch göttliche Offenbarung eine Illusion ist, deshalb der Wunsch nach Erlösung, vielleicht gar die Idee, dass der Mensch überhaupt erlösungsbedürftig ist, aufgegeben werden? Nietzsches Spott in *Der Fall Wagner*, dass «irgendwer bei ihm immer erlöst sein (will): bald ein Männlein, bald ein Fräulein», zeigt an, dass dies nicht Wagners Projekt war. Nur dass im *Lohengrin* gerade nicht die Prinzessin vom Ritter, sondern der Mann von seinem quälenden Modus des Begehrens erlöst werden soll: dem Zwang, die Lust erleben zu wollen, zugleich aber zu wissen, dass diese Lust bei vollem Bewusstsein nicht zu haben ist.

Anders gesagt: Das Problem des Sündenfalls besteht nicht darin, dass Adam und Eva erkennen, dass sie *nackt* sind. Das Problem ist, dass sie es *erkennen*. Für Küchenpsychologen ist es vor allem ein Privatproblem des lebenslangen Schürzenjägers

Richard Wagner, «dem wahrhaft Weiblichen auf die Spur kommen» zu wollen. Auf dass es «mir und aller Welt die Erlösung bringen» möge. Ebenso wie seine Idee, «der männliche Egoismus» solle sich im Weib als dem «Unbewußte(n), Unwillkürliche(n)» «selbstvernichtend» brechen, als typische Männerphantasie des 19. Jahrhunderts gelten darf.

Und doch ist die menschliche Sehnsucht nach Erlösung immer auch die Sehnsucht des Subjekts nach Erlösung von sich selbst. Denn Subjekt – wörtlich: ein Unterworfenes – wird der Mensch nur, wenn er Auskunft über «Nam' und Art» geben kann. Beides aber sind Zuschreibungen, die nicht von ihm selbst stammen, sondern ihm von Dritten eingegeben wurden. Sich von diesen bewussten Zuschreibungen zu erlösen, ist daher nicht allein Lohengrins und Wagners Wunsch. Zehn Jahre nach Vollendung des *Lohengrin* sollte er die unübertroffen knappste und präziseste Formel dieser Sehnsucht finden: «Unbewusst – höchste Lust.»

Kleiner Exkurs über Schwäne

Lohengrin wurde bereits zu Wagners Lebzeiten sein populärstes Bühnenwerk. Bis 1883 hatten gut zwanzig Häuser die romantische Oper auf ihren Spielplan gesetzt. Um 1900 hatte sie sich auch international flächendeckend etabliert. Folgen für die Rezeptionsgeschichte hatte vor allem eine von König Ludwigs persönlichem Geschmack sehr stark beeinflusste Münchner «Musteraufführung» von 1867. Wagner selbst war mit diesem vermeintlichen Vorbild ausschließlich musikalisch zufrieden. Und doch stand die Inszenierung Pate für zahllose spätere Neuschwanstein-*Lohengrins*. Das Märchenschloss nahe Füssen, *der* touristische Blockbuster Deutschlands, trägt daher einiges dazu bei, dass sich vor allem viele ausländische Wagner-Pilger über ein deutsches Regietheater erregen, das sie um ihre Märchenoper bringt. Lohengrins Rache: Der Märchenkönig darf sich beim Schwanenritter bedanken, wenn weit mehr Schwäne seine Legende bevölkern, als es der historischen Realität entspricht. Immerhin liefert die Richtigstellung des Mythos, Ludwig II. von Bayern sei permanent auf künstlichen Schwänen unterwegs gewesen, ein entspanntes Thema für Pausengespräche.

1. Seine Schwanenliebe hatte ursprünglich *gar nichts* mit Wagner zu tun; der *Kini* verbrachte seine schwere Kindheit zu großen Teilen auf Schloss Hohenschwangau, welches schlicht nach dem Ort Schwangau benannt ist; immerhin: schon Ludwigs Vater Maximilian II. hatte dort Wandgemälde mit Motiven aus der Lohengrin-Sage anbringen lassen. 2. Auf der Dauerbaustelle Neuschwanstein wohnte Ludwig nur 172 Tage; sein Wohnzimmer mit den Lohengrin-Darstellungen August von Heckels ist einer der nur fünfzehn zu seinen Lebzeiten vollendeten Räume; die Kemenate mit *Lohengrin*-Brautgemach wurde dagegen nie gebaut; und es gab kein «Schwanenboot», weder im Schloss noch auf dem Schwan- oder dem Forggensee. 3. Für die Überfahrt nach Herrenchiemsee benützte Ludwig ebenfalls keinen Schwan, sondern ein modernes Dampfschiff. 4. In der «Venusgrotte» von Schloss Linderhof gibt es logischerweise auch kein «Schwanenboot». Der dortige Nachen in Form einer Muschel wird von einem Amor-Putto gekrönt; es wird die Ouvertüre zu *Tannhäuser* angespielt; und jeder lebende Schwan, den man auf diese überdachte Pfütze gesetzt hätte, wäre sofort zum Angriff übergegangen. 5. Schwäne (kein «Schwanenboot»!) schwammen zeitweise auf dem künstlichen See des Dachgartens, den Ludwig 1870 auf die Münchner Residenz setzen – und den Prinzregent Luitpold 1897 wieder abreißen ließ, weil Wasser durch die Decke tropfte. 6. Es gibt nur einen ‹Ludwig im Schwan›: Er ist ganz kurz in Episode 12 der Fernsehserie *Loriot* zu sehen. 7. Wer in einem stilechten Schwanenboot über einen

See gerudert werden möchte, muss den *Boston Public Garden*, den ältesten Botanischen Garten der USA besuchen. Ansonsten: überall Plastikschwäne, in die sich zwar ab und an echte Schwäne, jedoch keinesfalls Könige verlieben.

5.
«… nichts als Wahrtraumdeuterei»

Richard Wagner und die Psychoanalyse

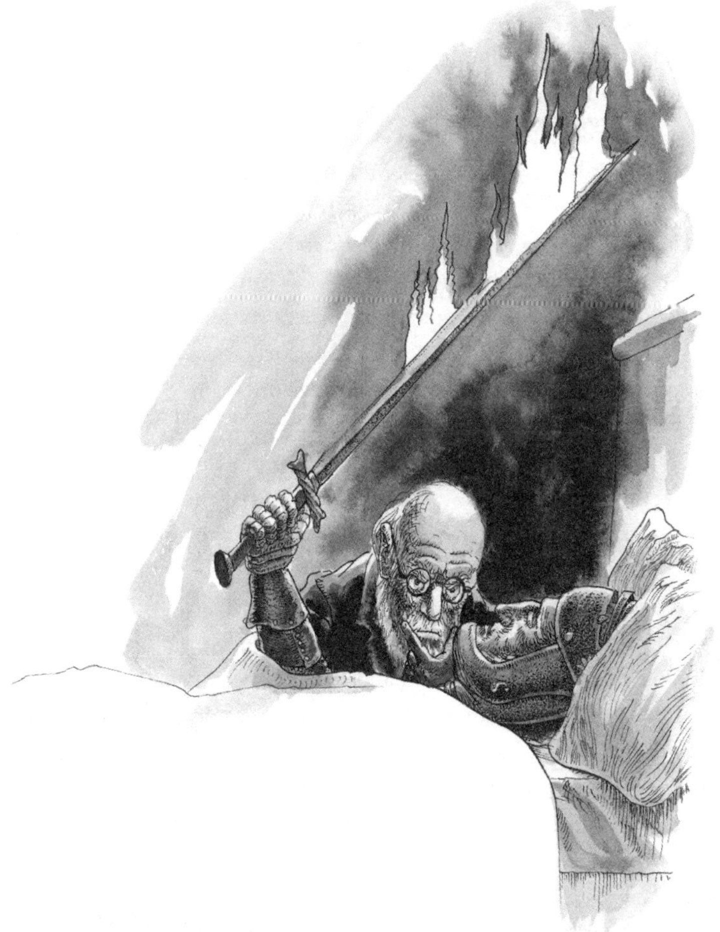

Wenn der Dramatiker Heiner Müller nach dem Sinn seiner hermetischen Dichtungen befragt wurde, gab er meist lakonisch zu Protokoll: «Der Text weiß mehr als der Autor.» Nach Müllers Ansicht führt ein Text, generell ein Kunstwerk, unabhängig von seinem Schöpfer und über ihn hinausweisend ein Eigenleben. Demnach ist ein Kunstwerk weit mehr als nur die Summe der Absichten seines Schöpfers. Das Kunstwerk weiß mehr von der Welt, aber auch vom Autor selbst, als diesem bewusst ist. Denn im geglückten Kunstwerk wirkt ein hoher Anteil des Intuitiven, und das Unbewusste rumort darin, mitunter sogar im Widerspruch zu den bewussten Intentionen des Autors. Müller, der ja auch ein bedeutender Regisseur war und 1993 in Bayreuth eine legendäre *Tristan*-Inszenierung verantwortete, hat den Bezug des Schöpferischen zum Unbewussten in einem Interview mit André Müller in der *ZEIT* 1987 wie folgt präzisiert: «Das Problem des Schriftstellers, überhaupt des Künstlers, ist doch, dass er sein ganzes werktätiges Leben versucht, auf das poetische Niveau seiner Träume zu kommen. (...) Ich schreibe mehr, als ich weiß.»

«O ein Gott ist der Mensch, wenn er träumt, ein Bettler, wenn er nachdenkt», wusste allerdings schon der Dichter Friedrich Hölderlin (1770–1843). Wagner erhob die Auseinandersetzung mit dem Traum gleichsam zur künstlerischen Methode, wenn er seinen Meisterdichter Hans Sachs verkünden lässt: «... all Dichtkunst und Poeterei ist nichts als Wahrtraumdeuterei.» Noch genauer heißt es vorher: «Das grad ist Dichters Werk, dass er sein Träumen deut und merk. Glaubt mir, des Menschen wahrster Wahn wird ihm im Traume aufgetan.» Wobei «Wahn» in Wagners Sprachgebrauch weniger auf den Wahnsinn verweist, sondern sich auf des Wortes Herkunft aus dem Althochdeutschen bezieht, als «Wahn» noch im weitesten Sinne Hoffnung, Erwartung und Streben meinte (siehe dazu auch im Kapitel über die *Meistersinger*, S. 129 ff.)

Wagner selbst träumte viel und «deutete und merkte» auch sehr wohl, denn er protokollierte seine Träume penibel beziehungsweise überließ seiner Gattin Cosima deren systematische Aufzeichnung in ihren Tagebüchern. Beinahe jeden Morgen berichtete der unter Schlafstörungen leidende Meister vom Verlauf der vorangegangenen Nacht und schilderte Cosima ausführlich seine Träume. Auch in seiner Autobiographie *Mein Leben* kann man seine, wie er selbst zugibt, bisweilen «eitel-hochmütigen Phantasien» nachlesen. Neben solchen Träumen, in denen Wagner mit gekrönten Häuptern und Genies saloppen Umgang auf Augenhöhe pflegte, plagten ihn häufig bizarre Albträume: «Neulich träumte er von einem Zahn, den er sich ausriß, mir zeigte, und der zum flammenden Schwert wurde», berichten Cosimas Tagebücher etwa am 25. Dezember 1872.

Wie alles, womit Wagner sich in seinem Leben intensiv beschäftigte, sollte auch der Eifer, seine Träume zu «merken», letztendlich seinem Schaffen dienen. Wagner hat seine Träume wohl nicht in selbsttherapeutischer Absicht aufgezeichnet, sondern – getreu Hans Sachsens Motto der «Wahrtraumdeuterei» – diesen Fundus vielmehr als motivischen Steinbruch begriffen, gewissermaßen als verschlüsselte Post aus dem eigenen Unbewussten. Wagners brennendes Interesse an den Träumen folgte im Grunde nur jenem Erkenntnisdrang, dem er auch als Künstler nachging: nämlich die «Tiefen der inneren Seelenvorgänge», so Wagner über den *Tristan*, auszuloten, die dunklen Triebkräfte zu verstehen und sublimierend zu verarbeiten. Dieser Drang, in der Tiefe zu wühlen, war therapeutisch kaum, dafür aber künstlerisch enorm ergiebig, denn Wagner war mit der Selbsterkundung zugleich jenen drängenden Energien auf der Spur, die im kollektiven Unbewussten seiner Epoche wirkten.

Wagners Albträume waren die Albträume seiner Zeit. Seine Ängste, Zwangsvorstellungen und fatalen Erlösungsfantasien schwelten auch in seinen Zeitgenossen. Die elementaren Verunsicherungen dieser Gesellschaft auf der Schwelle zur Moderne, die soziale Umbrüche, die beginnende Industrialisierung und die damit einhergehenden Entfremdungsprozesse zu verkraften hatte, spiegeln sich äußerlich in Wagners ruheloser Biographie. Noch viel umfassender jedoch wirken die unterirdischen Kräfte dieser Epoche in seinem Werk. Wie keinem zweiten Künstler seiner Zeit gelang es Wagner, die unbewusst waltenden Kräfte ästhetisch zu bündeln und mit – im Rückblick – erschreckender Klarheit die kollektiven Ängste und Phantasien bis hin zu Größenwahn und Zerstörungswut ans Licht zu holen.

Auch Wagners Werk weiß weitaus mehr, als dem Meister bewusst war. Das erklärt unter anderem auch, warum Wagners Schaffen in der Nazizeit missbraucht, aber keineswegs völlig missverstanden wurde. Hitlers Wagner-Verehrung blendete zwar bestimmte und gewichtige Aspekte seines Werks systematisch aus – ein Prozess, der allerdings schon vor Hitler einsetzte – und isolierte dafür die der Nazi-Ideologie genehmen Aspekte. Hitlers fanatische Wagner-Liebe gründete aber keineswegs in einem grundsätzlichen Irrtum gegenüber seinem Werk. Denn Wagners Œuvre bot durchaus Einlassstellen für faschistisches Denken, obwohl immer wieder gerne verharmlosend das Gegenteil behauptet wird. Gewiss: Wagner wusste nichts von den Gräueln des 20. Jahrhunderts, zu deren musikalischer Unterfütterung und ideologischer Befeuerung sein Werk ganz buchstäblich herhalten musste. Sein Werk weiß aber sehr wohl von den Kräften, die in die Katastrophe führten.

Psychoanalyse avant la lettre?

Für Sigmund Freud war der Traum der Königsweg zum Unbewussten. Sein frühes Hauptwerk *Die Traumdeutung* erschien aber erst 1899, sechzehn Jahre nach Wagners Tod. Die Psychoanalyse war also zu Wagners Lebzeiten noch gar nicht erfunden. Das Interesse an den dunklen, rätselhaften Vorgängen in der menschlichen Psyche verfolgte jedoch nicht erst Wagner geradezu obsessiv. Die Vorgeschichte der Psychoanalyse ist im Gegenteil ziemlich lang. Sie reicht zurück bis zur pietistischen Praxis der bußfertigen Innenschau und hat viele Ahnherren. Unter anderem den Dichter-Außenseiter Karl Philipp Moritz, der von 1783 bis 1793 das grandiose *Magazin zur Erfahrungsseelenkunde* edierte. Friedrich von Hardenbergs (1772–1801) alias Novalis' rauschhafte *Hymnen an die Nacht*, die im Tristan nachwirken, zählen zu den Vorboten der Psychoanalyse ebenso wie Heinrich von Kleists (1777–1811) Rätseldichtungen, in denen Schlaf, Traum, Ohnmacht und Trance eine entscheidende Rolle spielen. Und nicht zuletzt hat Kleist mit seinem Aufsatz *Über das Marionettentheater* einen Schlüsseltext vorgelegt, der ganz dezidiert um die Rolle des Intuitiven und Unbewussten im kreativen Prozess und in der nachschaffenden Kunst kreist.

Heute dagegen nahezu vergessen ist der Naturforscher und Philosoph Gotthilf Heinrich von Schubert (1780–1860), der zu seinen Lebzeiten jedoch enorm einflussreich war. Bereits 1807/1808 hielt Schubert in Dresden Vorlesungen, in denen Themen wie Telepathie und Traumdeutung verhandelt wurden. Schubert hatte in Weimar bei Johann Gottfried Herder (1744–1803) studiert, wechselte in Leipzig von der Theologie zur Medizin und pflegte Umgang mit dem dort damals noch studierenden Friedrich Schelling (1775–1854). Von 1806 an lebte Schubert in Dresden, das sich damals zu einem Zentrum der romantischen Bewegung mauserte. Schubert beschäftigte sich mit den Geheimnissen der menschlichen Psyche und beeindruckte nachweislich Heinrich von Kleist und Madame de Staël. Kleists *Käthchen von Heilbronn* entstand 1808, und im selben Jahr erschienen Schuberts gesammelte Vorlesungen in Buchform unter dem sprechenden Titel *Ansichten von der Nachtseite der Naturwissenschaft*. Die Publikation sorgte für erregte Debatten. Sein nächstes Buch, die 1814 erschienene *Symbolik des Traumes*, übertraf noch den Erfolg seines Erstlings und wurde zu einem der Grundlagentexte der Romantik.

Schuberts zum Hymnischen neigende Diktion traf den Ton der Zeit, denn seine Überlegungen kreisten nicht nur um die dunkle Seite der menschlichen Existenz, um Entfremdung und mythische Verhängnisse, sondern ergingen sich auch in Verschmelzungs- und Erlösungsphantasien. Schubert beschwor – getreu seiner intellektuellen Herkunft allerdings christlich religiös grundiert – jene kosmischen Momente, in denen das entfremdete, dem Schicksal der Individuation verfallene Ich mit der Weltseele korrespondiert und eins wird, wie hier in *Ahndungen einer allgemeinen Geschichte des Lebens*: «Und dieses ist ja das einzige, das allgemeine Streben aller Naturen, All zu werden, und hierdurch Organ der ewigen Ursache alles Seyns, ihrer innigern Gemeinschaft fähig.» Das ist der Stoff, aus dem auch Wagner schöpfte.

Schuberts heute vergessenes Hauptwerk, *Die Symbolik des Traumes*, in dem er versuchte, den Traum wie eine Hieroglyphensprache zu entziffern, wirkte über E.T.A. Hoffmann (der Schubert immer wieder zitierte) bis zu Sigmund Freud und C. G. Jung nach. Auch in Wagners Wahnfried-Bibliothek fand sich der Band, woraus man schließen kann, dass der Meister die Schrift tatsächlich gelesen hat. So egozentrisch Wagner auch permanent um sich selbst kreiste, er saugte wie ein Schwamm alles auf, was ihn intellektuell umgab, las enorm viel und befand sich immer auf dem neuesten Stand der aktuellen Diskussion. Wer schon einmal seine imposante Bibliothek gesehen hat, weiß, wie umfassend seine Interessen waren und wie systematisch er sein Archiv aufbaute, in dem praktisch der vollständige Kanon der klassischen Bildung griffbereit stand, aber auch Abseitiges seinen Platz hatte. Von den Gedanken seines sächsischen Landsmanns Schubert, die in Tonfall und Absolutheitsanspruch seinen eigenen Schriften nicht unähnlich sind, dürfte Wagner nicht nur vage inspiriert worden sein. Es ist sogar sehr wahrscheinlich, dass er von Schubert ganz konkret einige Motive übernahm, wie beispielsweise den «Ring des Odin», von dem es in den *Nachtseiten der Naturwissenschaft* heißt: «(…) nur der ewige Ring des Odin, der, jeden neunten Tag einen ihm ähnlichen gebährend, seitdem zugleich ein Sinnbild der neuen Erzeugung aus sich selber und des Todes ist, wird zurückgebracht.» Wagner hat von der griechischen Mythologie bis hin zu zeitgenössischen Denkern aus vielen Quellen geschöpft. Im Hinblick auf die seinem Werk immanente Vorwegnahme der Psychoanalyse aber ist Schubert sicher einer der wichtigsten Gewährsmänner.

Kein Zufall dürfte es auch sein, dass Wagner sich mit dem antiken Ödipusmythos intensiv beschäftigt hat, der später für Freud zum Anlass wurde, seine berühmte Theorie des Ödipus-Komplexes zu entwickeln. In der Schrift *Oper und Drama* widmet Wagner seiner Analyse des Mythos einen langen Abschnitt *(Ödipus-Mythos, Staat und Individuum)* innerhalb des zweiten Teils *Das Schauspiel und das Wesen der dramatischen Dichtkunst*. Er erläutert darin unter anderem seine eigenen beherzten Rückgriffe auf antike Mythen, derer er sich ja durchaus eigenwillig bedient hat. Zeitgleich mit dieser theoretischen Schrift reifte übrigens Wagners Idee der Nibelungen-Tetralogie heran.

Wagners Interesse am Ödipusmythos richtet sich jedoch, anders als bei Freud, nicht auf jene archaischen Muster, nach denen die familiären Macht- und Begehrensverhältnisse strukturiert und Schuld- und Inzestverwicklungen zu erklären sind. Wagner liest den Ödipusmythos mit der Nachgeschichte der Antigone dezidiert politisch, denn er sieht in ihm ein «Bild der ganzen Geschichte der Menschheit vom Anfange der Gesellschaft bis zum notwendigen Untergange des Staates.» Wagner glaubt im antiken Mythos die eigenen radikalen Revolutionsideen zu erkennen. Nach seiner Vorstellung entfernt sich die Menschheit in modernen Gesellschaftsformen vom Mythos und kann zu diesem erst wieder zurückfinden, wenn der politische Staat vernichtet ist. «Die Gesellschaft in diesem Sinne organisiren heißt aber, sie auf die freie Selbstbestimmung des Individuums, als auf ihren ewig unerschöpflichen Quell, zu gründen. Das Unbewußte der menschlichen Natur in der Gesellschaft zum Bewußtsein bringen (...), heißt aber so viel als – den Staat vernichten.»

Wagner illustriert und beglaubigt mit seiner Interpretation des Ödipusmythos sein Ring-Konzept, indem er den antiken Mythos als Allegorie des 19. Jahrhunderts deutet. Die Tatsache, dass Wagner angesichts des Ödipusmythos einen anderen Interpretationsweg einschlug als Sigmund Freud, schwächt die These nicht, dass Wagner in seinem Werk die Erkenntnisse der Psychoanalyse vorwegnahm. Denn Wagners Musiktheater strotzt nur so vor Verweisen auf die Seelenlehre und vor Motiven, die zwar erst durch Freuds Theorien entschlüsselt wurden, aber schon bei Wagner ganz unverhüllt auftauchen.

«Ein Schwert verhieß mir der Vater»: Spurenelemente der Psychoanalyse

Sigmund Freuds Lehre vom Unbewussten zählt zumindest in ihren groben Umrissen mittlerweile zum Allgemeinwissen. Etliche Fachtermini seiner Theorie wie etwa der «Komplex» sind längst in die Alltagssprache gewandert, und ein «Phallus-Symbol» erkennt auch der unbedarfte Theaterbesucher auf der Bühne ohne vorherige Einführung. Ebenso selbstverständlich macht sich ein heutiger Opernbesucher auf die Suche nach verdeckten psychologischen Motiven der handelnden Personen und begrüßt es, wenn ein Regisseur versucht, diese sichtbar zu machen. Es wäre daher müßig, sich an dieser Stelle der Reihe nach an allen psychoanalytisch ergiebigen Momenten in Wagners Opern abzuarbeiten. Denn tatsächlich wimmelt es in ihnen nur so vor offenen und verdeckten Verweisen auf das, was Freud erkannte.

Restlos alle (Familien-)Konstellationen der handelnden Personen der Wagner'schen Opern sind hochproblematisch und belastet durch fatale Vorgeschichten, die entweder im Dunkel einer fernen Vergangenheit liegen oder – ganz klassisch nach Freud – verdrängt wurden. Häufig sind die Mütter der Schlüsselfiguren entweder gestorben oder unbekannt und die Väter übermächtige, gewaltbereite Figuren, deren Verhältnis zu ihren Sprösslingen schwer zu durchschauen ist.

Im *Fliegenden Holländer* ist von Sentas Mutter nichts bekannt, diese lebt bei ihrem Vater Daland und scheint traumatisiert, denn sie kann mit den realen Männern ihrer Umgebung wenig anfangen und betet stattdessen das unheimliche Bild eines Zombies, des untoten Holländers an. «Ich bin ein Kind und weiß nicht, was ich singe», erklärt Senta ihr seltsames Verhalten mit einem eindeutigen Verweis auf Verdrängtes. «Es» singt in ihr, das Unbewusste, und sie imaginiert sich selbst als Kind. Der grobschlächtige Daland wirbt beim Holländer mit Sentas Anmut, als wäre sie ein Objekt, und er ist ohne weiteres bereit, sie an den zwar dubiosen, aber offenbar gut betuchten Seefahrer zu verschachern. Sentas Selbstbild als Kind, ihre Fixierung auf einen unheimlichen, alten Mann und Dalands Kennerblick auf die eigene Tochter drängen den Verdacht eines inzestuösen Missbrauchs geradezu auf.

Von Tristan und Isolde ist in Sachen Familienkonstellation wenig, dafür erneut Fatales bekannt. Tristan singt von «Vaters Not und Mutters Weh», seine Mutter starb bei seiner Geburt und er wächst vaterlos bei seinem Onkel, König Marke, auf, der ihn ganz offensichtlich mehr und vor allem anders liebt, als es einem angenommenen Sohn angemessen wäre. Auch hier also eine inzestuöse, diesmal homosexuell ausgerichtete Konstellation.

Keine der zentralen Personen in Wagners Opern stammt aus stabilen, behüteten Familienverhältnissen mit gesunden Bindungen an beide Elternteile. Gestorbene Mütter und abwesende Väter bestimmen die biographische Ausgangslage der Helden Tristan, Siegmund, Siegfried und Parsifal. Häufig wissen die Protagonisten nicht, woher sie kommen. Sie kennen ihre Identität nicht, und manchmal nicht einmal ihren Namen, wie etwa Siegmund und Parsifal. Lohengrin dagegen macht aus seiner Herkunft und seinem Namen das alles entscheidende Geheimnis, das er erst am Ende der Oper selbst lüftet. Die sich ihrer Namen nicht bewussten Helden werden durch Frauen im buchstäblichen, aber auch im biblischen, also sexuellen Sinn erkannt und daraufhin auch benannt. In der *Walküre* ist es ausgerechnet Siegmunds Schwester Sieglinde, die ihn erkennt und von ihm in inzestuöser Liebe den gemeinsamen Sohn Siegfried empfängt – der wiederum ohne Eltern und das Wissen um seine Herkunft bei dem seltsamen Schmied Mime aufwächst. Schuldbeladene Konstellationen und inzestuöse Verstrickungen, wohin man blickt!

Dementsprechend dicht sind in Wagners Werk auch die sexuellen Andeutungen und Symbole gesetzt. Phallische Schwerter und Speere reißen nicht nur unheilbare Wunden (bei Tristan oder Amfortas), sie besitzen zugleich wundertätige, heilende und symbolische Kräfte. Immer wieder zerbrechen diese potenten Waffen, und in der Folge muss alles darangesetzt werden, sie wieder zusammenzuschmieden, sprich, den Phallus endlich wieder aufzurichten. Allein im Ring findet sich 106-mal das Wort «Schwert» im Textbuch, die Regieanweisungen nicht mit eingerechnet. Von Wotans Speer ganz zu schweigen.

Lohengrins Schwan – der im *Parsifal* getroffen vom Pfeil des Titelhelden wiederkehrt – ist seit der antiken Fabel von Leda und dem Schwan ein Tier mit einer eindeutigen sexuellen Konnotation, Freias Äpfel im *Rheingold* sind dagegen in der Schöpfungsgeschichte der Bibel die exemplarischen Früchte der Erkenntnis, aber auch der Sünde.

Wissender Schlaf: Wagners Nachtgeweihte und Traumtänzer

Interessanter noch als unschwer zu entschlüsselnde Symbole scheint im Hinblick auf die Psychoanalyse jedoch Wagners offensichtliche Besessenheit von Motiven, die um die Nacht und den Traum kreisen. Schlaf und Traum, Trance, Ohnmacht, Selbstvergessenheit und Entrückung sind in Wagners Werk von höchster Bedeutsamkeit. Schläfer, Träumer, Delirierende, Narkotisierte und Erwachende bevölkern zuhauf seine Opern. Träume und deren Deutung stehen immer wieder im Zentrum des dramatischen Interesses und geben der Handlung überraschende, stets entscheidende Wendungen. Wagner tut nichts Geringeres, als die Traumdeutung, also im Grunde die Psychoanalyse selbst, zu seinem zentralen Thema zu machen – lange bevor sie erfunden wurde. Unbewusst natürlich, aber dennoch unübersehbar.

Senta träumt vom ihrem ersehnten Holländer, ihr Verlobter Erik dagegen vom bösen Ende dieser fatalen Leidenschaft: «Laß dir vertrau'n: ein Traum ist's! Hör' ihn zur Warnung an!» Doch Senta glaubt in der Begegnung mit dem Holländer aus ihrem bisherigen Lebens-(Alb?-)Traum endlich zu erwachen: «Brach des Erwachens Tag heut an?» – und ignoriert Eriks Traum. Auch Elsa träumt im Lohengrin in «süßem Schlaf» von ihrem Schwanritter und wird eingeführt als rätselhaft Entrückte. Im *Rheingold*, dem Vorabend des sechzehnstündigen

Weltendramas *Der Ring des Nibelungen*, schildert Wagner zu Beginn mit seinem aus einer musikalischen Ursuppe sich zusammenbrauenden Es-Dur-Motiv einen schlafähnlichen Ruhezustand am Grund des Seins. Doch nicht der Strom schläft, sondern das verhängnisvolle Gold, das von den Rheintöchtern allzu lässig bewacht wird. «Des Goldes Schlaf hütet ihr schlecht!» gibt Flosshilde zu bedenken. Schließlich dringt die Sonne bis auf den Grund des Stroms: «Durch den grünen Schwall den wonnigen Schläfer sie grüßt!»

Auch in der zweiten Szene des *Rheingolds* geht es ums Erwachen, diesmal auf der Burg der Götter. Fricka erwacht und weckt ihren Gatten: «Wotan, Gemahl! Erwache! Aus der Träume wonnigem Trug!» Woraufhin Wotan von seinem Walhall-Traum berichtet: «Der prangende Bau! Wie im Traum ich ihn trug!» Wonnige Schläfer mit süßen Träumen gibt es einige in Wagners Opern: Stolzing etwa berichtet in den *Meistersingern* Hans Sachs, er habe «fest und gut» geschlafen und einen «wunderschönen Traum» gehabt. Woraufhin Sachs ihm den bereits erwähnten Rat erteilt, «dass er sein Träumen deut und merk».

Träume sind bei Wagner aber nicht nur in die Zukunft gerichtete Visionen, die als Inspirationsquelle dienen, sie haben vor allem die mahnende, erinnernde Gewissensfunktion des Unbewussten, das sich im Traum zu Wort meldet. So treiben etwa Tannhäusers Heimatträume «von Glocken trautem Klange» ihn aus den Armen der Venus fort. Die sündige Liebe im Venusberg rumort im Unbewussten und lockt den Verführten mit einem Unschuldstraum fort.

Als das personifizierte Unbewusste kann man jene Figuren deuten, die überwiegend schlafen und gezielt geweckt werden müssen, um befragt zu werden: Das ist zum einen Urmutter Erda – nomen est omen! –, die der als Wanderer erscheinende Wotan im dritten Akt des *Siegfried* weckt, um sein eigenes Unterbewusstsein zu befragen. «Herauf, herauf!» ruft er hinab in die Tiefe des «gruftähnlichen Höhlentors», «der Weckrufer bin ich.» Erda erwacht schließlich unwillig aus «wissendem Schlaf» und erfährt mit Schrecken, dass Wotan seine geliebte Tochter Brünnhilde in einem schützenden Feuerkranz auf dem Walkürenfelsen in einen «wehrlosen Schlaf» versetzt hat. Brünnhilde wird aus diesem Schlaf verwandelt, nicht mehr als Göttertochter, sondern als liebende Frau erwachen.

Die Weckrufer-Szene zwischen Wotan und Erda wiederholt Wagner nahezu wörtlich in seinem Opus ultimum *Parsifal*, wenn der Zauberer Klingsor die «Höllenrose» Kundry zu sich befiehlt: «Herauf! Herauf! Zu mir ... Dein Meister ruft: herauf!» Die verfluchte Kundry erscheint in einem somnambulen Zustand und wehrt sich massiv gegen das Erwachen des Unbewussten: «Ach –! Ach –! Tiefe Nacht ... Wahnsinn ... Oh! – Wut ... Ach! Jammer! Schlaf ... Schlaf ... tiefer Schlaf ... Tod ...!»

Sogar für die in der Psychoanalyse angewendete Technik der Hypnose gibt es ein unheimliches Beispiel bei Wagner, und zwar im zweiten Aufzug der *Götterdämmerung*, wenn Alberich seinen Sohn Hagen im Schlaf an- und bespricht: «Schlafst du, Hagen, mein Sohn?» – woraufhin dieser (laut Regieanweisung!) «leise, ohne sich zu rühren, so dass er immerfort zu schlafen scheint, obwohl er die Augen offen hat» antwortet: «Ich höre dich, schlimmer Albe: was hast du meinem Schlaf zu sagen?»

Doch es gibt auch freudiges Erwachen im Sinne von Bewusstwerden und Einswerden mit der eigenen Identität bei Wagner, nämlich wenn Siegfried Brünnhilde weckt und in hellstem C-Dur-Geschmetter zur liebenden Frau macht. Das andere große Liebespaar Wagners, Tristan und Isolde, verklärt dagegen über die Dauer des längsten Liebesduetts der Operngeschichte das Reich der Nacht und steigert sich in den Rausch von Verschmelzungs- und Auflösungsfantasien hinein: «O sink hernieder, Nacht der Liebe, gib Vergessen, dass ich lebe; nimm mich auf in deinen Schoß, löse von der Welt mich los!»

Kein Geringerer als Sigmund Freud hat sich, wenn auch nur in einer Fußnote in *Psychoanalytische Bemerkungen über einen autobiographisch beschriebenen Fall von Paranoia,* wie folgt über den *Tristan* geäußert: «Eine anders motivierte Art des ‹Weltunterganges› kommt auf der Höhe der Liebesekstase zustande (Wagners *Tristan und Isolde*); hier saugt nicht das Ich, sondern das eine Objekt alle der Außenwelt geschenkten Besetzungen auf.» Freud umschreibt hier noch mit «Weltuntergang», was er sehr viel später «Todestrieb» nennen sollte. Dieser bis heute heftig umstrittene Begriff, den Freud 1920 in *Jenseits des Lustprinzips* einführte, beschreibt den menschlichen Trieb, das Leben in den anorganischen Zustand des Todes zurückzuführen, den Trieb zur Regression in einen pränatalen, also vorgeburtlichen, unbewussten Zustand. Wenn es den Todestrieb im Freud'schen Sinne tatsächlich gibt, dann haben sowohl Tristan als auch Isolde sich diesen Trieb erfüllt: Beide sterben, Isolde mit den Worten: «unbewusst – höchste Lust!»

Von der Entgrenzung bis zur Mobilmachung: Wie Wagners Musik bis ins Vegetative vordringt

Leo Tolstoi, Wagners Zeitgenosse und wie dieser ein Künstler des riesenhaften Formats, hat die Musik als «Stenographie der Gefühle» bezeichnet. Auch als völkerverbindende, universell verständliche «Weltsprache» wird die Musik immer wieder gerne apostrophiert. Ungleich stärker als die anderen Künste appelliert sie ganz unmittelbar an das Gefühl, sie kann beruhigen, betrüben, aufheitern, mitreißen und aufpeitschen bis zur Ekstase. Die Skala ihrer Wirkungen reicht vom Stimulieren niedrigster Instinkte bis zum Erzeugen von ozeanischen, erhabenen Gefühlen und spirituellen Transzendenz-Erfahrungen. «Musik ist eine Hure», kritisierte Ernst Bloch die manipulative

Kraft der physikalischen Schwingungen, die so unsichtbar wie ephemer und doch so wirkungsmächtig sind.

Es gibt schlechterdings keine Kultur, die ohne Musik auskommt, selbst bei von der Zivilisation unberührten Urwaldvölkern wird gesungen und auf archaischen Instrumenten musiziert. So verschieden die Musikkulturen und Traditionen auch sind, gregorianischen Gesang, klassisches Streichquartett, britischen Pop und afrikanisches Trommelritual verbinden doch gewisse musikalische Naturgesetze, die einen urtümlichen Grundkonsens erkennen lassen. Denn auch im Tierreich folgen Gesänge und musikalisch anmutende Lautäußerungen ähnlichen Regeln.

Bereits Charles Darwin – auch er ein Zeitgenosse Wagners – vermutete 1871 in seinem Werk *Die Abstammung des Menschen und die geschlechtliche Zuchtwahl*, die Vorgänger der Menschen hätten sich wohl mit «Noten und Rhythmen» umworben. Neuere Forschungen bestätigen Darwins Annahme und gehen davon aus, dass die Musik tatsächlich älter ist als die Sprache, dass diese sich womöglich aus archaischen Arbeitsgesängen entwickelt hat.

Hirnforscher, Neurologen und Musikwissenschaftler arbeiten seit einiger Zeit systematisch daran, die Geheimnisse des Phänomens zu lüften. So wurde bewiesen, dass schon Babys harmonische Klänge von Dissonanzen unterscheiden und stark auf Rhythmen reagieren, was dafür spricht, dass das musikalische Empfinden angeboren ist und eben nicht erlernt wird. Ferner hat man nachgewiesen, dass Musik direkt auf das limbische System wirkt, jenes Hirnareal, in dem Emotionen und Triebverhalten entstehen und verarbeitet werden. Das limbische System ist außerdem für das Ausschütten der Endorphine, der körpereigenen Drogen, zuständig.

Was man immer schon ahnen konnte, wird nun wissenschaftlich bestätigt: Musik stimuliert dieselben Hirnregionen, die beim Essen, beim Drogenkonsum und beim Sex aktiv werden – und unterdrückt zugleich die Aktivität in den Mandelkernen, die bei Angst mobilisiert werden. Musik macht glücklich, wirkt als erregendes Aphrodisiakum und kann süchtig machen, sie lindert die Angst, kann das Gemeinschaftsgefühl bis zum Rausch steigern und stimuliert das körpereigene Selbstbelohnungssystem. Ohne Umwege über das Bewusstsein beeinflusst Musik das vegetative Nervensystem, löst die berühmten Gänsehautgefühle aus und steigert oder verlangsamt die Pulsfrequenz. Kurzum: Musik setzt sich ganz direkt in den Körper fort.

Niemand wusste das besser als Richard Wagner. Und wohl kein Komponist der abendländischen Musikgeschichte hat die Überwältigungskraft der Musik derart auf die Spitze getrieben und so schamlos eingesetzt wie Wagner. Nicht umsonst wird er immer wieder als Rausch- und Verführungskünstler apostrophiert, seine Musik als stark suchtbildend bezeichnet. Es gibt Musiker, Dirigenten, aber auch Regisseure, die sich standhaft weigern, sich mit Wagner auseinanderzusetzen, da sie der Vereinnahmungs-Qualität seiner Kunst, der Sogwirkung seiner Musik gründlich misstrauen. Denn sie zielt mit unbarmherziger Konsequenz genau auf jene Bereiche und Mechanismen, die sich dem Bewusstsein und der Kontrolle durch kritische Distanz entziehen.

Wagners Musik fährt mit ungebremster Wucht in den Körper und ins Gemüt, und zwar in dieser Reihenfolge. Sein «wissendes Orchester», das erklärtermaßen genau die energetischen Vorgänge erklingen lässt, die den handelnden Personen entweder nicht bewusst oder nicht zugänglich sind, peitscht den Puls hoch in Regionen, in denen er unregelmäßig stolpert. Abrupte Tempowechsel sorgen für Schreckreaktionen, Gänsehaut und Schweißausbrüche, dröhnende Gralsglocken im *Parsifal* für lustvolles Erschauern.

Überhaupt schafft Wagner etwas ganz Ungeheuerliches: Seine schwärzeste Musik, seine grausigsten, brutalsten Todesszenarien lösen beim Zuhörer ein ambivalentes Gefühl aus, das so faszinierend wie erschreckend ist, nämlich die Angstlust. Das Grauen naht, aber der Hörer weidet sich daran, wühlt in «Siegfrieds Trauermarsch» und lässt sich bereitwillig mitreißen in das Toben Klingsors im zweiten, in das nachtschwarze Grauen von Titurels Totenmesse im dritten Aufzug des *Parsifal*.

Die Verführungskraft von Wagners Musik und ihre Macht, dunkle und machtvoll archaische Gefühle auszulösen, kann als kathartisch empfunden werden, als befreiend und läuternd. Ihr Nervengift kann aber auch berauschend und entgrenzend, ja sogar gefährlich enthemmend wirken. Wer erinnert sich nicht an die schockierende Sequenz aus Francis Ford Coppolas Antikriegs-Fim *Apocalypse Now*, in dem der berüchtigte «Walkürenritt» – das Vorspiel zum dritten Akt der *Walküre* – aus den Hubschraubern der angreifenden Amerikaner aufs Schlachtfeld dröhnt? Die suggestive Kraft dieser Musik erfüllt in diesem Film gleich drei Funktionen der Überwältigung: Zum einen soll sie das Kinopublikum in eine kriegerische Erregung versetzen, schwankend zwischen der Angst und der Lust, mit Bildern des Todes konfrontiert zu werden. Zum zweiten soll sie die Stimmung der Soldaten aufpeitschen und sowohl ihre Angriffslust stärken, als auch ihre Angst betäuben. Und schließlich soll sie die potentiellen Opfer am Boden einschüchtern und verhöhnen. Coppola hatte diesen genial perfiden Regieeinfall übrigens nur übernommen. Erstmals nämlich wurden Kriegsbilder in deutschen Kriegswochenschauen aus den Jahren 1941/42 mit dem «Walkürenritt» unterlegt. Damals war es allerdings ein sehr realer Krieg, für den Hitlers Lieblingskomponist unfreiwillig den Soundtrack lieferte.

6.
«… wohl gar ein biblisches Lied?»

Die Meistersinger von Nürnberg und die «Kunstreligion»

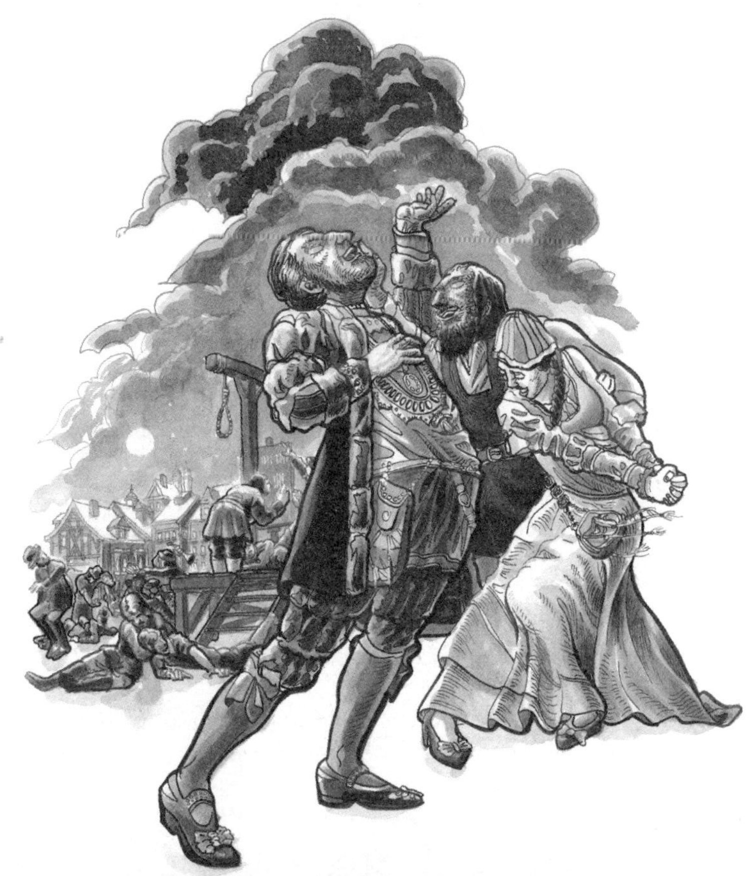

Zu den notorisch nicht oder nur ungenau gelesenen Teilen von Theatertexten gehört die Liste der *dramatis personae.* Wer den Besetzungszettel studiert, will wissen, wer spielt oder singt. Die Rollen kennt man ohnehin. Daher fragt sich etwa kaum ein Leser von Lessings bürgerlichem Trauerspiel *Emilia Galotti*, warum sich auf jener Liste mit Emilia, ihrer Mutter Claudia oder dem Grafen Appiani so auffällig viele Römerstraßen kreuzen. Und obwohl sich Wagner kaum Mühe gibt, das zu verbergen, fällt längst nicht allen Besuchern seiner *Meistersinger* auf, dass über viereinhalb Stunden ausschließlich biblisches Personal durch Nürnbergs Gassen stapft. Aber der Reihe nach.

Was gibt's zu sehen?

Ob *Die Meistersinger von Nürnberg* komisch sind oder nicht, ist eine vieldiskutierte Frage. In seinen Prosaentwürfen hatte Wagner das Werk noch als «Komische Oper» (1845) bzw. «Große komische Oper» (1861) bezeichnet, schließlich aber jegliche Gattungsbezeichnung weggelassen. Der Sache am nächsten kommt wohl Carl Dahlhaus mit seiner Bemerkung, die *Meistersinger* seien «das Werk eines Humors, dem nicht zu trauen ist». Unbestreitbar ist nur, dass es ausnahmsweise keine Toten gibt.

Erster Aufzug: Die Handlung setzt ein am Morgen des Vortages zum Johannistag, dem Geburtsfest zu Ehren Johannes des Täufers. In der Katharinenkirche endet die Frühmesse mit einem von Wagner schulmäßig gesetzten Choral auf den Heiligen. Ein junger Ritter, Walther von Stolzing, versucht, mit der

Tochter des Goldschmieds Veit Pogner, Eva, ins Gespräch zu kommen. Tags zuvor hat er sich Hals über Kopf in sie verliebt. Während er sich bemüht herauszufinden, ob Eva «schon Braut» ist, werden die beiden mehrfach von Evas Amme Magdalene gestört. Wagner unterbricht für diese Dialoge seinen Choral mit zarten, kammermusikalischen Einwürfen. Dabei arbeitet er im Grunde schon wie ein Filmregisseur, der mit Gegenschnitten zwischen Totale und Nahaufnahme die Erzählzeit über die erzählte Zeit hinaus dehnt.

Magdalene klärt Walther über Evas ungeklärten Familienstand auf: Sie ist zwar nicht mit einem bestimmten Mann verlobt, soll aber morgen den Sieger eines Sängerwettstreits heiraten. Eva freilich will nur noch einen: Walther. Nur hat der von den Meistersingern und ihren Regeln noch nie etwas gehört. Seine Aussichten, sich als Evas Gatte zu qualifizieren, sind damit denkbar schlecht. Doch Magdalene weiß Rat. Sie und David, der Lehrling des Schusters und Meistersingers Hans Sachs, sind ebenfalls ineinander verliebt. Gelänge es David, Walther mit den Grundregeln des Meistersangs so weit vertraut zu machen, dass er in die Zunft aufgenommen wird, darf er sich nicht nur Hoffnung auf einen üppigen Fresskorb, sondern auch auf erste erotische Gefälligkeiten Lenes machen.

Während eine Gruppe Lehrbuben das Gestühl für die Versammlung der Meistersinger richtet, erklärt David in einem zehnminütigen Monolog – ein stimmlicher Parforceritt für Tenöre – die byzantinischen Regeln und eingeführten Melodien der Meistersinger. Walther wie die Zuschauer erkennen schnell: Die vielen Begriffe zu erlernen, erst recht sie dann auch korrekt anzuwenden, ist in der gegebenen Zeit unmöglich. Ganz abgesehen davon, dass für eine Ernennung zum Meister auch noch eine regelkonforme Eigenkomposition vorzulegen wäre.

Nach und nach treffen die Meistersinger ein. Aus dessen Dialog mit Pogner erfahren wir, dass ein schon etwas in die

Jahre gekommener Herr namens Sixtus Beckmesser ebenfalls ein Auge auf Eva geworfen hat. Seine Aussichten beim Wettsingen sind aber offenbar weit besser als seine Chancen als Brautwerber. Weshalb er dem Schwiegervater in spe vorschlägt, das Wettgericht müsse Eva zur Ehe mit dem Sieger zwingen können – ein für Publikum wie Pogner eher seltsamer Einfall. Und so passt es dem Preisstifter recht gut, dass der fesche Junker Stolzing um Aufnahme in die Meistersingerzunft bittet.

Nachdem die Versammlung sich umständlich konstituiert hat, unterbreitet Pogner zunächst seinen Vorschlag: Beim morgigen Johannisfest sollen die ledigen Zunftgenossen singend um die Hand seiner Tochter werben. Wen die Meister zum Sieger küren, bekommt sie zur Gattin – und wird Alleinerbe des Goldschmieds. Sollte Eva der Mann zuwider sein, darf sie den Bewerber zwar ablehnen, aber keinen anderen Mann heiraten. Der Vorschlag wird lang und breit diskutiert, schließlich angenommen.

Darauf schlägt Pogner Stolzing für die Aufnahmeprüfung vor. Der Bewerber muss eine Reihe von Fragen beantworten, dann wird ihm das Verfahren erklärt und von Meister Fritz Kothner in psalmodierendem Ton die «Tabulatur» verlesen. Dieses Regelwerk erklärt unter anderem die Grundform des Meistersangs, die sogenannte «Bar»-Form. Ein «Bar» ist eine von idealerweise drei Gedichtstrophen, von denen jede aus drei Abschnitten zu bestehen hat: zwei «Stollen» mit exakt gleichem Versmaß, die zur selben Melodie zu singen sind, sowie einem «Abgesang», der ein anderes Versmaß als die «Stollen» und eine eigene Melodie erfordert. Die einzige erlaubte Reimform ist der Endreim. Und eine Fülle von Detailregeln legt fest, welche sprachlichen Verrenkungen bei der pedantischen Einhaltung von Versmaß und Reim verboten sind. Ausgerechnet sein Rivale Beckmesser wird als «Merker» darüber richten, ob Stolzings Probelied diesen Regeln entspricht. Es kommt wie es kommen muss: Trotz wiederholter Einsprüche von Sachs fällt der Junker durch. Die Versammlung löst sich tumultartig auf.

Zweiter Aufzug: Es ist Abend geworden. Auf der Gasse zwischen den gegenüberliegenden Häusern Sachsens und Pogners muss zunächst Lene von David erfahren, dass Stolzing «versungen» hat. Würste und Küsse kann David damit fürs Erste abschreiben. Eva und ihr Vater kommen von einem Spaziergang, auf dem Pogner versucht hat, das Herz der Tochter zu ergründen. Auch sie erfährt von Walthers Pleite. Derweil richtet David für Sachs vor dem Hause Schemel und Werkzeug. Doch statt zu arbeiten, lässt Sachs im melancholischen «Fliedermonolog» die Ereignisse des Morgens Revue passieren. Eva tritt hinzu und versucht Genaueres zu erfahren. Weil sie Beckmessers Sieg fürchtet, macht sie Sachs «Flausen»: Sie legt ihm nahe, doch selbst am Wettsingen teilzunehmen. Schließlich platzt es aus ihr heraus, dass es ihr nur um Stolzing geht. Nun weiß Sachs, was er schon ahnte – und braucht einen Plan.

Magdalene teilt Eva mit, dass sich Beckmesser alsbald unter ihrem Fenster einfinden wird, um der Angebeteten ein Ständchen darzubringen. Angesichts der verfahrenen Situation haben Eva und Walther aber längst beschlossen, im Schutze der Dunkelheit aus der Stadt zu fliehen und auf des Junkers Landsitz zu heiraten. Daher soll Lene an ihrer Stelle ans Fenster treten. Walther kommt, doch das ständige Hin und Her auf der Gasse sowie der Nachtwächter versperren alle Fluchtwege.

Da taucht Beckmesser auf. Eva kann gerade noch verhindern, dass Walther den «Lung'rer» «kalt macht». Derweil hat Sachs bemerkt, was vor sich geht. Um die Flucht der Liebenden zu verhindern, stimmt er ein lautes Lied an, in dem er sich anspielungsreich darüber beklagt, dass die Menschen seit Adams und Evas Vertreibung aus dem Paradies auf steinigen Böden wandeln, dass die Engel folglich seither schustern müssen. Beckmesser fühlt sich durch Sachs' verkapptes Werbelied bei seiner Serenade gestört. Doch der hat eine gute Ausrede: Des Stadtschreibers neue Schuhe sollen doch morgen fertig sein; und ohne Gesang lässt sich nun mal nicht gut arbeiten. Beckmesser wiederum will Sachs' Meinung über seinen Wettbewerbsbeitrag hören. Nach einer leicht gereizten Diskussion schließt man folgenden Kompromiss: Sachs lässt Beckmesser in Ruhe singen, dafür merkt er mit Hammerschlägen auf die Sohle alle Fehler in dessen Lied an. So bekommt der Kollege beides: Schuhe und Kunsturteil.

Versteht sich, dass Sachs an Beckmessers Werbelied genug auszusetzen hat, so dass die Schuhe bald bestens besohlt sind. In der Tat ist das Machwerk des Stadtschreibers textlich wie musikalisch eher einfältig gestrickt. Metrum und Sprachfluss klemmen gewaltig, die Endreime sind meist mit der Brechstange gemacht. Während Sachs den Hammer kräftig kreisen lässt, singt Beckmesser immer lauter. Davon werden die ersten Nachbarn, schließlich auch David wach. Anders als der Stadtschreiber erkennt der sofort, wer tatsächlich am Fenster steht: seine Lene! Während David dem vermeintlichen Nebenbuhler ausgiebig «das Fell streicht», finden einige aus dem Schlaf gerissene Meister, schließlich allerlei Gesellen der rivalisierenden Zünfte reichlich Gründe, es den anderen einmal so richtig heimzuzahlen. Alsbald ist eine Massenkeilerei im Gange, deren Geschrei Wagner zu einer Fuge für Chor und Orchester gestaltet; einer Fuge, die nicht streng schulmäßig, aber sehr effektvoll gesetzt ist. Am Ende kühlen die Frauen den Männern ihr Mütchen mit «starken Güssen von Wasser aus Kannen, Krügen und Becken». Sachs schubst die halb ohnmächtige Eva ins elterliche Haus, trennt David handgreiflich von Beckmesser, der sich «jämmerlich zerschlagen» aus dem Staub macht, und zieht Stolzing zu sich ins Haus. Der Nachtwächter verkündet, dass es elf geschlagen habe. Die Bürger sollen sich «vor Gespenstern und Spuk» hüten, auf «daß kein böser Geist eu'r Seel beruck». Zu spät! – denkt man unwillkürlich, während Wagner zu einer kurzen Reprise des Flieder-Themas und einem träumerischen Decrescendo-Dialog der Holzbläser den Mond auf- sowie den Nachtwächter abgehen lässt. Mit einem krachenden Schlussakkord fällt der Vorhang.

Die berühmt-berüchtigte «Prügelfuge» ist der Schrecken aller Dirigenten und Regisseure der *Meistersinger*. Entscheidet man sich dafür, dass Chor und Extrachor zugleich singen *und* sich schlagen, geht das sowohl musikalisch als auch darstellerisch fast immer in die Hose. Prügelt sich die Statisterie, können sich die Sänger zwar auf den heiklen Chorsatz konzentrieren; aber selbst ausgebildete Schauspieler scheitern nicht selten an der glaubwürdigen Darstellung von Rauf- und Trunkenbolden. Setzt man daher statt auf überenthusiastische Laien etwa auf ein professionelles Bewegungsballett, treibt man die ohnedies immensen Kosten der Produktion weiter nach oben. In jedem Fall erfordert die Koordination zwischen Bühne und Orchestergraben allerhöchste Konzentration.

Dritter Aufzug: Am Morgen des Johannistags sitzt Sachs in seiner Schusterstube und blättert in einem dicken Folianten. David hat die besagten Schuhe bei Beckmesser abgegeben und schleicht nun sorgenvoll um den Meister herum. Wird es zur Strafe für die nächtliche Keilerei noch eine offizielle Tracht Prügel des Lehrherrn setzen? Doch Sachs beachtet David erst kaum, dann fordert er ihn geistesabwesend auf, sein «Sprüchlein» für die Festwiese vorzutragen. In dem kleinen Lied bringt eine Nürnbergerin ihr «Söhnlein» nach Palästina zum Täufer. Und siehe: «... wer am Ufer des Jordans Johannes war genannt, an der Pegnitz hieß der Hans.» Damit ist Sachs' motivische Identität zweifelsfrei geklärt.

Wieder allein, hebt Sachs zum sogenannten «Wahn-Monolog» an. Dieser Text, damit auch dessen Funktion für das Werk, wird häufig missverstanden. Tatsächlich hat Wagners «Wahn» wenig mit «Wahnsinn» zu tun. Wir kommen darauf noch zurück. Für das Verständnis der Handlung genügt es einstweilen zu wissen, dass Sachs in diesem Moment einen Plan fasst, mit dem er glaubt, «den Wahn fein lenken» zu können.

Zu Beginn der folgenden 2. Szene, die so etwas wie die Mittelachse der ganzen Oper bildet, tritt Stolzing nach kurzer Nachtruhe aus der Schlafkammer. Er hatte «einen wunderschönen Traum». Sachs fordert ihn auf, den Traum zu erzählen – und formuliert in sechs völlig zu Recht berühmten Zeilen seine und Wagners Poetik in Kurzform. Spötter behaupten, Freud habe diese Verse rund 35 Jahre später zur *Traumdeutung* ausgewalzt.

Mein Freund, das grad' ist Dichters Werk,
daß er sein Träumen deut' und merk'.
Glaubt mir, des Menschen wahrster Wahn
wird ihm im Traume aufgethan:
all' Dichtkunst und Poeterei
ist nichts als Wahrtraum-Deuterei.

Man diskutiert über Sinn und Unsinn, Herkunft und Zweck der Meistersingerkunst, wobei Walther ungefähr so häufig und so gewichtig zu Wort kommt wie die Gesprächspartner des Sokrates in Platons Lehrdialogen: sehr wenig. Derart belehrt, beginnt er seinen Traum in gebundener Rede zu erzählen. Sachs schreibt mit, feilt hier und da am Text, streut weitere Lehren über «Stollen», «Bar», «Abgesang», «Reim» und «Töne» ein. Am Ende der Prozedur ist zumindest die Grundlage für ein preiswürdiges Meisterlied gelegt. Beide gehen ab, um sich für die Festwiese umzukleiden.

Es folgt eine Pantomime, die Wagner mit der vielleicht avanciertesten und originellsten Musik unterlegt, die er je komponiert hat. Beckmesser, sichtlich mitgenommen von der nächtlichen Prügelei, betritt die Schusterstube, setzt sich auf einen Schemel, springt, von Schmerzen wie schmerzhaften Gedanken gepeinigt, wieder auf, streift durch die Stube, sieht aus dem Fenster auf Pogners Haus. Schließlich findet er das von Sachs niedergeschriebene Werbelied Stolzings, liest es mit wachsender Neugier, und steckt den Zettel am Ende ein. Der Zuschauer versteht: Beckmesser braucht dringend ein neues Lied. Mit dem von letzter Nacht wäre weder beim Wettsingen noch bei Eva auch nur ein Blumentopf zu gewinnen.

Doch was hat es mit dem «Lied von Sachs» auf sich? Der Verdacht liegt nahe, dass der außerordentlich populäre Poet damit nachher selbst antreten wird. Ein Verdacht, mit dem der Stadtschreiber den zurückkehrenden Sachs denn auch sogleich konfrontiert, zunächst, ohne auf das stibitzte Blatt zu verweisen. Sachs' Dementi überzeugt ihn nicht. Also zieht er das vermeintliche «Zeugnis» doch hervor. Wir merken, wie Sachs innerlich eins und eins zusammenzählt. Er versichert Beckmesser nochmals, dass das Lied weder von ihm sei, noch dass er damit um Eva werben wolle. Und damit der Freund nicht als gemeiner Dieb dastehe, überlasse er ihm sehr gerne das Manuskript. Beckmesser glaubt sich gerettet und stürmt nachhause, um den Text zu «memorieren». «Was Ton und Weise betrifft», hält er sich ohnehin für unschlagbar.

Bildet der Lehrdialog zwischen Sachs und Stolzing so etwas wie die intellektuelle Mitte der *Meistersinger*, so ist die nun folgende Szene ihr emotionales und motivisches Kraftzentrum. Eva kommt im Brautgewand und in den neuen Schuhen Sachsens herein. Gewunden erklärt sie, dass der Schuh sie drücke. Stolzing tritt in «glänzender Rittertracht» auf. Evas «Ah!» und das Orchester unterstreichen, dass der drückende Schuh ein sprichwörtlicher ist. Während Sachs an dessen seidenem Gegenstück pro forma ein wenig herumwerkelt, dichtet und singt Stolzing, inspiriert von Evas Anblick, den noch fehlenden dritten Bar seines Werbeliedes. Eigentlich passt nun alles perfekt.

Doch Wagner wäre nicht der tiefsinnige Psychologe und gewiefte Dramaturg, der er in seinen besten Momenten ist, marschierte er direkt zu einem faden Happyend durch. Er wechselt noch einmal die Stimmung. Sein Hans Sachs ist kein gemütlicher Opa, der sich zufrieden ein Pfeifchen stopft, wenn es seinen Liebsten gut geht. Der Schuster leidet darunter, es keinem recht machen zu können und «für dumm, tückisch und frech» gehalten zu werden. Beim Mann lässt der Verzicht auf Eva, für die er mehr als nur ersatzväterliche Gefühle hegt, eine größere Wunde zurück, als sie und er selbst ahnten. Auf seinen zwischen Selbstironie und Fatalismus schwankenden Ausbruch hin macht Eva Sachs eine schillernde Liebeserklärung: Er sei es doch, der sie «erweckt» und «erblühen» habe lassen. So dass sie ihn wohl gern «erwählt» hätte. «Doch nun hat's mich gewählt / zu nie gekannter Qual: / und werd' ich heut' vermählt, / so war's ohn' alle Wahl! / Das war ein Müssen, war ein Zwang! / Dir selbst, mein Meister, wurde bang.» Auf welchem Niveau man sich hier sorgt, macht Wagner durch Wort' und Weise deutlich: Sachs erklärt, dass er weise genug sei, «nichts von Herrn Markes Glück» zu wollen. Wagner lässt das Orchester dazu einschlägige Motive aus *Tristan und Isolde* zitieren.

Zum Ende der Szene treten Magdalene und David hinzu. David wird mit einer schallenden Ohrfeige zum Gesellen befördert, mit ihm und Lene als «Zeugen», der Pognerin als «Gevatter» tauft Sachs Stolzings Preislied zur «seligen Morgentraum-Deutweise». Dabei greift Wagner die Musik des Johannes-Chorals der Eingangsszene wieder auf. Beschlossen wird die vierte Szene mit einem noch seligeren Ensemble, das endgültig alle platten Vorurteile Lügen straft, Wagner sei am besten, wenn er laute und pathetische Musik komponiere: «Selig wie die Sonne». Das kupfern glänzende Quintett setzt Wagner in die Tonart Ges-Dur. Sie gilt nach traditioneller Tonarten-Charakteristik nicht nur als Ausdruck von Leidenschaft und Wehmut, im Quintenzirkel ist sie von dessen irdischer, tagheller, heiterer Grundtonart C-Dur auch am weitesten entfernt. Aber man muss das nicht wissen, um diesen Kontrast zu *hören*. Evas Taufspruch zitiert noch einmal, etwas versteckt, den *Tristan*, und zwar diesmal Isoldes Schlussgesang («eine Weise, mild und hehr»). Walthers Lied möge es «hold gelingen, meines Herzens süß' Beschwer' deutend zu bezwingen». Überhaupt sei «Deutung euch zu schulden, selig süß Bemühn!» Das nimmt sich der Interpret zu Herzen, greift mit gefühlten zwei Dritteln des Publikums zum Schnupftuch – und schwebt zu den einsetzenden C-Dur-Fanfaren der Bühnenmusik langsam auf die Erde zurück.

Genauer: auf die Festwiese vor den Toren Nürnbergs. Wie groß die Prozession ausfällt, in der Bühnenmusiker, Chor, Extrachor, Damen und Herren des Balletts, Statisten, bisweilen auch eine kostümierte Abordnung der Bühnentechnik, schließlich die Solisten aus der hoffnungslos überfüllten Opernkantine auf die Bühne ziehen, steht im Belieben der Intendanz. 100 bis 150 Menschen kommen jedenfalls schnell zusammen. 1933 gewann Heinz Tietjen in Bayreuth die Goldene Zitrone für groteske Massenszenen: Er bot fast 800 Sänger und Statisten auf! Sein trauriger Rekord ist danach zum Glück nie wieder in Gefahr geraten. Dafür erreichte er bei den «Kriegsfestspielen» 1944 in der Geschmacksnote den absoluten Nullpunkt der *Meistersinger*-Historie: Als Statisterie fungierten HJ, BDM und die SS-Standarte *Wiking* – in Uniform. Seitdem darf es schon als wohltuend gelten, wenn die Regie ein halbwegs erträgliches Kleinstadt-Schützenfest arrangiert. So oder so bleibt «die Festwiese», im Grunde ein eigener Akt, bis heute eine heikle Aufgabe für Dramaturgie, Regie, Bühnen- und Kostümbild. Es gilt, zugleich die Eisberge des Klamauks, des Pittoresken und des falschen Pathos zu umschiffen. Die trübe Rezeptionsgeschichte der *Meistersinger* als Reichs-Festoper sollte zumindest mitbedacht werden. Ferner gilt, dass auch

Text und Musik selbst nicht mehr durchgängig frei von Sprengfallen sind.

Nacheinander ziehen mit wehenden Fahnen und sinnbildlichen Gesängen die Zünfte der Schuster, Schneider und Bäcker ein. Es folgt eine Gruppe von Bauernmädchen aus Fürth, die der Nürnberger Legende zufolge zur Leichtlebigkeit neigen. Die Lehrbuben und David führen mit den Mädchen einen Wechseltanz auf, bei dem wiederum die Regie entscheidet, wie anzüglich er ausfällt. Zum erst leise einsetzenden, schließlich in voller güldener Pracht der Blechbläser erklingenden Leitmotiv des Vorspiels ziehen die Meistersinger ein.

Falls zuvor zu viele Fahnen auf die Bühne getragen wurden, zuckt jetzt jeder zusammen, der auch nur entfernt weiß, welch grauenhaften Unfug man mit der folgenden Szene in «völkischen» Inszenierungen getrieben hat: dem Choral, der mit einem überaus kraftvollen «Wach auf» beginnt – und nach dem das singende Volk Hans Sachs für heutige Hörer verstörend viele «Heils» darbringt. Dabei ist der Text völlig unverdächtig. Es handelt sich um die ersten acht Verse der *Wittenbergisch Nachtigal*, ein Spruchgedicht des historischen Hans Sachs von 1523 – und einer der frühesten nichttheologischen Texte, die sich für Martin Luther und die Reformation aussprechen. Auch der Choralsatz, dessen Motiv schon im Vorspiel zum dritten Akt so schön variiert wurde, sollte jedes Unbehagen zerstreuen, hier werde unter dem Banner der Kunst zu irgendwelchen «Erhebungen» aufgerufen.

Nach einer Ansprache von Sachs beginnt der Sängerwettstreit. Beckmesser ringt erkennbar mit dem fremden Text und findet auch keinen rechten Stand auf dem Sängerhügel. Das Volk hält die Werbung des respektablen Ratsherrn um die junge Eva eher für einen Witz. Wie zu erwarten, scheitert er an Stolzings Preislied, das er zu seinem schon in der Nacht dargebotenen Lautengeklimper vorträgt. Doch anders als viele meinen, ist sein Lied keine bare Unsinnspoesie. Vielmehr entstellt Wagner den Stolzing-Text quasi zur Kenntlichkeit. Da geht die Luft nicht von Blütenduft, sondern von «Blut und Duft», da werden nicht Wonnen ersonnen, sondern «bald gewonnen, wie zerronnen», nicht ein Garten lädt ein, sondern der Sänger selbst, und zwar «garstig und fein». Kein Wunder, dass der «Galgen» nicht weit ist.

Die Meistersinger, von denen schon bekannt ist, dass sie Probleme mit allzu komplexen Versen haben, erregen sich heftig über den «Unsinnswust». Doch Sachs erklärt ungerührt, das Lied sei schön, wenngleich «Freund Beckmesser» es «entstellt» und überdies zur falschen «Weise» vorgetragen habe. Er ruft Stolzing als «Zeugen» auf. Der trägt zur leicht polierten Melodie aus der zweiten Szene ein im Wesentlichen vollkommen neues Gedicht vor. Die noch etwas wabernden Motive des bislang bekannten Preisliedes werden darin sehr präzise zugespitzt. Auch darauf werden wir noch einmal zu sprechen kommen. Volk wie Meistersinger sind sich ausnahmsweise völlig einig: Das ist es! Doch Walther «will ohne Meister selig sein» und lehnt die Aufnahme in die Zunft ab.

Da platzt nun Sachs der Kragen – und nicht wenige Kenner der *Meistersinger* beginnen langsam, sich in ihren Sesseln zu krümmen: «Verachtet mir die Meister nicht und ehrt mir ihre Kunst», dröhnt der Schuster los. Sein kraftvolles Lob ihres Bemühens um Bewahrung und Pflege der Kunst klingt zunächst unproblematisch. Doch dann wird die Kunst plötzlich erst «deutsch und wahr», dann kommen jene gefürchteten Verse, die auf Vorschlag Cosima Wagners im endgültigen Libretto landeten:

Habt Acht! Uns drohen üble Streich': –
zerfällt erst deutsches Volk und Reich,
in falscher welscher Majestät
kein Fürst bald mehr sein Volk versteht;
und welschen Dunst mit welschem Tand

sie pflanzen uns ins deutsche Land.
Was deutsch und echt wüßt' keiner mehr,
lebt's nicht in deutscher Meister Ehr'.
(...) zerging' in Dunst das heil'ge röm'sche Reich,
uns bliebe gleich die heil'ge deutsche Kunst!

Die letzten Zeilen greift der gesamte Chor jubelnd auf. Immerhin, das letzte Wort hat nicht das «Reich», sondern die «Kunst». Da der Vorhang allerdings zu «Heil! Sachs!» fällt, kann das nicht jeden Zuschauer wirklich trösten. Sachs' Schlussansprache ist und bleibt interpretationsbedürftig. Und Deutung hier zu schulden ist auch nicht unbedingt ein «selig süß Bemühn». Dass das «heil'ge röm'sche Reich» gut 60 Jahre vor der Uraufführung der *Meistersinger* tatsächlich «in Dunst» aufgegangen war, dass die polemische Absetzung vom «Welschen» spätestens seit dem Barock in der deutschen Kunstphilosophie Tradition hat – beides ist zunächst eher ein schwacher Trost.

Wie ist das alles zu verstehen?

Ursprünglich hatte Wagner die *Meistersinger* als Satyrspiel zum *Tannhäuser* konzipiert. Im mittelalterlichen Sängerwettstreit auf der Wartburg gilt es, «der Liebe Wesen zu ergründen» – ein Experiment, bei dem sich der Titelheld durch ein offenes Bekenntnis zu seinen intimen Venuskontakten exkommuniziert. Sein sittenreiner Konkurrent Wolfram tut den strengen Geboten höfischer Minne dagegen Genüge, indem er dieselbe Göttin im ersten Akt als – fraglos sexuell konnotierten – «Wunderbronnen» preist und gegen Ende der Oper als holden Abendstern besingt. Das klingt sehr schön, aber eben auch etwas blutleer. Von praller Sinnenlust, wie sie Tannhäuser auf dem Venusberg erlebt hat, haben die anderen keinen Schimmer. Für Tannhäuser gilt dagegen das von Wagner im Zusammenhang mit dem *Lohengrin* formulierte Fazit, die Götter «thäten klüger, uns mit Offenbarungen zu verschonen». Fehlt im Venusberg des unsublimierten Eros doch die Voraussetzung, unter der Sterblichen die Erfahrung von Glück überhaupt nur möglich ist: Zeitlichkeit. Ohne Natur gibt es eben auch keine Triebnatur, ohne Begehren keine Lust. Und ohne Erwartung – das heißt ohne Entzug, Schmerz, Leiden – ist Erfüllung nicht möglich. Wer von den verbotenen Früchten kostet, steht folglich am Ende nicht besser da als jene, die ihren Eros durch Kunst (Wolfram), Tugendkult (Walther von der Vogelweide) oder Kampf (Biterolf) sublimieren.

Kämen in der Gestalt der von Tannhäuser umworbenen Elisabeth, der Nichte des Landgrafen Hermann, niedere und höhere Minne, Eros (Trieb) und Agape (Liebe), zur Versöhnung, dann schiene irdische Erlösung vom Triebstau immerhin denkbar. Doch ihre Apotheose als einer Art zweiter Jungfrau Maria verschiebt den Konflikt erneut in die Unendlichkeit. Tannhäuser pilgert vergeblich nach Rom, um vom Papst Vergebung seiner Sünden zu erflehen. Gott allein kann Tannhäuser vergeben. Doch ob sein Erbarmen «Spott» ist oder nicht, können wir nur mutmaßen. Was wir am Ende der Oper sehen, ist ein *Zeichen* für die Erlösung des sündigen Sängers: den ergrünten Bischofsstab. Jedoch ist die Beziehung von Zeichen und Bezeichnetem willkürlich. Sie bedarf der Deutung.

Johannes der Täufer und die zwölf Apostel des Meistersangs

In den *Meistersingern* holt Wagner diesen Konflikt von den mythischen Höhen des Hörselbergs und der feudalen Wartburg des 13. Jahrhunderts auf den Boden der frühbürgerlichen Nürnberger Gesellschaft herunter. Abermals geht es darum, was wahre Kunst ist. Abermals wählen die Sänger zur Klärung dieser Frage keinen «heiligen Stoff», sondern «was heilig mir, der Liebe Panier». Als Preisgeld winkt keine heilige Elisabeth, sondern die Tochter des reichen Goldschmieds nebst satter Mitgift. Die aber führt die Erbsünde schon im Namen. Beizugesellen wäre ihr folglich ein Adam, mit dem zusammen sie alsbald aus dem Paradies zu vertreiben wäre. Es sei denn, man ließe das Wort in Franken abermals Fleisch und damit Nürnberg die Offenbarung zuteilwerden. Doch Christi Wiederkehr als Komödie? So dick wollte dann nicht mal ein Wagner auftragen. *Das Liebesmahl der Apostel*, sein gigantomanisches Chorstück von 1843, blieb des Meisters einziges geistliches Werk. Die Vertonung seines Dramenentwurfs *Jesus von Nazareth* (1849) lehnte er stets als geschmacklos ab.

Ersichtlich keine Probleme hatte er dagegen, «Christs Vorläufer» auf die Bretter zu schicken: Johannes den Täufer. Schon mit dem Datum der Handlung, dessen Geburtsfest, stellt Wagner unmissverständlich klar, dass die *Meistersinger*, wenn schon kein travestiertes Passionsspiel, so doch ein in jedem Wortsinne protestantisches Hochfest feiern. Nürnberg hatte sich früh, 1529, als protestantisch erklärt. Die Reformatoren hatten jedoch nicht alle katholischen Heiligenfeste kassiert. Weniger streng als Luther, bewahrte etwa Melanchthon in seinem Festkanon neben den Herrenfesten drei Marientage, ferner Johannis, Michaelis, Maria Magdalena und die Aposteltage. In Wagners Nürnberg wird zudem gegen die Gebote einer erstarrten Kunstreligion protestiert. Die Frage ist, ob in oder mit den *Meistersingern von Nürnberg* zugleich eine neue gestiftet werden soll.

Dass Hans Sachs ein Wiedergänger des Täufers ist, biegt uns der «Fanatiker in Sachen Deutlichkeit» (Sven Friedrich) aber nicht nur kalendarisch, sondern gleich mehrfach *expressis verbis* bei. In der dritten Szene des ersten Aufzugs lässt Wagner Sachs kaum verhohlen auf eine Stelle der *Offenbarung* des Johannes anspielen (1,7: «Siehe, er kommt mit den Wolken, und es werden ihn sehen alle Augen und die ihn zerstochen haben.») – das werte Kollegium möge sich doch ab und an «herab aus hoher Meisterwolk'» ans Volk wenden. Die hier und später mehrfach zitierte Sachs'sche Wendung vom «Blühen und Wachsen» wiederum spielt auf Kapitel 3,30 des Johannes-Evangeliums an: «Er muss wachsen, ich aber muss abnehmen.» Und damit auf diejenige Stelle, aus der die Besetzung der Sommersonnenwende mit einem christlichen Hochfest theologisch hergeleitet wurde. Letzte Zweifel beseitigt David mit seinem «Sprüchlein» zu Beginn des dritten Aufzugs. So dass der neue Täufer vor dem Gang zur Festwiese denn auch tatsächlich tauft – nur eben nicht den Herrn, sondern eine «selige Morgentraum-Deutweise».

Die Namen seiner Meistersinger hatte Wagner in Johann Christoph Wagenseils *Von der Meister-Singer holdseligen Kunst* gefunden. Doch dass es in den *Meistersingern* genau ein Dutzend ist, entspringt seinem Kalkül, uns auf lustige Wiedergänger der zwölf Apostel treffen zu lassen. Dabei kommt Wagner die historische Meistersinger-Tradition immerhin zu Hilfe: Dort wurden die «Zwölf alten Meister» des Minnesangs als Vorbilder verehrt. Zieht man den Täufer Sachs nun wieder ab, scheint sich in der Katharinenkirche allerdings nur ein Elferrat zu versammeln. Die Erklärung der Lücke liefert Wagner sofort: der verlorene Apostel, Niklaus Vogel, «ist krank» – und wird auch bis zum Ende der Oper nicht genesen. So kann später sein Platz durch Stolzing eingenommen werden. Dessen Nachname ist übrigens ein ganz weltliches Wortspiel: Wagner erweist damit dem Komponisten Albert Lortzing seine Reverenz.

Stammhalter Stolzing

Dass der Junker nicht vorrangig als Kunstfreund nach Nürnberg gekommen ist, erfahren wir in der Exposition. Der Goldschmied war dem klammen Adligen, der überdies «seines

Stammes letzter Sproß» ist, beim Verkauf eines Gutes behilflich. Kaum im Hause Pogner, verliebt er sich natürlich in dessen «einzig Kind». Ein Schwiegersohn mit «von» im Namen wäre dem reichen Bürger nur recht. Doch heißblütige Landadlige verführen «wohl Töchter zum Abenteuer», führen diese anschließend aber eher selten zum Traualtar. So dass alles auf einen erneuten Sündenfall Evas deutet, nachdem der Junker erste Kostproben von seinem «Dicht'- und Liebesfeuer» gegeben hat. Nicht von ungefähr willigt sie ohne Umstände in dessen Fluchtplan ein. Und als er die Meisterehren zurückweisen will, irritiert selbst das Eva nicht sonderlich.

Der Goldschmied braucht allerdings nicht nur dringend einen Erben. Er ist überdies «des bittren Tadels (...) satt, daß nur auf Schacher und Geld sein Merk der Bürger stellt». Man darf davon ausgehen, dass er diesen Tadel nicht nur allgemein, sondern auch selbst öfter zu hören bekommt. Lassen sich also zwei Fliegen mit einer Klappe schlagen? Die großbürgerliche Dynastie sichern – und der Welt beweisen, dass es dem von Gott zum reichen Mann Geschaffenen nicht um den schnöden Mammon, sondern um die Kunst geht? Bislang, so dürfen wir seiner Rede entnehmen, hat sich Pogner mit der Reinform bürgerlichen Kultursponsorings begnügt und Geldpreise ausgelobt. Dass er nunmehr die Hand der Tochter in Aussicht stellt, ist freilich mehr als eine reine Überbietungsgeste. Zu den Voraussetzungen seines Plans gehört ja die Feststellung, dass die bürgerlichen Meistersinger «im weiten deutschen Reich / die Kunst einzig noch pflegen», wogegen der Adel den alten Minnesang aufgegeben habe. Mithin darf der Zuschauer Pogners Freude über Stolzings Bewerbung («Glaubt, wie mich's freut! / Die alte Zeit dünkt mich erneut») durchaus auch dahingehend verstehen, dass die bürgerliche Traditionspflege durch einen Zunftbeitritt des Junkers, seinen möglichen Sieg beim Wettsingen und seine nachfolgende Einheirat in jedem Wortsinne geadelt würde.

Doch vorderhand muss Pogner von einem Sieg Beckmessers ausgehen, der innerhalb der Zunft keine ernst zu nehmenden Rivalen hat. Auch dieser Sieg wäre ihm durchaus recht: «Seid meiner Treue wohl versehen, / was ich bestimmt, ist euch zu nutz.» Denn der Stadtschreiber ist zugleich Ratsmitglied, wäre also nach Nürnberger Verfassung Mitglied einer patrizischen Familie. Allein, was nützt das, wenn die Tochter den reifen Junggesellen verschmäht? Für einen Adligen, der politische, pekuniäre und romantische Rücksichten routiniert zu trennen weiß, wäre eine derartige Zwangsverheiratung unproblematisch gewesen. Doch Pogner, der hier eher wie ein Bürger des 19. Jahrhunderts denkt, weiß, dass man «der Tochter Wunsch nicht zwingen» kann. Für jemanden, der auf der Suche nach einem Stammhalter ist, zieht er aus dieser Einsicht nun allerdings eine sehr seltsame Konsequenz: Sollte Eva den Preisträger ablehnen, darf sie «nie einen andren begehren».

Damit freilich ginge das Haus Pogner nicht nur ebenso unter wie das Haus Stolzing. Vielmehr endete die Tochter als *virgo inter virgines* in einem Stand, den die Reformation gerade abgeschafft hatte – als Nonne. Ihre eigene Amme, die von Sünde gewisslich nicht freie Maria Magdalena, würde dagegen alsbald Mutter eines Kindes aus dem Hause David. Und das ist in Wagners an Pointen überreichem Libretto nun wieder genau jene Rolle, in die sich Eva selbst hineinträumt. Wagner lässt sie in Stolzing einen «David im Bild» erkennen, «wie ihn uns Meister Dürer gemalt» – ein Werk, das Wagner dem berühmten Nürnberger Künstler allerdings nur andichtet.

Aus dem beschriebenen Wirrwarr sollte eines deutlich werden: Sowohl die Sukzessionsprobleme des apostolischen Hauses Pogner im Besonderen wie die der Meistersingerkunst im Allgemeinen hängen davon ab, dass ein Erwählter sich einfindet, der die Kunst erneuern und die Liebe der bislang noch reinen Jungfrau gewinnen kann.

Will dieser neue Adam ohne Sünde zu seiner Eva kommen,

hat er ein Problem: Er muss in den sauren Apfel am Nürnberger Baum der Erkenntnis des Kunstschönen beißen. Nichts deutet darauf hin, dass Stolzing sich ohne Eva sonderlich für Dichtkunst und Gesang begeistern würde. Doch da die Jungfer ohne Meisterehren nicht zu haben ist, tut es der Junker zunächst seinem Erfinder gleich, der als Sechzehnjähriger mithilfe eines Lehrbuches binnen vier Wochen das Komponieren zu erlernen versuchte. Nach Davids vergeblichem Schnellkurs muss Stolzing bei den Meistern – notgedrungen, aber eben auch als waschechter Romantiker – auf Genie statt auf Handwerk setzen.

Zunächst scheint der Aspirant schnell begriffen zu haben. Die Fragen Meister Kothners nach Familienstand und Ausbildung beantwortet er nicht nur in vollkommen regelgerechten «art'gen Stollen», er beruft sich zudem, ganz nach Meistersinger-Tradition, auf einen kanonisierten «alten Meister». Mehr noch, mit dem Namensvetter Walther von der Vogelweide wählt er ausgerechnet den Tugendbold aus dem *Tannhäuser* zum Vorbild. Und bevor er zur offiziellen Talentprobe auf den «Singstuhl» steigt, stellt er sogar noch einen perfekten «Abgesang», in dem er «Buch und Hain» – Kunstschönes und Naturschönes – zu den Inspirationsquellen seiner Westentaschen-Ästhetik erklärt.

«Parnaß und Paradies»

Während der Junker anfangs alles richtig macht und keineswegs «fehl am Ort» wirkt, treiben ihn Genie und Liebesfeuer beim verlangten Meisterlied dann allerdings recht weit von Regel und Tabulatur weg. Könnte man bei Versmaß und Reim seines Vortrags noch so eben fünfe gerade sein lassen, ist Walther bei Strophenform und «Melodei» mehr als frei. Vor allem aber hallt, schwallt, wallt und wühlt es in seinem Text mit solcher «Allgewalt», dass der an den Gesetzen der klassischen Rhetorik geschulte Beckmesser gar nicht anders kann, als auf «blinde Meinung» zu klagen. Mit einem Wort: Keiner versteht, was der Dichter eigentlich sagen will. Wagner dokumentiert hier seine häufig übersehene Fähigkeit zur Selbstironie: Er treibt die Metaphorik sinnlicher Selbstsuggestion aus Isoldes Schlussgesang («In des Wonnemeeres wogendem Schwall, in der Duft-Wellen tönendem Schall, in des Welt-Athems wehendem All – ertrinken – versinken») an die Grenzen des Komischen, indem er sie eben nicht in die kühne Chromatik des *Tristan*, sondern in ein ziemlich konventionelles harmonisches Gewand kleidet. So dass weder Sachsens Anlauf zur künstlerischen Verteidigung («neu, doch nicht verwirrt») noch sein Vorhalt, der Merker schmähe bloß den «Nebenbuhler», verhindern können, dass der Junker mit Karacho durch die Prüfung fällt. Und dass der sich darob «aus der Städte Gruft (...) zum heim'schen Hügel» (dem Venushügel?) zurücksehnt.

Dass wir es hier nicht mit banalem Künstlerpech, sondern mit einem – wenngleich ironisch verkehrten – heilsgeschichtlichen Drama zu tun haben, wird dem aufmerksamen Zuhörer im zweiten Aufzug mit einem Feuerwerk mehr oder minder offener Anspielungen nahegelegt. Während die Lehrbuben vom Johannistag vornehmlich «Geschlamb' und Geschlumpfer» erwarten, weiß Magdalene sogleich, was die Stunde geschlagen hat: «Hilf Gott! – Unser Junker vertan!» Meister Pogner sieht im lieblich linden Abend ein Zeichen, «das deutet auf den schönsten Tag, / der morgen soll erscheinen». Damit die Hörer das ja nicht bloß redensartlich nehmen, gibt Tochter Eva den ultimativen Wink: Auf «Meister deiner Wahl» reimt sie «zum Abendmahl» – und verknüpft damit explizit das mittsommerliche Täuferfest mit dem österlichen Heilsgeschehen.

Voller biblischer Anspielungen steckt auch der folgende «Fliedermonolog». Vordergründig beklagt Sachs hierin, dass er die neuartigen Regeln nicht versteht, dank derer Stolzings Lied ihm am Morgen so außerordentlich gefallen hat. Dass er sich selbst als «gar ein arm einfältig' Mann» bezeichnet, verweist auf die erste Seligpreisung der Bergpredigt («Selig sind, die da geistlich arm sind; denn ihrer ist das Himmelreich.» – *Matthäus* 5,3). Als solchermaßen Seliger bekennt Sachs sodann: «Ich fühl's und kann's nicht verstehn – / kann's nicht behalten, – doch auch nicht vergessen / und fass' ich es ganz, kann ich's nicht messen.» Eine Formulierung, die ausgerechnet auf Jesu Predigt vom Keuschheitsgelübde in *Matthäus* 19,12 anspielt: «Nicht alle fassen dieses Wort, sondern nur die, denen es gegeben ist. (...) Wer es fassen kann, der fasse es!» Sachs' Formulierung «Es klang so alt, – und war doch so neu» spielt ersichtlich mit der Topologie von Altem und Neuem Testament. Indem Sachs allen «wahnbetört(en)» Anhängern Stolzings «Spott und Schmach» prophezeit, verweist Wagner ironisch auf das Pfingstwunder in der *Apostelgeschichte* 4–12: «Und sie wurden alle vom heiligen Geist erfüllt und fingen an in andern Zungen zu reden, wie der Geist es ihnen auszusprechen gab. (...) Da aber dieses Getöse entstand, kam die Menge zusammen und wurde bestürzt; (...) Andere aber spotteten und sprachen: Sie sind voll süßen Weines!» Schließlich: Dass «wer als Meister geboren (...) unter Meistern den schlimmsten Stand» habe, formuliert eines der bekanntesten Jesusworte überhaupt um, demzufolge der Prophet «nirgends weniger als in seinem Vaterland und in seinem Hause» gelte (*Matthäus* 13,57).

Während Sachs' Schusterlied mit melancholischem Witz die Notwendigkeit seines Handwerks mit Evas «Missetat» und Adams «übler Schwäch'» in Verbindung bringt, ergo eine zwar heitere, aber eben auch konventionelle Sicht des Sündenfalls vorträgt, schreibt Stolzing in der ersten Fassung seines Preisliedes den Mythos dieses Verlustes zu einer Geschichte der Erfüllung um. Sein Traum ist keine Vertreibung, sondern eine *Einladung* ins Paradies: «... voll aller Wonnen / nie ersonnen / ein Garten lud mich ein». Am Baume dieses Gartens hängen aber nicht etwa die verbotenen Früchte der Erkenntnis. «Dem Verlangen» offeriert sich vielmehr die «Frucht so hold und wert vom Lebensbaum» – also jene Frucht voll «heilsaft'ge(r) Wucht», deren Verzehr die Vertreibung aus dem Paradies gerade verhindern sollte. Evas Hand umfasst dafür «sanft meinen Leib», dementiert also den paradiesischen Schrecken der Erkenntnis, dass man nackt sei. Die zweite Strophe von Stolzings Lied verknüpft die Leben spendende Liebeserfüllung sodann mit dem rauschenden Quell poetischer Inspiration und mit dem Lorbeer poetischer Gratifikation.

Die Endfassung des Preisliedes deutet diese Metaphorik schließlich mit bündiger Eindeutigkeit: des Liebestraumes «höchste(s) Lustverlangen» erfüllt «das schönste Weib: Eva – im Paradies». Wogegen sich der Dichtertraum erfüllt, indem «das hehrste Weib, die Muse des Parnaß» den Dichter mit dem «edlen Naß» der Quelle poetischer Eingebung netzt. So öffnet «das Paradies in himmlisch neu verklärter Pracht» seine versperrte Pforte. Die neue Eva der *Meistersinger* ist die ersehnte lauffähige Version des im *Tannhäuser* abgestürzten Elisabeth-Programms: die Synthese von Eros und Agape, «Parnaß und Paradies». Zugleich versöhnt die Verknüpfung des antiken Musenhains mit dem Garten Eden die zentralen geographischen Topoi der griechischen Mythologie und der jüdisch-christlichen Tradition: Athen und Jerusalem. Das ist seltsam. In einer beinahe banalen Arie soll sich die Heilsgeschichte erfüllen?

Sachs' «Wahn» und Beckmessers Wahrheit

Würde man mit Google ausschließlich Wagners Werke durchsuchen, «Wahn» und «wähnen» stünden auf der Trefferliste weit oben. Doch während wir heute bei «Wahn» an Wahnsinn und Wahnvorstellungen denken, an krankhafte Einbildungen abseits jeder Realität, ist Wagner die Etymologie des Wortes noch ganz präsent. Nicht umsonst ziert den Eingang seiner Bayreuther Villa das Motto: «Hier wo mein Wähnen Frieden fand – Wahnfried – sei dieses Haus von mir benannt.» Das althochdeutsche Wort *wân* bedeutet «Hoffnung, Erwartung». Erst viel später fiel es durch Lautdehnung des mittelhochdeutschen *wan* (leer, mangelhaft) mit letzterem Wort zusammen. Mischbedeutungen im Sinne eines «leeren» Hoffens leiteten zum «eitlen Wahn», schließlich zum «Wahnsinn» im heutigen Sinne über.

Sieht also Sachs «Wahn! Wahn! Überall Wahn!» am Werk, dann meint Wagner ein Hoffen und Streben, das sich bisweilen, aber nicht ausschließlich auf Erreichbares und sinnvollerweise Wünschbares richtet. Noch weniger, dass der Mensch in der Wahl der Mittel, das Erhoffte zu erlangen, sich als besonders umsichtig erwiese. So dass in der Tat «gar bis auf's Blut / die Leut' sich quälen und schinden / in unnütz toller Wuth». Und dass der Mensch «sich wühlt ins eigne Fleisch» und dabei «wähnt Lust sich zu erzeigen». Wahre Liebe und wahre Kunst sind im Rennen um irregeleitete Erwartungen selbstredend Spitzenkandidaten. Gelingen beide doch «selten vor gemeinen Dingen, und nie ohn' ein'gen Wahn» im nunmehr doppelten Sinne des Wortes.

So vermag die Serenade eines verliebten Intellektuellen urplötzlich alle Ressentiments, Rachegelüste und Rohheiten freizusetzen, welche ehrbare Bürger ansonsten im Reich der Träume abarbeiten müssten. Es ist derselbe «Wahn», der Nürnbergs nächtlichen Gewaltausbruch, Evas und Stolzings Liebessehnsucht und Pogners, Sachs' und Wagners Traum vom wahrhaft populären Kunstwerk der Zukunft befeuert.

Damit sind wir bei der Rolle des sehr speziellen Apostels Sixtus Beckmesser. Der Figur hängt ja der hartnäckige Verdacht an, Wagner habe mit ihm bewusst eine «Judenkarikatur» (Adorno) zeichnen wollen. Hintergrund: Der Musikkritiker

Eduard Hanslick, der Wagners ästhetische Konzeption seit Mitte der fünfziger Jahre zunehmend scharf kritisiert hatte, stammte mütterlicherseits aus einer prominenten Wiener jüdischen Familie. Im zweiten Prosaentwurf der *Meistersinger* gab Wagner dem Stadtschreiber 1862 erst den Namen «Hans Lick», dann «Veit Hanslich». Wahr ist leider auch: Der Meister hatte nicht nur einen fatalen Hang zu persönlicher Gehässigkeit, er war unbestreitbar Antisemit. Doch die Figur, an der Wagner beides angeblich ausließ, war in allen wesentlichen Zügen schon 1845 angelegt. Die Tinte der ersten Prosaskizze war noch nass, als er mit dem jungen Hanslick in Marienbad einen erklärten Bewunderer von *Rienzi*, *Holländer* und *Tannhäuser* kennenlernte. Mit philologischer Strenge hat Dieter Borchmeyer 1996 zudem die Vermutung widerlegt, Beckmesser sei als «Jude im Dorn» direkt aus den *Kinder- und Hausmärchen* der Brüder Grimm in die *Meistersinger* gehüpft.

Dass er gleichwohl der Judas Ischariot unter den Nürnberger Aposteln ist, stellt die sixtinische Version des Preisliedes unzweifelhaft klar, wenn auch mit einigen ebenso hintersinnig wie lustvoll arrangierten Verschiebungen. Nicht der Erlöser holt Beckmesser nämlich von der «luft'ge(n) Steige» der Himmelsleiter, sondern «der Verlanger». Dass er sich im gleichen Atemzug vom «Garten» Gethsemane erst an den «Pranger» und dann an einen «Baum» phantasiert, hat dafür wenig mit Sünde, Schuld oder Verrat zu tun, wohl aber mit besagter «von Blut und Duft» geschwängerter Luft. Eine Gesellschaft, die wenige Stunden zuvor noch die Fäuste hat fliegen lassen, bekräftigt Beckmessers protodadaistische Lyrik daher mit dumpfer Prosa: «Bald hängt er am Galgen! Man sieht ihn schon!» Da ist es alles andere als beckmesserisch, wenn dieser kontert: «Heimlich mir graut, weil es hier munter will hergehn».

Doch wir wohnen, wie gesagt, keinem Passionsspiel bei. Judas erhängt sich nicht selbst, er «verliert sich unter dem Volk». Er bleibt auf immer ein unverzichtbarer Zeitgenosse.

Und nicht ein neuer Christus, sondern lediglich ein Lied, das «Freund Beckmesser» genial «entstellt» hat, muss nunmehr «gerechte Richter» finden. Dass dieses Wunder am Ende gelingt, verdankt sich allerdings weniger den objektiven musikalischen oder poetischen Qualitäten von Stolzings Preislied – das doch sehr nach veredeltem Volkslied klingt. Adams erneut erfolgreiches Werben um Eva *und* um einen Platz unter den Aposteln deutet auch nicht darauf hin, dass es den Liebenden sehr viel anders gehen wird als uns. «Viel Not und Sorg im Leben, manch eh'lich Glück daneben, Kindtauf', Geschäfte, Zwist und Streit» – all das kann oder wird künftig auch das Haus Stolzing-Pogner streifen. Weshalb sich «von Lebensmüh' bedrängte Geister» stets «ein Bildnis» ihres Hoffens und Strebens schaffen müssen. Doch das Kunstwerk, das den «Wahn» im Hegel'schen Sinne «aufhebt» ist nicht Stolzings heilsgeschichtlicher Schlager. Es sind die *Meistersinger* selbst – die freilich ein glasklares Bewusstsein davon haben, dass derlei Erfüllung kein Alltags-, sondern ein Festtagsgeschehen ist. Und zwar – wir sind in der Oper, *nicht* in der Kirche – ohne Anspruch auf Gelingen!

7.
«Altmodisch bis provinziell, des war's!»

Von den Begleiterscheinungen des Wagner-Opernbesuchs

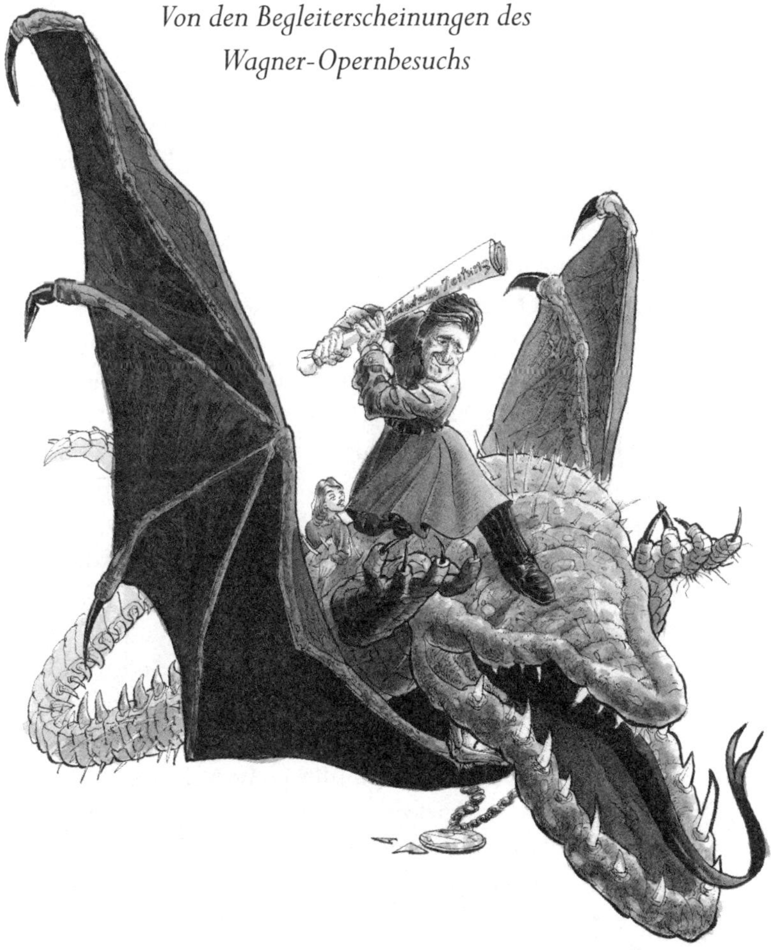

Der Filmregisseur Helmut Dietl erlebte seinen ersten großen Erfolg in den frühen 80er Jahren mit der Fernsehserie *Monaco Franze*. Die Idee der Kultserie, an der unter anderem auch der Schriftsteller Patrick Süskind feilte, war im Prinzip simpel: Der Titelheld Monaco Franze ist ein Münchener Kriminalkommissar aus einfachen Verhältnissen, der mit Annette, einer Frau aus der ‹besseren Gesellschaft› verheiratet ist. Die kulturelle Kluft zwischen den ungleichen Ehepartnern birgt Konflikt- und vor allem hohes Komikpotential. Zumal der bodenständige, aber auch charmant schlitzohrige Stenz seinen Mangel an bildungsbürgerlichem Hintergrund mit einem ausgeprägten Hang zum *dolce vita* kompensiert.

Nicht zufällig kreist die erste Folge der Serie um einen gemeinsamen Opernbesuch. Und zwar ausgerechnet um eine Premiere von Wagners *Walküre* in der Münchener Staatsoper, die das Ehepaar gemeinsam mit Annettes kulturbeflissenen Freunden erlebt. Das dramaturgische Kalkül Dietls ist offensichtlich: Mit keiner anderen gesellschaftlichen Situation konnte der Regisseur den ‹Standesunterschied› der Eheleute und die Reibung zwischen dem Bonvivant und selbstgewissen, betulichen Bildungsbürgern plastischer herausstellen als mit dem Besuch einer Wagner-Premiere. Auch heute noch gilt nicht nur innerhalb der sogenannten bildungsfernen Schichten das Vorurteil, dass eine Wagner-Aufführung der Inbegriff des Elitären, des hermetisch Abgeschirmten ist. Und dass der Unkundige, nicht Eingeweihte damit eine eigene Welt betritt. Er riskiert, als Außenseiter erkannt und unbarmherzig ausgegrenzt zu werden. Dietl macht sich also dieses Vorurteil zunutze, um damit seinen ‹Helden› als unkonventionellen, schrägen Vogel ein- und die steifen Herrschaften zugleich vorzuführen. Nebenher arbeitet er sich an allen Klischees der Kulturtechnik Oper und ihren rituellen Begleiterscheinungen ab.

Monaco Franze hat natürlich keine Ahnung von der Oper und schon gar nicht von Wagner, weshalb er dem im Anschluss geplanten gemeinsamen Restaurantbesuch mit Schrecken entgegensieht. Dessen ungeachtet, wagt er im Lokal die offene Konfrontation mit dem Wortführer Dr. Schönfärber – *nomen est omen* – und geißelt die Aufführung als «altmodisch bis provinziell», den Dirigenten als «uninspiriert und lahm» und die Sängerin der Brünnhilde gar als «indisponiert». Im Nu ist ein lautstarker Streit im Gange. Der selbsternannte Opernkenner Dr. Schönfärber beschimpft Monaco als «frech und präpotent» und verwahrt sich im Namen der illustren Tischgesellschaft dagegen, die angebliche «Sternstunde» derart zu entweihen. Bevor es zum handfesten Gerangel kommt, verlässt das ungleiche Ehepaar das Restaurant. Vor der Tür kreuzt ein Verkäufer der *Süddeutschen Zeitung* ihren Weg, Monaco erwirbt ein Exemplar und schlägt scheinbar neugierig die Kurzkritik der Premiere auf. Genüsslich liest er seiner verärgerten Gattin die niederschmetternden Zeilen des als Institution geltenden (fiktiven) Opernkritikers Hans Böttner-Salm vor, die wundersamerweise wörtlich dem entsprechen, was Monaco kurz zuvor provozierend in die Runde geworfen hatte. Annette reißt ihm das Blatt aus den Händen, um ins Lokal zurückzukehren und es dem «Schwätzer» Dr. Schönfärber endlich mal so richtig zu zeigen. Des Rätsels Lösung: Monaco hatte nach der Aufführung den Kritiker abgefangen und ihn vorab um sein unbestechliches Urteil gebeten.

Wider die Angst vor dem Betreten des Musentempels: Die Ent-Ritualisierung eines Rituals

Auch wenn sich seit den frühen achtziger Jahren des vorigen Jahrhunderts die Etikette beim Opernbesuch merklich gelockert hat, gibt es sie für den Novizen immer noch: Die sogenannte ‹Schwellenangst›, jenes abschreckende Moment, das den potentiellen Kulturteilhaber daran hindert, in die Oper oder auch ins Museum zu gehen. Die ‹Schwellenangst› hat sich in den letzten Jahren zu einem Schlüsselwort gemausert für beinahe alles, was mit ‹Hochkultur› zu tun hat. Kulturpolitiker und Kritiker, aber auch die Kulturschaffenden selbst glauben in ihr das zentrale Problem der Kulturinstitutionen und deren mangelnder Zukunftsfähigkeit endlich diagnostiziert zu haben. Seither lautet die Zauberformel ‹Kulturvermittlung›. Mit der Absicht, die besagte Schwelle zu senken oder am besten ganz einzuebnen. Theaterpädagogen, Dramaturgen sowie Presse- und Marketingabteilungen arbeiten seitdem mit Hochdruck an ganzen Paketen der Vermittlung. Die Zahl der Einführungs- und Informationsveranstaltungen ist ebenso explosionsartig angestiegen wie die personelle Ausstattung der entsprechenden Abteilungen in den Opernhäusern, Theatern und Museen. Theaterpädagogen schwärmen in die Schulen aus, Musiker bieten Workshops an, Kinderopern sind zum wichtigen Bestandteil der Spielpläne geworden und allerorten werden neue Darreichungsformen der angeblich so schwer verdaulichen Formate ausprobiert. Das Angebot reicht von der häppchenweise gebotenen Dosis mittels moderierter Probenbesuche bis hin zur circensischen ‹Eventisierung› in Form von ‹Public Viewing›. Es umfasst Backstage-Führungen, die so manche Theaterillusion zum Platzen bringen, und Versuche, die einst so fern gerückten Bühnenkünstler greifbar zu machen. Die Marketing-Abteilungen brüten über neuen Präsentationsformen der guten alten Oper, die Theaterpädagogen basteln an vereinfachten Fassungen komplizierter Inhalte und die Druckereien und Webseiten-Programmierer spucken pausenlos neue Flyer und Teaser mit besonderen Paket-Offerten aus, gerne mit kulinarischer Begleitnote. Da wird dann etwa eine Rossini-Oper mit Pasta in der Pause und Begrüßungs-Aperol annonciert oder ein Vorstellungsbesuch mit anschließendem Sektempfang und Künstlergespräch.

Der Phantasie der Vermittler sind beinahe keine Grenzen gesetzt. Man kämpft mit vereinten Kräften gegen den Vorwurf des Elitären, allzu Intellektuellen, indem man das Kulinarische betont und den Kontakt zum Publikum sucht. Selbst die Fundraiser der großen Häuser buhlen um Förderer und Sponsoren nicht mit besonderem Anspruch, sondern mit besonderen Privilegien, die den zahlenden Gönnern die intime Nähe zu den Machern und Künstlern garantieren. Mit dem Effekt, dass manche Manager in Spendierhosen erst auf den zweiten Blick erkennen, ob sie gerade in der VIP-Loge einer Staatsoper oder einer Bundesliga-Arena gelandet sind. Das begehrte junge Publikum versucht man indes mit coolen Plakatmotiven anzusprechen, oder man holt sich gleich die Hiphop-Jugend ins Haus, wie an der Oper in Lyon.

Manche dieser emsigen Bemühungen riechen verdächtig nach Anbiederung, gezielter Unterforderung, mitunter einfach nach Verdummung. Denn ob das konsequente Absenken der bösen Schwelle auf die Dauer wirklich nachhaltig ist und ob es sinnvoll ist, den Hipstern die Mogelpackung eines Opernabends als Chill-out-Alternative zu verkaufen, sei dahingestellt.

Die neue Betonung des Kulinarischen kann durchaus auch als Wiederbelebung einstiger feudaler Seh- und Konsumgewohnheiten gedeutet werden, was im Genre der Oper eben immer auch schon angelegt war. Gegen einen Abbau bildungsbürgerlichen Dünkels und damit einhergehender Rituale ist im Prinzip wenig einzuwenden. Dennoch fragt man sich oft, ob die Vermittler nicht das Kind mit dem Bade ausschütten, wenn sie der Oper mit dem Vorkauen und Portionieren ihrer Zumutungen im Grunde das Wesentliche, ja den Sex-Appeal nehmen? Besteht nicht einer der Reize des Musiktheaters gerade darin, dass man eben nicht alles auf Anhieb durchschaut?

Die Immunität des Gesamtkunstwerks

Erstaunlich ist, dass sich im Ringen gerade mit dem Werk Richard Wagners die Waffen der Vermittlungsindustrie nach wie vor als merkwürdig stumpf erweisen. Gegen die meisten Formen der mundgerechten Portionierung scheint Wagners Werk immun. Gewiss: Es gibt beziehungsweise gab auch in Bayreuth ‹Public Viewing›, es gibt die *Meistersinger* in einer Kinderfassung. Und seit Menschengedenken gibt es in Bayreuth legendäre Einführungsveranstaltungen – wenn auch mit stolzem Bildungsanspruch. Dennoch: Wagner-Aufführungen werden im Allgemeinen immer noch ‹pur› genossen, man isst dazu weder Sushi noch Finger-Food. Und die Kinder lässt man besser zuhause.

Dass bei Wagner die Vermittler mit gebremstem Furor unterwegs sind, hat zwei Gründe: Erstens eignet sich Wagners Werk nicht dazu, verhackstückt zu werden, denn aus den durchkomponierten Partituren lassen sich Highlights, sprich einzelne Arien oder Orchesterstücke nur mühsam und dann auch nur unter Verlusten herausoperieren. Zweitens widersetzt Wagner sich schon kraft seines ästhetischen Konzepts den Zeremonien der großen, repräsentativen und kulinarisch zugerichteten Oper, obwohl seine monumentalen Werke an Aufwand kaum zu überbieten sind.

Dieser Widerspruch war von Wagner durchaus intendiert. Als Kapellmeister kannte er den Repertoirebetrieb und die gesellschaftlichen Rituale rund um die Metropolen-Theater nur zu gut. In Paris fiel sein *Tannhäuser* durch, weil der Komponist den Herren vom Jockey-Club eben nicht den Gefallen tat, das obligatorische Ballett an der üblichen Stelle einzufügen – damit die einflussreichen Herren sich um diese Einlage herum mit den Damen der Compagnie vergnügen konnten. Er wusste um die Eitelkeiten des Repräsentationsbetriebs und um die Vergnügungssucht eines betuchten Publikums, das den Opernbesuch lediglich als Auftaktveranstaltung zu einem ausgedehnten Diner verstand. Wagner verabscheute gleichermaßen, dass in den Opernhäusern nur auf Effekt hingearbeitet wurde und die Qualität litt, dass das satte Publikum vor allem nach Sänger-Sensationen und Opulenz gierte. Seine Klagen über diese Zustände füllen Bände.

Wagner wünschte sich im Grunde eine Oper ohne Oper. Deshalb ging er ganz bewusst nach Bayreuth, aufs platte Land, weit abseits des großen gesellschaftlichen Parketts und jenseits der Schludereien des Repertoirebetriebs. In Bayreuth sollte sich das Publikum dem Eindruck seiner Werke ohne Ablenkung widmen, wie sich auch die Künstler ganz auf die Erarbeitung und Ausfuhrung konzentrieren können sollten. Bayreuth war das erste Opernhaus, das sich ganz verdunkeln ließ. Das Sehen sollte sein, doch den gleichzeitigen Zeitvertreib des Gesehenwerdens während der Vorstellung schloss er damit bewusst aus – ebenso wie das Klappen der Logentüren, die es in Bayreuth nicht gibt. Das einschlägige *da capo* der konventionellen Oper hatte Wagner durch seine Kompositionsweise ohnehin unmöglich gemacht.

Vom großbürgerlichen Vergnügungsritual zum quasireligiösen Kult

Dass sich aus Wagners demonstrativer Abwendung vom hergebrachten Opern-Ritual im Laufe der Zeit ein neues, sogar kultisch aufgeladenes Ritual bilden würde, ist eine Ironie der Rezeptionsgeschichte. Der berühmte rote Teppich der alljährlichen Eröffnungspremiere in Bayreuth dürfte so ungefähr das Gegenteil dessen sein, was Wagner in Bayreuth auf der Flucht vor gesellschaftlichem Pomp eigentlich suchte. Auch der Nimbus des elitär Kultischen, der lange Zeit Wagner-Aufführungen sogar in der tiefen Provinz umwehte, entspricht nicht Wagners ursprünglicher Absicht einer für alle zugänglichen Oper.

Der hermetische Charakter von Wagner-Aufführungen hat sich allerdings in den letzten Jahren deutlich abgeschwächt, was nicht zuletzt darauf zurückzuführen ist, dass sich die Reihen der Wagnerianer alter Schule unübersehbar lichten. Diese selbst ernannten Gralshüter der reinen Lehre rekrutierten sich häufig aus den zahlreichen Wagner-Verbänden und fielen unter anderem durch betont konservatives Erscheinungsbild und Tendenzen zur Zusammenrottung auf. In unmittelbarer Nähe einer verärgerten Gruppe von Wagnerianern konnte es selbst dem wohlmeinenden Wagner-Kenner – Achtung, beide Spezies haben eine Schnittmenge, sind aber keineswegs deckungsgleich! – ungemütlich werden. Den Wagnerianer alter Schule zeichneten häufig leichte Erregbarkeit, ein Hang zur Streitsucht und meist ein Zug von Rechthaberei aus – all dies immer im Dienste der seiner Meinung nach nur ihm zugänglichen Regeln der «Werktreue». Wagnerianer früherer Generationen waren zumeist geharnischte Gegner des Regietheaters, glühende Anhänger alter Aufnahmen und generell der Ansicht, dass der Wagner-Gesang im Niedergang und früher alles besser gewesen sei. Nicht zuletzt die herablassende Art, mit der diese Leute auf vermeintlich Unkundige reagierten, hat lange Zeit dazu beigetragen, dass Wagner-Aufführungen als Hort des Elitären und als Versammlungsorte der Ultrakonservativen galten.

Die Lage hat sich, wie gesagt, inzwischen merklich entspannt. Zwar wird in Bayreuth noch immer verächtlich gezischt, wenn ein nicht Eingeweihter nach dem ersten Akt des *Parsifal* wagt zu klatschen. Ansonsten sieht man auch im Festspielhaus schon längst Jeans und deutlich weniger Trachten, Smokings und Abendkleider.

Postmoderne Unübersichtlichkeit: Kleiderordnung(en) in Opern- oder Festspielhaus

Auf der Homepage der Frankfurter Oper ist das Folgende zum Thema ‹Dresscode› zu lesen:

> *Wir werden häufig von ‹Opern-Einsteigern› gefragt, wie man sich für die Oper dem Anlass gemäß passend kleidet. Ein regelrechter Dresscode ist für den Opernbesuch in unserem Hause nicht vorgesehen. Allgemein empfehlen wir unseren Gästen, sich so zu kleiden, dass sie sich wohlfühlen. Die Individualität hat hier Vorrang. Es versteht sich jedoch von selbst, dass wir uns ein gepflegtes Erscheinungsbild wünschen.*
> *Eine Ausnahme sind Premieren-Abende: Hier tragen die Herren in der Regel Anzüge und die Damen sind in jedem Fall elegant bis festlich gekleidet, wobei lange Kleider die Ausnahme bilden. Mit Abendkleidern in der Oper, sowohl in Premieren als auch in Repertoirevorstellungen, läuft man Gefahr, sich overdressed zu fühlen.*

Diese freundliche Hilfestellung eines der größten Opernhäuser der Republik verrät zweierlei: Einmal, dass hierzulande das

Gefühl, sich overdressed zu fühlen, inzwischen als unangenehmer gilt als die Sorge, allzu lässig gekleidet zu sein. Zweitens, dass offenbar eine gewisse Unsicherheit im Publikum besteht, welche Kleidung für einen Opernbesuch angebracht ist.

In Hamburg wurde die Frage des Dresscodes vor einiger Zeit sogar öffentlich in der Zeitung diskutiert. Der damalige Operndirektor der Hamburgischen Staatsoper, Josef Hussek, äußerte sich wie folgt:

> *Mir ist es hundert Mal lieber, jemand kommt in Jeans und Pulli als gar nicht – einigermaßen gewaschen wäre ganz nett. In Hamburg ist die Diskussion kein Thema. Unser Publikum kommt, weil es gerne kommt. Da sind junge Menschen dabei im Pulli, andere kommen sehr elegant. Unsere heutige Opernwelt sollte etwas Alltägliches für die Hamburger sein – und das nicht im abwertenden Sinne. Denn das Besondere in unserem Haus findet auf der Bühne statt. Und nicht im Foyer, um zu schauen, welches Kleid die Sitznachbarin trägt und welchen Anzug irgendein Vorstandschef. Kein Mozart und kein Beethoven hat seine Stücke für Menschen in Smoking und Abendkleid komponiert. Sondern für Menschen, die sich von der Musik rühren und begeistern lassen wollen.*

Der hauptamtliche Stilberater Jörg Kracht hielt dem Operndirektor in der *Hamburger Morgenpost* Folgendes entgegen:

> *Bei einer Premiere ist für Herren der Smoking angebracht oder der dunkle Anzug. Die Damen tragen ein Abendkleid oder einen eleganten Hosenanzug – nicht unbedingt pinkfarben. Aber Vorsicht: Das Outfit birgt Tücken. Frauen sind da geschickter, Männer sollten dies beachten: Wer keine Weste trägt, muss sein Sakko schließen, außer im Sitzen natürlich. Die Krawatte reicht bis zum Gürtel. Immer dunkle Kniestrümpfe tragen. Mit Betonung auf Knie – sonst kommen die fünf unerotischsten*

Zentimeter des Mannes zum Vorschein. Hosen, die Gürtelschlaufen haben, brauchen auch einen Gürtel. Das Hemd sollte weiß oder hellblau sein. Aber das Allerschlimmste: Jeans mit Sakko, Hemd und Krawatte ist völlig tabu.

Und warum das Ganze? Als «Würdigung für den Künstler auf der Bühne». Zu letzteren Ausführungen kann man nur sagen: Der Mann war schon lange nicht mehr in der Oper. Tatsächlich kommen die Empfehlungen des Operndirektors, die zu einem Teil auch gezielt politisch und im Sinne des alle potentiellen Besucher umarmenden Marketings platziert sind, den heutigen Sitten näher als die Kaufbefehle des Stilberaters. Freilich gilt es zumindest hierzulande, noch ein wenig zu differenzieren.

Konkreter Anlass der oben zitierten Befragung der *Hamburger Morgenpost* war ein Vorstoß der ehrwürdigen Mailänder Scala, die 2007 versucht hat, ganz explizit einen Dresscode (wieder) einzuführen; in Form eines knappen, höflichen Hinweises wurde er sogar auf die Rückseiten der Eintrittskarten gedruckt.

Die Schöpfer des Mailänder Dresscodes empfehlen dem Publikum, sich «im Einklang mit dem guten Ton des Theaters» zu kleiden. Soll heißen: Beim Opernbesuch ist eine Gewandung, die der Besonderheit des Anlasses gerecht wird, doch bitte schön einer lässigen Freizeitkleidung vorzuziehen. Auch in Italien, wo mehr als anderswo in Europa gesteigerter Wert auf «bella figura», sprich eine gepflegt elegante Garderobe gelegt wird, scheint sich also der international zu beobachtende Trend durchgesetzt zu haben, den Musentempel nicht länger als einen Ort zu begreifen, den man nur in Schale geworfen betritt. Im Mutterland der Oper fällt der vermeintliche Verfall der Sitten nur besonders auf.

Er wird von den Verantwortlichen nicht ganz zu Unrecht als Kulturverlust empfunden. Doch bei aller Freude an eleganter, festlicher Kleidung und gehobener Stimmung, die das nicht

Alltägliche erzeugt: Man kann den Aufruf der Scala auch als ein grandioses Missverständnis lesen. Nämlich als Weigerung, das Publikum und damit die sich verändernde Gesellschaft so anzunehmen, wie sie nun einmal ist – ungleich ausdifferenzierter als zu den Zeiten, als Dresscodes noch verbindlich und die Freiheiten, sie zu interpretieren, gering waren. Zeiten etwa, in denen Thomas Mann den obligatorischen Frack als «Uniform der Gesittung» bezeichnete.

Die Optik in heutigen Opernfoyers setzt nur das fort, was auf der Straße gilt: *anything goes*, was im Zweifelsfall eben eher die lässige als die steife Variante meint. Man kann das als nachlässig beklagen, so wie große Modedesigner inzwischen die späten Früchte des Achtundsechziger-Minimalismus und dessen Beharrungskräfte (T-Shirt, Jeans, Sneakers) öffentlich als Stilverlust geißeln. Den gibt es ohne Zweifel. Man kann dieses Phänomen aber auch wertfrei lesen und die große Beliebigkeit als eine Phase der Indifferenz, des Übergangs begreifen. Dafür spricht einiges.

Sind doch die Schneider und Nähereien, die an opulenten Roben sticheln, keineswegs arbeitslos geworden, weil heute seltener rauschende Gewänder beim Theater- oder Opernbesuch ausgeführt werden. Sie kommen aber bei orientalischen Hochzeiten oder bei Jugendereignissen zum Einsatz, etwa bei Themenpartys oder beim Abi-Ball. Gerade letzteres verweist darauf, dass wir möglicherweise vor einer Renaissance der festlichen Abendkleidung stehen, wenn diese Generation später einmal in die Opernhäuser drängelt. Der Abi-Ball-Trend spricht auf jeden Fall für eine wieder wachsende Lust an formeller, zumindest dezidiert nichtlässiger Kleidung.

Einstweilen bleiben Opernbesucher, die sich in großer Robe und Frack zeigen und dennoch nicht overdressed fühlen wollen, auf einige Rückzugsorte angewiesen: Auf die Festspiele im britischen Glyndebourne etwa, wo die Smoking-Pflicht noch gilt und im ulkigen Kontrast zur Picknick-Tradition dieses Festivals steht. Aber auch bei den Münchener Opernfestspielen fällt man im langen Kleid – wenn auch bitte nicht aus dem Versandhaus – nicht negativ auf. Generell herrscht auch bei normalen Premieren in München noch mehrheitlich eine Kleiderordnung, die auf Eleganz, im Zweifelsfall mit einer ortstypischen Beimischung edel getrimmter Trachtenmoden, ausgelegt ist.

Großes Kino in Sachen Dresscode kann man noch in Salzburg erleben, insbesondere bei allen unter kulinarischem Aspekt viel versprechenden Festspielpremieren. Da gibt es neben bodenlangen Seiden-Dirndln internationale Kreationen nicht immer geschmackssicherer Schneider zu bestaunen, die von Ladys unbestimmten Alters mit Botox-Lächeln unter der Last von schweren Juwelen spazieren getragen werden. In Salzburg mischt sich altes mit neuem Geld, und die Pausen sind angesichts des Defilees von mitunter bizarren Blüten des Geschmacks oft unterhaltsamer als das, was auf der Bühne geschieht.

Bei den Bayreuther Festspielen ist eigentlich nur die Eröffnungspremiere mit dem obligatorischen roten Teppich und der Mischung aus Promis – oder solchen, die es gerne wären – und Politik eine Gelegenheit zur Präsentation großer Roben. Bei den Folgevorstellungen mischen sich inzwischen auch in Bayreuth die Stile mehr oder weniger munter. Es gilt die Regel: Neulinge neigen oft zur Übertreibung, erfahrene Bayreuth-Besucher geben sich eher unauffällig und setzen auf Bequemlichkeit. Wer schon einmal im oberfränkischen Hochsommer bei Temperaturen oberhalb der 30-Grad-Marke im unklimatisierten Festspielhaus auf engen Holzsitzen einen *Parsifal* durchgestanden hat, wird auf Kummerbund, Nerzstola oder einengende Korsagen für immer verzichten. Überhaupt ist Bayreuth, sieht man einmal vom Eröffnungs-Tamtam ab, erfreulich unprätentiös geworden. Was ja durchaus im Sinne des Meisters ist.

Dem entspricht, dass das Festspielhaus mit einer vergleichsweise nüchternen Industriearchitektur ohne Lüster, Samtsitze und repräsentatives Foyer aufwartet. Vor der Vorstellung steht man draußen herum, in den einstündigen Pausen vertritt man sich die Beine entweder im Park oder im nahe gelegenen Luftbad, wo es an einer Bude Würstchen vom Pappteller, Bier und preiswerten Wein gibt. Auch die Festspielgastronomie strahlt eher Kantinencharme als Glamour aus und versorgt die Hungrigen zünftig mit Brez'n, Weißwurst und Weißbier.

Schon vor zwanzig Jahren galten in Bayreuth Jeans nicht mehr als anstößig, und ob auch heute in Mailand einem Jeansträger tatsächlich Platzverweis erteilt wird, darf bezweifelt werden. Bei Open-Air-Veranstaltungen wie im österreichischen Bregenz oder im finnischen Savonlinna gelten ohnehin pragmatische Kleiderregeln. Und in südlichen Gefilden wie in Aix-en-Provence oder Verona darf der Operndress natürlich weit luftiger ausfallen.

In den mitteleuropäischen Opernhäusern gilt bei normalen Wagner-Vorstellungen, dass man mit gepflegtem Chic und ohne aufgebrezelt zu wirken, nicht viel falsch machen kann. Wer es ganz genau wissen will, sollte sich aber über regionale Unterschiede informieren, die im Grunde für jedes einzelne Haus gelten – wie es etwa in Amsterdam bedeutend legerer zugeht als in der Münchener Staatsoper. In Brüssel sieht man in den Premieren zwar altes Großbürgertum mit reichen Geschmeiden und edlen Stoffen, aber eben keine wallenden Gewänder. Dazu gesellen sich jedoch durchaus Jeansträger und modische Exzentriker. Ähnliches gilt für Antwerpen und Gent.

In Nordrhein-Westfalen, dem Bundesland mit der höchsten Theaterdichte, ist das Bild heterogen: In der Modestadt Düsseldorf sieht man halbseidene Fummel ebenso wie den konservativen Marken-Schick der Industriellengattin. Im benachbarten Duisburg geht es deutlich rustikaler zu. Im Essener

Aalto-Theater hat man es bei Premieren gerne festlich, aber durchmischt mit Lässigem. Dem Opernhaus der alten Bundeshauptstadt Bonn merkt man die Vergangenheit als Beamten-Metropole an, während in Köln die friedliche Koexistenz von rheinischem Schlendrian und katholischer Feierlaune herrscht.

Den entspanntesten Dresscode weit und breit pflegt man in Berlin, der Stadt mit den drei Opernhäusern, denn das dortige Publikum rekrutiert sich auch aus dem Umfeld der zahllosen Berliner (Off-)Theater und aus der Szene zwischen Tanz, Performance, Off-Oper, Sprechtheater und genreübergreifenden Experimenten – einer Szene, die sich lustvoll selbst umkreist. Zwar sieht man bei Premieren oder während bestimmter «Fest-tage» Politiker und Beamte in Dreiteiler oder klassischem Kostüm, konservativ gekleidete Abgeordnete des – zahlenmäßig nach wie vor kleinen – Berliner Bildungs- und Erwerbsbürgertums, dazu aufgedonnerte Touristen in gehobener Robe. Doch es gilt eben auch, dass die Berliner Kulturschaffenden in großer Zahl bei der Konkurrenz vorbeischauen. Der Sport, Besucher unter Gesichtspunkten des Stils in ‹Wessis› und ‹Ossis› zu teilen, kommt übrigens langsam aus der Mode – gehen solche Ratespiele doch immer öfter in die Irre.

Nicht nur in Berlin bilden die Theaterschaffenden einen auffallenden Teil gerade des Premierenpublikums. Anders gesagt: Man besucht sich gerne gegenseitig. Bieten doch Premieren auch die Möglichkeiten eines Szenetreffs, der Kommunikation und der Vernetzung. Und spätestens, seit im Theater genreübergreifend gearbeitet wird, sieht man in Premieren zunehmend nicht nur Dramaturgen, Regisseure und Intendanten angrenzender Opernhäuser, sondern auch Vertreter von Sprechtheatern, Performance-Künstler, Bildende Künstler mit Hang zum Gesamtkunstwerk, Tänzer und Vertreter aller Theater-Gewerke.

Bühnenbildner tragen gerne schwarz, aber niemals Anzüge, sondern edle Kombinationen, gerne konterkariert von einem

T-Shirt in leicht ausgewaschenem Schwarz. Für Regisseure gibt es kein verbindliches Erkennungsmerkmal mehr: Es reicht die Skala vom dunklen Anzug über Jeans bis zu exzentrischem Schmuckbehang. Man kann die Vertreter dieser Spezies meist aber daran erkennen, dass sich um sie herum Trauben des Szenevolks bilden, es sei denn, es handelt sich um einen Vertreter der menschenscheuen Sorte unter den Regie-Künstlern.

Dramaturgen, Ausstattungsassistenten oder Produktionsleiter tragen gerne dicke Wollschals, um ihre Herkunft aus schlecht beheizten Proberäumen und Werkstätten zu unterstreichen. Kostümbildnerinnen erkennt man an ausgefallenen Farbkombinationen bzw. an als Einzelstücken kenntlichen Kreationen mit hohem Asymmetriefaktor, kombiniert mit auffallender Bestrumpfung. Männliche Kostümbildner bevorzugen dagegen ausgefranste Jeans und martialische Stiefel. Die weiblichen Assistentinnen tragen manchmal Nostalgisches, auf jeden Fall Abgetragenes und schlingen gerne üppige Tücher ins Haupthaar.

Hinzu kommen die Kritiker, jene Grenzgänger des Kulturbetriebs, die ja irgendwie auch dazu gehören und die wieder ein ganz eigenes Thema sind. Auch sie kann man in der Regel erkennen, wenn auch nur selten am Spiralblock mit beleuchtetem Kugelschreiber. Eher erkennt man sie am einfachen Zwirn, mit dem sie mehr oder weniger dezent zum Ausdruck bringen, dass sie zum Arbeiten und nicht zur Unterhaltung gekommen sind. Die zahlenmäßig noch immer deutlich unterrepräsentierten Vertreterinnen der Opernkritiker-Zunft bilden die Ausnahme dieser Regel, denn sie sind meistens unauffällig passend gekleidet. Bei den Herren dieses Standes finden sich dagegen schon mal Ausreißer nach unten, die entweder mit ausgeleierten Sweatshirts und Joggingschuhen den sportlichen Aspekt ihrer Tätigkeit unterstreichen oder zumindest ihre unmittelbare Abkunft aus dem stressigen Redaktionsalltag durch Knitterhemd und ausgebeulte Jeans demonstrieren. Die unauffälligeren Erscheinungen unter den Kritikern tragen mitunter sogar Anzug, aber fast nie im klassischen Schwarz, sondern gerne in gedeckten Naturtönen. Man bevorzugt Kombinationen oder Cordware, in den besten Fällen Understatement flämischer Designer-Herkunft. Festzustellen ist auch hier ein ausgeprägter Trend zum Schal, jedoch wahlweise aus Seide oder feiner Wolle, sogar vereinzelt aus Samt. Auch dieses Accessoire verweist auf den Arbeitsaspekt und die Unbilden des Berufs wie zugige Sitzplätze, nächtliche Arbeitszeiten und strapaziöse An- und Abreisen.

Grundsätzlich gehört der Opernkritiker als Institution längst zu den Schwundexistenzen, da Kulturressorts und Feuilletons allerorten ein willkommenes Sparpotential der Tageszeitungen bilden. Angeblich haben Leseranalysen ergeben, dass der durchschnittliche Zeitungsleser Kritiken überblättert. Die kritische Berichterstattung wird daher systematisch eingedampft zugunsten der freundlichen Vorberichterstattung. Im Hintergrund dieser Entwicklungen arbeiten die Marketingabteilungen der Opernhäuser mit den Anzeigenverkäufern der Zeitungen Hand in Hand. Fest angestellte Musikkritiker sind in den Zeitungsredaktionen eine zunehmend bedrohte Spezies, und Heerscharen von freien Journalisten rangeln um die Brosamen, die vom Tisch der Redaktionskonferenzen fallen. Ähnlich stellt sich die Situation der Radiosender dar, die ebenfalls vermehrt auf Affirmation statt Kritik setzen – vom Fernsehen ganz zu schweigen, in dem Oper als Ereignis so gut wie nicht mehr vorkommt. Was der legendäre Marcel Prawy einst im Fernsehen installierte, wäre heute unvorstellbar: Seine allwöchentliche Sendung *Opernführer* war in den 1960er Jahren revolutionär. Auch eine Sendung wie *Erkennen Sie die Melodie?* wäre heute höchstens unter Retrokult-Aspekten überlebensfähig.

Sieht man von einigen Fachblättern ab, so entstehen als Reflex auf die schrumpfende Kulturberichterstattung der Printmedien immer mehr alternative Angebote im Internet, die nicht nur Besprechungen, sondern auch Tratsch und Pöbel-Foren bieten. Nicht alles, was da an Opernkritik angepriesen wird, ist als solche wirklich ernst zu nehmen. Wenn auch die Laien in diesen Medien in letzter Zeit zunehmend von Leuten mit Sachverstand ersetzt werden. Dennoch: Der stadtbekannte Opernkritiker, eine gefürchtete und geachtete Institution wie der fiktive Hans Böttner-Salm aus *Monaco Franze,* ist heute eher eine Ausnahmeerscheinung. Mit dem Bedeutungsverlust der Musik- und Opernkritik geht einher, dass die Auseinandersetzung des Operngängers mit fordernden, im ungünstigsten Fall auch hermetischen Texten heute nicht mehr zwingend ist. Statt sich auf Macken und Marotten eines Kritikers einzulassen, um mitreden zu können, kann man morgens die Kurzkritik lesen, ein Forum aufsuchen oder eines der einschlägigen Monatsmagazine erwerben. Der Verriss, an dem man sich als begeisterter Premierenbesucher reiben konnte, hat an Bedeutung und Gültigkeit ebenso eingebüßt wie die Hymne. Auch das ist letztlich eine Folge der Arbeit an der Schwellenangst.

«... eine Gelegenheit, sich gegenseitig zu sehen»

Pausen von Wagner-Opern dauern länger als Pausen bei Mozart, Verdi oder Puccini. Wer Wagner hört, braucht in der Regel mehr als zwanzig Minuten, um wieder auf die Beine zu kommen. Längerer Pausen bedürfen zudem die Musiker, denn Wagners durchkomponierte Partituren erlauben nicht den kleinsten Moment der Entspannung.

Mit jeweils einer vollen Stunde wird die Pausenregelung in Bayreuth auf die Spitze getrieben. Obwohl auf dem Grünen Hügel die Sitze tatsächlich härter sind als anderswo und die Hitze im unklimatisierten Saal erbarmungslos ansteigt, dienen die Bayreuther Pausen keineswegs nur der Regeneration. Sie unterstreichen auch den Grundgedanken des Festspielorts, dass sich dort eine Aufführung nicht mit einem von den Gesetzen des Alltags bestimmten Tagesablauf vereinbaren lassen muss. So dehnen sich die Vorstellungen mit den langen Pausen mitunter fast auf die Länge eines Arbeitstages. Abgesehen von *Rheingold* und dem *Fliegenden Holländer* beginnen die Vorstellungen bereits um 16 Uhr und man kommt traditionell nicht auf den letzten Drücker. Der Opernbesuch auf dem Grünen Hügel sollte eben nie nur Abendunterhaltung nach einem normalen (Arbeits-)Tag sein, sondern den einzigen Programmpunkt des Tages bilden. Ein Ritual, auf das man sich in Ruhe vorbereitet und dessen Verlauf man bewusst auskostet – kulturelles Slow-Food statt McCulture. Aber auch außerhalb von Bayreuth sind Wagner-Pausen auf mindestens 30 Minuten angesetzt.

So bleibt Zeit genug für Pausengespräche, in denen sich auch der Wagner-Neuling möglichst wenig blamieren will. Wie schon erwähnt, hat die Gefahr, sich mit spontanen Bemerkungen und Meinungsäußerungen als ahnungslos zu outen, heutzutage glücklicherweise nachgelassen, da die harten Wagnerianer alter Schule auf dem Rückzug sind. Zudem haben sich aktualisierende und verfremdende Inszenierungen, die mehr oder weniger einem Regietheateransatz folgen, nahezu flächendeckend durchgesetzt. Mit diesem Trend wurden auch der Anspruch auf eine einzig gültige Interpretation und jene Form der «Werktreue» kassiert, auf die gerade die Kundigen und Wagnerianer gerne pochten. Das Pausen-Meckern über kühne Regiekonzepte ist im Allgemeinen also leiser geworden. Und daher fällt man heute mit einer unverblümten oder sogar von jeder Sachkenntnis ungetrübten Frage nicht mehr weiter auf.

Wer sich dennoch hochgezogene Augenbrauen anstelle einer Antwort ersparen will, sollte eine Wagner-Oper nicht gänzlich unvorbereitet besuchen. Als ‹Notfallbesteck› ist es schon ganz hilfreich, sich mit der Handlung vertraut zu machen und sich die Namen der Bühnenfiguren einzuprägen, auch wenn in den meisten Opernhäusern inzwischen Übertitel mitlaufen, die das Verständnis des Geschehens erleichtern. Zudem werden fast überall die bereits erwähnten Einführungsveranstaltungen angeboten, die nicht nur mit dem Werk, sondern auch mit dem Inszenierungskonzept vertraut machen. Programmhefte leisten übrigens beides zumeist zuverlässig. Auf den Internetseiten der Opernhäuser finden sich zudem Presseschauen, die zwar nur die positiven Kritiken bieten, aber damit auch Grundeinsichten in die Inszenierung vermitteln.

Im Pausengespräch kann man auch als relativ unerfahrener Opern- und Wagner-Besucher im Kreis der Kundigen punkten, wenn man bestimmte Fragen meidet und den Jargon der Kenner beherrscht. So empfiehlt es sich zum Beispiel nicht, seinen Unmut über Regie-Kapriolen in die Frage zu kleiden, ob hier ein Regisseur nur seine eigene Befindlichkeit ausstelle. Obwohl diese Frage so unberechtigt sicher nicht ist, gilt sie als banal und überholt. Generell ist Vorsicht geboten, wenn es um die Diskussion von Regiekonzepten geht. Kenner geraten beim Thema Regie rasch ins Fachsimpeln und tauschen ihre Erfahrungen regelmäßig in Form von Name-Dropping aus. Da heißt es dann etwa: «Das erinnert ja fast an den alten Götz-Friedrich-*Ring*! Also dann doch noch lieber Wieland-Ästhetik, was?» Oder «Diese Videos werden mir allmählich zu viel. Seit Schlingensiefs *Parsifal* ist das wirklich inflationär geworden!» Oder: «Diese Aktenkoffer-Wotane und SS-Mäntel auf der Bühne waren ja schon auf die Dauer öde. Aber hier jetzt schon wieder dieser Trash-Look à la Volksbühne! Das kann ich auch nicht mehr sehen. Was uns da wohl erst beim Castorf-*Ring* blühen wird?» Da versteht der Wagner-Neuling natürlich nur Bahnhof. Aber das macht nichts, denn schon in den Pausen des zweiten *Parsifal*, den man besucht, kann man immerhin über den ersten berichten, egal, ob der nun in Wien oder in Detmold erlebt wurde.

Weniger heikel, wenngleich nicht ohne Fallstricke ist das Pausengespräch über die musikalische Seite der Aufführung. Wer gänzlich unmusikalisch ist, wird sich ohnehin keinen langen Wagner-Abend antun, also darf man sich auch als Nichtkenner auf das verlassen, was die Ohren einem mitteilen. Wer den Eindruck nicht loswird, dass eine Sängerin oder ein Sänger eher brüllt, statt zu singen, sollte sagen: «Der / die forciert aber!» Eine unruhige, haltlose Stimme sollte man charakterisieren mit «viel zu viel Vibrato!» Eine schrille Stimme beschreibt man als «scharf» oder «zur Schärfe in den Höhen neigend». Hat man das Gefühl, dass ein Sänger sich quält, trifft meist das Adjektiv «eng» die Sachlage. Mulmige Stimmen nennt man «guttural»; und insbesondere Tenöre, die so klingen, als sei ihnen die Zunge im Wege, haben den klassischen «Knödel», oder sie «knödeln». (Mangelnde) Aussprache nennt man «Diktion», und wenn sie gut ist, darf man sie «plastisch» nennen. Singt ein Sänger unsauber, dann hat er eine «schlechte Intonation». Klingt er dumpf, dann mangelt es ihm an «Obertönen». Glänzende Sängerleistungen lobt man mit «brillant» oder «strahlend», man preist eine «leichte Höhe», wenn hohe Töne ohne Anstrengung erreicht werden. Eine tiefe Stimme klingt «sonor», und die Stimmfarbe nennt man «Timbre». Soviel zu den Sängern.

Beim Orchester und der Leistung des Dirigenten wird es wieder komplizierter, denn krasse Fehler fallen Ungeübten höchstens bei brüchigen Blechbläsertönen gleich auf. Allerdings merkt auch der Anfänger sofort, ob mitreißend oder eher bedächtig musiziert wird, ob das Ganze präzise und klanglich homogen, also aus einem Guss klingt, oder eher wackelig und spröde. Auch unangemessene Lautstärke fällt bereits dem Laien auf. Bei Wagner passiert es häufig, dass der große Blechapparat den Rest des Orchesters «erschlägt» oder zu stark «dominiert».

Als höchstes Lob gilt, wenn der Gesamtklang nicht massiv, sondern «differenziert» aus dem Graben steigt. Das heißt im Jargon genau so oder auch «transparent».

In Bayreuth kann man den Dirigenten nicht sehen, da der Graben ja verdeckt ist. Umso diffiziler gestaltet sich dort die Beurteilung seiner Leistung, da man nicht einmal seine Körpersprache beobachten und davon den eigenen Eindruck ableiten kann. Wenn man aber das Live-Erlebnis mit einer Aufnahme vergleicht, werden auch dem Laien rasch Unterschiede und Charakteristika auffallen.

Da lacht der Wagnerianer

Mehr als andere Künstler war Wagner schon zu Lebzeiten Gegenstand von Karikatur, Parodie und Anekdote. Der latente Größenwahn des klein gewachsenen Sachsen, sein Perfektionismus, aber auch sein maßloses Werk selbst, der pathetisch hohe Ton und die oft bizarr klingende Sprache reizten nicht nur Wagner-Kritiker, sondern stets auch Freunde und die Ausführenden selbst. Einige der alten Witze sind so gut, dass man auch heute noch damit in der Pause reüssieren kann. So etwa die überlieferte Panne des legendären Lohengrin-Interpreten Leo Slezak. Als der damals noch obligatorische Schwan in Wien einmal losfuhr, bevor der berühmte Tenor aufsteigen konnte, soll er laut ins Publikum gefragt haben: «Entschuldigen Sie, wann geht der nächste Schwan?» Diese Anekdote ist zwar in Wagner-Kreisen hinreichend bekannt, aber angeblich authentisch und immer noch witzig.

Beliebt ist auch die Anekdote eines jungen Amerikaners, den es in der dreißiger Jahren des vorigen Jahrhunderts offenbar unvorbereitet in einen *Parsifal* verschlug. Nach der Vorstellung soll der sichtlich Verstörte gefragt haben: «Is Roosevelt still president?» Der Witz spielt auf den Verlust des Zeitgefühls an, der sich bei jeder besseren *Parsifal*-Aufführung und gelegentlich auch im *Tristan* einstellt.

Auch wörtliche Zitate aus Wagners Textbüchern können im Pausenzusammenhang eine nicht unbeträchtliche Komik entwickeln. Wenn man zum Beispiel in der *Tristan*-Pause auf dem Weg zum Büffet oder besser noch mit dem Glas in der Hand verkündet: «Vergessens güt'ger Trank, dich trink ich sonder Wank!» (Zitat aus *Tristan*) Gesprächspartner, die sich beim *Parsifal* als allzu maulfaul erweisen, lassen sich mit Gurnemanz zur Ordnung rufen: «Nichts weißt du, was ich dich frage: jetzt melde, was du weißt! Denn etwas musst du doch wissen.» Langweilt dagegen die Inszenierung, hilft Kundry: «Machtlose Wehr! Die Zeit ist da. Schlafen – schlafen –: ich muss.» Wagners Texte stellen wahre Steinbrüche für solche Art von Kalauern dar.

Zur Vorbereitung auf Pausengespräche während des *Rings* empfiehlt sich die Lektüre von Ernst von Piddes «Richard Wagners Ring des Nibelungen im Lichte des deutschen Strafrechts». Darin wurden die (Un-)Taten der Protagonisten in dem Opernzyklus nach Strafgesetzbuch bewertet und alle Personen zu jenen Strafen verurteilt, die ihnen in der Realität auferlegt worden wären. Der Reigen der Delikte reicht von Alberichs Diebstahl des Rings und Anstiftung zur Ermordung Siegfrieds (lebenslänglich) bis hin zu Wotans Einschläferung Brünnhildes in Tateinheit mit Brandstiftung (bis zu fünf Jahren).

8.
«Trüber Verträge trügender Bund»

Der Ring des Nibelungen als Gründungsmythos der bürgerlichen Welt

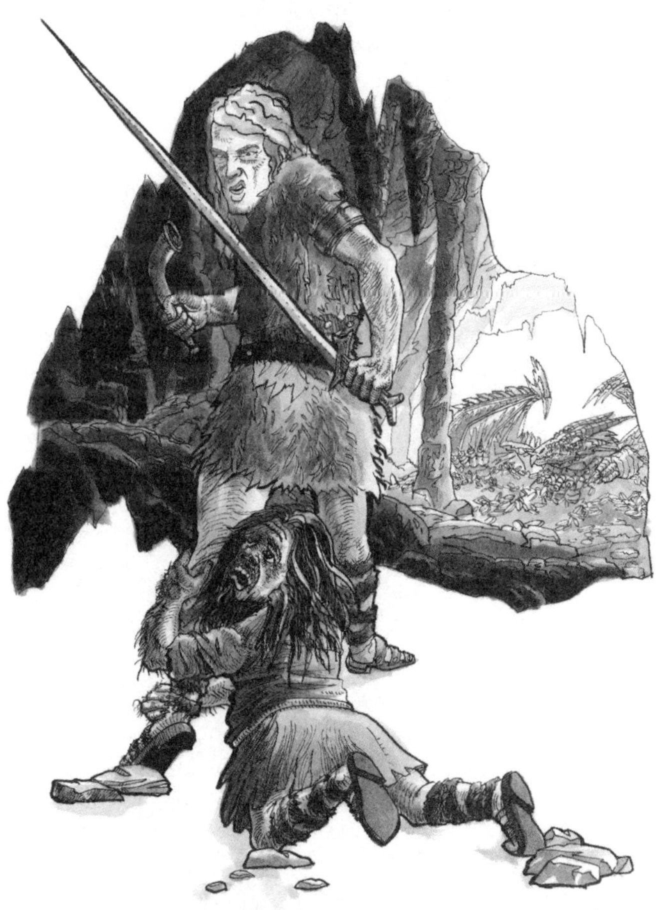

Der *Ring des Nibelungen* ist Wagners *Faust*. Beide Werke haben ihre Schöpfer fast ihr ganzes Künstlerleben lang beschäftigt. Beide Werke mobilisieren den Mythos im Dienste soziologischer Aufklärung. Und beide Werke sind getragen von der gleichen Grundeinsicht: «Nach Golde drängt, / Am Golde hängt / Doch alles. Ach wir Armen!» Ohne Zweifel war Goethe der gelehrtere Ökonom. Sein *Faust* ist gewiss der bessere und klügere Text. Aber Wagners Weltendrama kann es in punkto analytischer Kraft mit Goethe durchaus aufnehmen. Als (Musik-)Drama funktioniert es zumindest besser als der nahezu unspielbare *Faust II*.

Wagners *Ring* und Goethes *Faust* erzählen von einem satanischen Pakt: dem Projekt der politisch-ökonomischen Transformation in eine «moderne Gesellschaft, die schon in ihren Kinderjahren den Plutus an den Haaren aus den Eingeweiden der Erde herauszieht», so Karl Marx im *Kapital*. Wie sein Zeitgenosse fragt auch Wagner: Wie macht man dann aus dieser Gesellschaft, die auf der Illusion der Vertragsfreiheit gründet, dabei aber ihre ständischen Wurzeln ebenso verdrängt wie ihre räuberische Vorgeschichte, eine Gesellschaft der Freien? Wie rekrutiert man das dazu nötige revolutionäre Subjekt, ohne dem objektiven Gang der Geschichte ständig von oben ins Handwerk zu pfuschen?

Was gibt's zu sehen?

Rund sechzehn Stunden mythisches Theater von der Entstehung der Welt bis zum Ende der Geschichte. Außerordentlich menschliche Götter, deren Kinder und Enkel, dazu Burgunderfürsten sowie allerlei Fabelwesen ringen um Macht und Liebe. Dabei lassen sie kein Verbrechen, keine Schandtat aus: Mord, Totschlag, Raub, Vertragsbruch, Betrug, Intrige, Inzest, Ehebruch. Das Ausmaß der kriminellen Energie ist umso erstaunlicher (oder auch nicht), als die meisten Beteiligten miteinander verwandt oder verschwägert sind.

Das Rheingold

Alles beginnt, wie oft bei Wagner, mit einem ungewöhnlichen Vorspiel: Über 136 Takte – circa vier Minuten lang – schichtet und fächert sich, aus tiefsten Klangtiefen kommend, in immer neuen Wellenbewegungen ein liegender Akkord in Es-Dur auf, der klassischen Natur-Tonart. Es beginnt mit einem zunächst kaum hörbaren, unisono gespielten Kontra-Es der acht Bässe, setzt sich fort über Posaunen und Hörner und endet schließlich in den hohen Violinen. Dieser im Wortsinne radikale Anfang der Welt ist, wie so vieles bei Wagner, ein Kind des Traums. «Am Nachmittage heimkehrend», so erzählt er in *Mein Leben*, «streckte ich mich todmüde auf ein hartes Ruhebett aus, um die langersehnte Stunde des Schlafes zu erwarten. Sie erschien nicht; dafür versank ich in eine Art von somnambulen Zustand, in welchem ich plötzlich die Empfindung, als ob ich in ein stark fließendes Wasser versänke, erhielt. Das Rauschen desselben stellte sich mir bald im musikalischen Klange des Es-Dur-Akkordes dar, welcher unaufhaltsam in figurierter Brechung dahinwogte» und «durch seine Andauer dem Elemente, darin ich versank, eine unendliche Bedeutung geben zu wollen schien.» Gedanklich folgt Wagner dem Philosophen Thales von Milet (ca. 624–546 v. Chr.): Alles entsteht schöpfungslos aus dem ewigen Urelement Wasser. Und so elementar wie die Musik beginnt auch der Gesang: «Weia! Waga! / Woge, du Welle, / walle zur Wiege! / Wagalaweia! / Wallala weiala weia!» stammelt die Rheintochter Woglinde. Die Sprache des für den *Ring* so typischen alliterierenden Stabreims entsteht damit ebenfalls aus dem Nichts – dem der Bedeutungslosigkeit.

Die Rheintöchter Woglinde, Wellgunde und Flosshilde tollen in den Fluten herum. Alberich beobachtet die drei Schönen und macht alsbald Annäherungsversuche. Doch der hässliche Nibelung wird von den Nixen nur verspottet. Unbedacht beginnen Woglinde und Wellgunde vom Rheingold zu plappern, in dessen Glanz sie sich allzu gerne sonnen. Flosshilde warnt die Schwestern vor dem möglichen Dieb. Alberichs Blick wird sogleich «mächtig vom Glanze angezogen». Doch der Zwerg aus der dunklen Unterwelt weiß mit «der Wassertiefe wonnigem Stern» nichts anzufangen. Woher sollte er schließlich auch wissen, dass der bereits zitierte Marx in seinen (1857/58 entstandenen, aber erst 1903 publizierten) *Grundrissen der Kritik der politischen Ökonomie* das Gold «gewissermaßen als gediegenes Licht, das aus der Unterwelt hervorgegraben wird» beschreibt; dass das Gold in «seiner gediegenen Metallität (...) allen stofflichen Reichtum unaufgeschlossen» enthält, «der in der Welt der Waren entrollt ist»; dass es mithin «das Kompendium des gesellschaftlichen Reichtums» ist. Leichtsinnig – und etwas plakativer als Marx – rückt Wellgunde mit dem Geheimnis des Goldes heraus: «Der Welt Erbe / gewänne zu eigen, / wer aus dem Rheingold / schüfe den Ring, / der maßlose Macht ihm verlieh'.»

Selbst Flosshildes strenge Ermahnung zu schweigen, beeindruckt die Schwestern nicht. Wissen Sie doch, dass «nur wer der Minne / Macht versagt, / nur wer der Liebe / Lust verjagt» in der Lage wäre, besagten Ring zu schmieden. Daher müsse man sich keinerlei Sorgen machen. «Denn was nur lebt will lieben; / meiden will keiner die Minne.» Es hat wohl dramaturgische Gründe, dass wir im gesamten Ring niemals von weiblichen Nibelungen hören, die an Alberichs Aussehen gewiss weniger auszusetzen hätten als Rhein- oder Menschentöchter. Jedenfalls gibt der soeben harsch Zurückgewiesene die Hoffung auf, die *Herzen* der Damen gewinnen zu können: «Erzwäng' ich nicht Liebe, / doch listig erzwäng' ich mir Lust.» Sodass er, die Weltmacht vor Augen, tatsächlich die Liebe verflucht. «Mit furchtbarer Gewalt» reißt er das Gold aus dem Riff des Rheins und entschwindet zurück in sein unterirdisches Reich.

Derweil erwachen Wotan und Fricka und erblicken in der Ferne eine prächtige Burg. Der Bauherr sieht «Mannes Ehre, / ewige Macht, / ragen zu endlosem Ruhm». Während die Gattin weniger den repräsentativen als vielmehr den familientherapeutischen Zweck der Zinnen im Auge hat: «Um des Gatten Treue besorgt / muß traurig ich wohl sinnen, / wie an mich er zu fesseln (...): / herrliche Wohnung, / wonniger Hausrath, / sollten mit sanftem Band / dich binden zu säumender Rast». Die Erfahrung lehrt größere Teile des Publikums, dass «wonniger Hausrath» allein keine haltbaren Liebesbande schmiedet. Freilich haben die Götter nicht allein Beziehungs-, sondern vor allem Zahlungsprobleme. Denn Wotan hat nicht selbst Hand angelegt, er hat seine neue Machtzentrale von den Riesen Fasolt und Fafner errichten lassen. Da der *Ring* zum jetzigen Zeitpunkt noch keine ausdifferenzierte Ökonomie kennt, hat er als Lohn nicht Geld oder andere irdische Güter zugesagt, sondern die Göttin Freia, Frickas Schwester. Für die hat, wie wir bald erfahren, vor allem Fasolt eine Schwäche. Das Problem: Die ewige Jugend der Götter hängt am regelmäßigen Verzehr goldener Äpfel, auf deren Anbau sich allein Freia versteht. So gesehen, ist Wotans Vertrag mit den Riesen das Holz (der Weltesche) nicht wert, in das er geschnitzt wurde – weshalb Fricka denn auch schon nach wenigen Minuten auf den für den *Ring* zentralen Begriff «Vertrag» das Wort «Trug» reimt.

Wotan hatte sich nämlich bei Loge rückversichert: Der listige Gott des Feuers, ein Wanderer zwischen Ober- und Unterwelt (Luzifer bzw. Mephisto lassen grüßen), soll Ersatz für die unmögliche Gabe auftreiben. Fasolt und Fafner erscheinen, um ihren gerechten Lohn zu fordern. Freia verfällt in verständliche Panik. Dafür fallen die Riesen aus allen Wolken, als Wotan mitteilt: «Seid ihr bei Trost / mit eurem Vertrag? / Denkt auf andern Dank: / Freia ist mir nicht feil.» Das ist eine zwar etwas launige, vor allem aber rechtsgeschichtlich durchaus angemessene Haltung: Als in diesem Fall nun wirklich gottesunmittelbarer Souverän meint der oberste Fürst, über dem von ihm selbst gesetzten Recht zu stehen. Dass auch Herrscher an ihre Gesetze gebunden sind, ist eine relativ moderne Idee. Ausgerechnet der eher einfach gestrickte Fasolt hält Wotan ein bestechendes Kurzreferat zum Thema Rechtssicherheit:

> *Lichtsohn du, / leicht gefügter, / hör' und hüte dich: Verträgen halte Treu'! / Was du bist, / bist du nur durch Verträge: / bedungen ist, / wohl bedacht deine Macht. (...) / all deinem Wissen fluch' ich, / fliehe weit deinen Frieden, / weißt du nicht offen, / ehrlich und frei, / Verträgen zu wahren die Treu'!*

Auch Fafner ist nicht auf den Kopf gefallen. Während sein Bruder vor allem von der Schönheit der ausbedungenen Göttin schwärmt, sieht er ihren strategischen Nutzen: Ohne Freia und ihre Äpfel ist es mit der Macht der Götter vorbei. Man zankt noch eine Weile herum, bis endlich Loge erscheint. Furchtbar weitschweifig berichtet er von seiner vergeblichen Suche nach Lohnersatzleistungen «für Weibes Wonne und Werth», dann, wie zufällig, von Alberichs Fluch, dem Raub des Rheingolds, der Bitte seiner Hüterinnen um Restitution und dem von Alberich mittlerweile geschmiedeten Ring. Der Vortrag interessiert vor allem Fafner. Auch Wotan hat vom Gold und dessen «Beute-Runen» sowie vom Ring schon gehört: «Macht und Schätze / schüf' ohne Mass ein Reif.» Keine Frage: Der Ring muss her! Aber wie? Loge sieht da überhaupt kein Problem: «Durch Raub! / Was ein Dieb stahl, / das stiehlst du dem Dieb: / ward leichter ein Eigen erlangt?» Nach einigem Hin und Her einigt man sich, dass die Riesen anstelle von Freia das Rheingold erhalten sollen. Die Zuschauer kommen sich allmählich wie Zeugen eines Mafiaplenums vor – während Fasolt und Fafner sich mit der Göttin als Geisel auf den Abend verabschieden. Kaum ist die Gärtnerin fort, zieht fahler Nebel auf und die Götter beginnen dahinzusiechen.

So machen sich Wotan, der mit seinen Kräften offenbar nicht ganz so streng haushalten muss, und Loge auf den Weg in die Unterwelt der Nibelungen. Dort hat sich Alberich von seinem geknechteten Bruder Mime mittlerweile einen Tarnhelm schmieden lassen, mit dem er sich unsichtbar machen oder in beliebige Gestalten verwandeln kann. Mit der Macht des Rings hat er die Nibelungen versklavt, die nun unablässig für ihn Gold aus der Erde schürfen müssen. Mit dem riesigen Hort, so eröffnet er Wotan unumwunden, wolle er sich «die ganze Welt (...) zu eigen» machen. Und so wie er selbst der Liebe entsagt habe, solle «alles was lebt / ... ihr entsagen: / mit Golde gekirrt / nach Gold nur sollt ihr noch gieren.» Anscheinend kennt der Herr der Unterwelt bereits die noch unpublizierten Texte Sigmund Freuds und Max Webers, denen zufolge die Akkumulation des Kapitals auf Triebverzicht und strenger Affektkontrolle fußt. Vielleicht hat er auch heimlich im (1867 publizierten) ersten Band des *Kapitals* geblättert: «Der Schatzbildner opfert (...) dem Goldfetisch seine Fleischeslust. Er macht Ernst mit dem Evangelium der Entsagung.»

Loge, wie immer verwirrend geschwätzig, packt den Nibelung zunächst bei der Urangst jedes Kapitalisten: Was tun, «wenn im Schlaf / ein Dieb dich beschlich / den Ring schlau dir entriss', / wie wahrtest du Weiser dich dann?» Alberich ist eitel genug, mit dem Geheimnis seines Tarnhelms zu prahlen. Worauf Loge sich die metallene Charaktermaske – ein Begriff, den Marx übrigens von Jean Paul übernommen hat und der als Terminus technicus auf die Commedia dell'arte zurückgeht –

natürlich vorführen lässt. Zuerst verwandelt Alberich sich in eine Riesenschlange. Wie originell! Doch wäre es nicht viel gescheiter, seinen Neidern in Miniaturgestalt zu entkommen? So nimmt Alberich die Gestalt eine Kröte an – und wird von Wotan gefangen gesetzt.

In die höheren Regionen entführt, glaubt Alberich zunächst, er könne sich zu vertretbaren Kosten freikaufen. Mithilfe von Ring und Tarnhelm wäre sein Gold bald wiederzubeschaffen. Den Tarnhelm wirft Loge wie selbstverständlich zur Beute. Egal, Mime wird einen neuen schmieden. Erst als Wotan auch noch den Ring fordert, rastet der Alb aus: Ebenso könne er sein Leben fordern. Wotan bleibt hart, muss sich von Alberich allerdings tiefer in die Karten schauen lassen als ihm lieb sein kann. Denn der Gott hätte das Gold gerne selbst geraubt. Doch anders als der «Angstversehrte», der den Ring nur «aus schmählicher Not / in des Zornes Zwange» und dank seines Liebesfluchs habe schmieden können, wäre genau dies dem ewigen Verführer Wotan unmöglich gewesen. Mag Alberich also ein Dieb sein – «frevelte ich, / so frevelt' ich frei an mir: / doch an allem, was war, / ist und wird, frevelst, Ewiger, du, / entreißest du frech mir den Ring!» Denn das Opfer der Entsagung bleibt im Golde wirksam verschlossen. Niemand kann der «Triebstruktur des Geldes» (Horst Kurnitzky) entkommen, mögen nominalistische Geldtheorien, die hier bloß abstrakte und rein konventionelle Zeichen am Werk sehen, auch anderes suggerieren. Als Wotan Alberich den Ring brutal vom Finger reißt, spricht dieser daher einen Fluch aus, der bei genauer Lektüre nicht so sehr magische, sondern vor allem analytische Kraft hat:

> *«verflucht sei dieser Ring! (...) / nun zeug' sein Zauber / Tod dem – der ihn trägt! / Kein Froher soll / seiner sich freu'n; / keinem Glücklichen lache / sein lichter Glanz; / wer ihn besitzt, / den sehre die Sorge, / und wer ihn nicht hat, / den nage*

> *der Neid! / Jeder giere / nach seinem Gut, / doch keiner geniesse / mit Nutzen sein'; ohne Wucher hüt' ihn sein Herr, / doch den Würger zieh er ihm zu! / Dem Tode verfallen, / fessle den Feigen die Furcht; / so lang' er lebt, / sterb' er lechzend dahin, / des Ringes Herr / als des Ringes Knecht ...*

Fasolt und Fafner kehren mit Freia zurück. Sie rammen Pfähle in den Boden, zwischen denen der erbeutete Hort aufgeschichtet werden muss, um Freias schöne Gestalt zu verdecken. Auch hier muss der Tarnhelm mit auf den Haufen. Als Wotan seinerseits glaubt, den Ring behalten zu können, erspäht Fasolt hinter dem Goldhaufen ausgerechnet Freias Blick: «Seh' ich dies wonnige Auge, / von dem Weibe lass' ich nicht ab.» Der Lichtgott will ebenso wie zuvor der Fürst der Finsternis die Herausgabe des Rings verweigern, als die «Ur-Wala» Erda erscheint und ihn vor dessen «rettungslos dunkle(m) Verderben» warnt. Der offenbar nicht völlig beratungsresistente Wotan besinnt sich – und wirft den Ring auf den Hort. Wie zu erwarten, geraten die Riesen sofort in Streit. Der gold- und machtgierige Fafner erschlägt seinen mehr sentimentalisch gestimmten Bruder Fasolt und macht sich mit dem Schatz, dem Tarnhelm und dem Ring des Nibelungen davon.

Die Götter ziehen unter triumphalen Klängen in die neue Burg. «Wie von einem großen Gedanken ergriffen» tauft Wotan diese auf den Namen «Walhall» – sinngemäß: die Halle, in der sich die in der Schlacht («Wal») gefallenen Helden versammeln. Loge – und mit ihm der Zuschauer – weiß bereits jetzt, dass Wotans Masterplan zur Beherrschung der Welt scheitern muss: «Ihrem Ende eilen sie zu, / die so stark im Bestehen sich wähnen. / Fast schäm' ich mich / mit ihnen zu schaffen». Die von Alberich beraubten, von Wotan und Loge geprellten Rheintöchter ernten dagegen bloß Spott: «Glänzt nicht mehr / euch Mädchen das Gold, / in der Götter neuem Glanze / sonnt euch selig fortan!»

«Pacta sunt servanda» – «Verträge müssen eingehalten werden». Diesen schönen Spruch kennen viele im Publikum ebenso gut, wie sie um seine faktische Dehnbarkeit wissen. Außerdem kommt der Wagnerfreund am Vorabend des *Ring* mit einem einzigen Toten in zweieinhalb Stunden recht preiswert davon. Die Urverbrechen der rücksichtslosen Ausplünderung der Natur und der Ausbeutung des Menschen durch den Menschen im Zeichen des Goldes freilich werden auf den folgenden drei Abenden vernichtend lasten.

Die Walküre

Der erste Tag der Trilogie – *Das Rheingold* firmiert als «Vorabend» – beginnt auf der Erde und als Kammerspiel par excellence. Ein sichtlich abgehetzter Krieger sinkt nach einem hörbar abgehetzten Vorspiel in einem fremden Hause nieder. Wie fast immer bei Wagner wissen wir weder, wer er ist, noch, was er hier zu suchen hat. Die Dame des Hauses reicht ihm ein höchst erfrischendes Glas Wasser, worauf ihr erfreulicher Anblick beim Gast «des Sehens selige Lust» erweckt. Leider ist die Schönheit verheiratet. Oder, in frühfeudaler Terminologie: «Dies Haus und dies Weib / sind Hunding's Eigen». Der Fremde, so erfahren wir, hat im Kampf seine Waffen verloren. Überhaupt liegt er ständig mit aller Welt im Streit.

Der Hausherr, musikalisch als ruppige Figur charakterisiert, erscheint und bemerkt sogleich die starke Ähnlichkeit des Fremden mit seiner Frau. Der wiederum gibt ungehörig zögernd Auskunft über seine Identität: Weder sei er ein «Friedmund» noch ein «Frohwalt», vielmehr nenne er sich selbst «Wehwalt». (Tipp am Rande: Mit Wagners Tick für sprechende Namen treiben seine Anhänger in den *Ring*-Pausen gern allerlei Schabernack.) Er und sein Vater, ein gewisser «Wolfe», fanden die namenlose Mutter einst nach einem frühkindlichen Jagdausflug erschlagen im niedergebrannten «Wolfsnest». Seine Zwillingsschwester war entführt worden. Hinter all dem steckte «der Neidinge harte Schaar». Aus dem Graben erklingt das Motiv Hundings, der ergo in die Malaise verwickelt sein muss. Viele Jahre zogen Vater und Sohn sodann wie Freischärler durch die Wälder und ließen keinen Kampf aus. Schließlich verlor der Junge «Wolfes» Spur. Mit einer paradigmatischen Anwendung des Leitmotiv-Prinzips – in diesem Fall dem «Walhall-Motiv» – klärt das Orchester die göttliche Identität von «Wehwalts» Erzeuger. Aus dem nun gänzlich einsamen Wald drängt es den Sohn «zu Männern und Frauen» – mit denen es weiterhin nichts als Ärger gibt: «Was rechtes je ich rieth, / andern dünkte es arg; / was schlimm immer mir schien, / andre gaben ihm Gunst. / In Fehde fiel ich / wo ich mich fand». Auch des Helden jüngster Kampf hatte sich an dessen Fundamentalopposition gegen einen Brauch früher Gesellschaften entzündet: dem der arrangierten Ehe. Dass die für heutige Hörer inakzeptable Praxis für die Sicherung der Exogamie in Stammesgesellschaften durchaus sinnvoll war, wird der weitere Verlauf des Aktes belegen. Zwei Brüder, die ihre Schwester an einen ungeliebten Mann verschachert hatten, wurden jedenfalls von «Wehwalt» kurzerhand erschlagen. Am Ende fiel auch «die Maid» im Kampf. Die Gegner waren – logisch – Hundings Leute, die gerufen worden waren, um einem weiteren archaischen Prinzip, dem der Blutrache, Genüge zu tun. Immerhin gilt die Heiligung gesellschaftskonstitutiver Regeln für Hunding uneingeschränkt. Für die Nacht gewährt er seinem Feind Gastrecht. Erst morgen muss er sich zum Kampf stellen.

Sodann kommandiert der Hausherr sein Weib in die Kemenate. Während sie «den Nachttrunk» zubereitet – und zwar nicht mit «Würze», sondern mit einem Schlafmittel –, weist ihr Blick immer wieder auf einen Eschenstamm in der Mitte des Saals. Wir hören ein weiteres der wenigen Leitmotive des

Rings, die man sich unbedingt merken sollte: das «Schwert-Motiv». Hier beklaut Wagner nicht nur die Artus-Sage, in der einzig der künftige keltische König das Schwert Excalibur aus einem Stein zu ziehen vermag. Sehr zur Freude der Traditionalisten errichtet er auch einen Damm gegen aktualisierende Regieeinfälle. Denn weder das Schwert noch der geschmacklich eher fragwürdige Baum als Mittelpunkt von Hundings Wohnzimmer können wirklich überzeugend durch moderne Accessoires ersetzt werden. Doch das ist bei Lichte besehen auch gar nicht nötig.

Denn ein besseres Phallussymbol als ein Schwert, das, so Wagner wörtlich, am Schluss «heraus aus der Scheide zu mir!» gezogen wird, ist schlechterdings nicht denkbar. Der Meister verwandelt seine eigene Steilvorlage denn auch perfekt. Der Fremde ist nicht allein waffenlos, seine ungeklärte Herkunft verhindert auch die Herausbildung seiner sexuellen Identität. Die folgenden Szenen, die mit der Quasi-Arie «Ein Schwert verhieß mir der Vater …» beginnen, decken daher vordringlich diesen inneren Aspekt ab. Das für den Kampf mit Hunding nötige Requisit fällt sozusagen als Nebeneffekt ab. Bevor er das Schwert sieht, sieht unser Mann noch einmal vor seinem inneren Auge das «Weib …, wonnig und hehr» – ein Bild, das ihn mit «entzückende(m) Bangen» und «Sehnsucht» erfüllt. Daraufhin ruft er zweimal seinen Vater «Wälse» an. Wagner notiert hier explizit, dass der Heldentenor die Töne so lange wie möglich halten solle. Der Ruf erleuchtet den Schwertknauf in der Esche mit einem «grelle(n) Schein», den der Held sogleich wieder mit dem «Blick der blühenden Frau» identifiziert, der zuvor schon auf ihm und dem Fundort der Waffe geruht hatte.

Da erscheint die Hausherrin im Nachthemd und erläutert dem Gast ihren anfangs der Szene geäußerten Rätselspruch «Nicht bringst du Unheil dahin, / wo Unheil im Hause wohnt!» Auch sie wurde nämlich zwangsverheiratet. Und ausgerechnet während der Hochzeitsfeier erschien ein «Greis» (Achtung: Walhall-Motiv!) und rammte besagtes Schwert, das seitdem keiner herauszuziehen vermochte, in die Esche. Schon damals wusste das Mädchen, wer der seltsame Gast war (Achtung: Walhall-Motiv!) und «wem allein / im Stamm das Schwert er bestimmt». Jetzt dämmert selbst dem völlig uninformierten *Ring*-Neuling, dass hier die zwei Kinder desselben Vaters – Wotans – auf der Bühne stehen.

Damit ist der Boden für einen in jeder Hinsicht atemberaubenden Hymnus auf den Geschwisterinzest bereitet. Dass die beiden einander zärtlich verfallen sind, unterstreicht Wagners Musik ab dem Beginn des Aktes (unbedingt merken: das «Liebes-Motiv»; für Fortgeschrittene: das «Geschwisterliebe-Motiv»). In einer zweiten De-facto-Arie («Winterstürme wichen dem Wonnemond») besingt der Bruder den Inzest zunächst metaphorisch, indem er den «Lenz» mit seiner «bräutliche(n) Schwester», der Liebe, paart. Die leibliche Schwester übersetzt das in Klartext: «Du bist der Lenz, / nach dem ich verlangte». Sowohl in ihrer frühkindlichen Erinnerung als auch im eigenen Spiegelbild und im Widerhall ihrer Stimme erkennt sie ihren Zwillingsbruder. So kommen die beiden denn auch endlich zu ihren wahren Namen und damit zu ihrer wahren (erotischen) Identität: Siegmund und Sieglinde. «Nenne mich du, wie du liebst, daß ich heiße», so Siegmund, «den Namen nehm' ich von dir!». Diesmal ist das ein nahezu wörtliches Zitat der Balkonszene aus *Romeo und Julia.* Und endlich kann auch das Schwert «als Brautgabe» aus der Scheide von Hundings Bonsai-Weltesche gezogen werden. Nichts verdeutlicht den Sinn dieser Stelle besser als Leonie Rysaneks legendärer «Sieglinden-Schrei», der etwa in der Bayreuther Einspielung von 1967 unter Karl Böhm zu hören ist. Wer mit Wagners pessimistischer Sicht auf den Eros mittlerweile etwas vertraut ist, den wird nicht allzu sehr wundern, dass kurz zuvor das «Schwert-Motiv» mit einem sogenannten «Entsagungs-Motiv» gegengeschnitten wird. Und dass in Siegmunds Text «heiligster Minne / höchste Noth, / sehnender Liebe / sehrende Noth (...) zu That und Tod!» drängt. Bevor jedoch das inzestuöse «Wälsungen-Blut» auf offener Bühne blüht, fällt schnell der Vorhang.

Mit Beginn des zweiten Aufzugs tritt erstmals die titelgebende Walküre Brünnhilde, zugleich die eigentliche Hauptfigur des gesamten *Rings,* auf. Von Wotan erhält sie den Auftrag, für den Sieg seines Sohnes im Kampf gegen Hunding zu sorgen. Bei den Walküren handelt es sich um acht Töchter, die Wotan kurz nach dem Bezug Walhalls mit Erda gezeugt hatte. Sie küren im ewigen irdischen Schlachtengetümmel jene Helden, die Wotan auf seiner Burg um sich sammelt, um für den Tag gerüstet zu sein, an dem Alberich nach der Weltherrschaft greifen wird – falls es ihm gelänge, den verlorenen Ring zurückzugewinnen.

Bevor wir Genaueres über Wotans Strategie erfahren, muss der Gott sich selbst einem klärenden Gespräch stellen. Fricka, «der Ehe Hüterin», stürmt heran und beklagt sich bitter über Ehebruch und «Blutschande» der unehelichen Zwillingskinder ihres Gatten. Der sei offenbar gewillt, sich über seine eigenen Gesetze und Regeln nach Lust und Laune hinwegzusetzen – und damit die Macht der Götter der völligen Lächerlichkeit preiszugeben. Zuerst versucht Wotan dem Gezeter seiner Frau mit launigen Sottisen zu begegnen, was deren Wut natürlich nur weiter steigert. Daher deutet er seinen Plan zumindest an:

> *Noth thut ein Held, / der, ledig göttlichen Schutzes, / sich löse vom Göttergesetz: / so nur taugt er / zu wirken die That, / die, wie noth sie den Göttern, / dem Gott doch zu wirken verwehrt.*

Der vermeintliche Tiefsinn wird von Fricka als pseudodialektischer Selbstbetrug entlarvt. Denn weniger verklausuliert lautet Wotans Plan so: Um zu verhindern, dass Alberich den Ring zurückgewinnt, der einzig *ihm* Macht statt Verderben zu bringen vermag, müsste man Fafner seinen Lohn für den Bau von Walhall wieder stehlen. Dieser Rechtsbruch ist dem Gott aber verwehrt. Also soll ein «freier», jenseits aller gesellschaftlichen Regeln agierender Held – man könnte auch sagen: eine Art mythischer Michail Bakunin – das für ihn erledigen. Und du, so Fricka sinngemäß, bildest dir also ein, dass Siegmund derjenige ist? – Nun ja, schließlich schütze er den Sohn ja schon seit langem nicht mehr. Und sein Schwert habe er sich ebenfalls «selbst in der Noth» gewonnen. Die Fadenscheinigkeit von Wotans Ausflüchten deckt Fricka gnadenlos auf. Siegmund sei bloß ein «Knecht», der Wotan «als Herren hörig und eigen» ist. Anders gesagt: Statt den Wälsung umständlich zum Kuriosum eines leibeigenen Berufsrevolutionärs abzurichten, könnte der Gott Fafners Höhle ebenso gut selbst ausheben.

Es folgt, als Dialog mit Brünnhilde getarnt, ein langes Selbstgespräch Wotans, in dem der Gott zunächst noch einmal die Geschehnisse aus dem *Rheingold* Revue passieren lässt. Anschließend legt er die ganze Vergeblichkeit seines Plans schonungslos offen: «Der durch Verträge ich Herr, / den Verträgen bin ich nun Knecht.» Und: «Zum Ekel find' ich / ewig nur mich / in Allem was ich erwirke!» Schließlich verkündet Wotan resignierend: «Zusammen breche / was ich gebaut! / Auf geb' ich mein Werk; Eines nur will ich noch: das Ende – – / das Ende!» Angesichts der Tatsache, dass uns noch eineinhalb Akte und zwei weitere Opernabende von je viereinhalb Stunden bevorstehen, ist das ein relativ weitsichtiger Beschluss. Außerdem erfahren wir, dass Alberich jüngst mit Gold eine Frau dazu bewegen konnte, ihm einen Sohn zu gebären.

Brünnhilde protestiert gegen Siegmunds Tod – der Vater könne unmöglich seinen geliebten Sohn opfern wollen. Ähnlichkeiten mit dem Schicksal eines anderen Gottes dürften nicht unbeabsichtigt sein. Doch Wotan weist die Tochter – seines

«Willens blind wählende Kür» – scharf zurecht und erteilt ihr den eindeutigen Befehl: «Siegmund falle!» Folgt man § 173 StGB, wäre Siegmunds Tod als Strafe für den «Beischlaf zwischen Verwandten» (bis zu drei Jahre Freiheits- oder Geldstrafe) eindeutig als unverhältnismäßig zu bewerten – zumal die Schwester zunächst straffrei bleibt. Folgt man den Regeln archaischer Gesellschaften, kann Hundings Blutrache am Ehebrecher als regelkonform gelten. Im Übrigen ist Wotan kein sentimentaler Kleinbürger. Sein Verhältnis zum Sohn ist politisch-instrumentell. Und da der nicht der «Freie» ist, für den er ihn hielt, kann er beseitigt werden.

Siegmund und Sieglinde sind auf der Flucht. Während sie sich ein wenig auszuruhen versuchen, macht sich Sieglinde heftige Vorwürfe: Sie sei eine «Entweihte», «unheilig», «entehrt, geschändet», «verworfen». Man wundert sich gerade über ihren Rückfall in archaische Rollenmuster, als sie erklärt, worin ihre Schande besteht: nicht etwa in Ehebruch und Inzest, sondern in dem Umstand, dass sie «je dem Manne gehorcht, der ohne Minne sie hielt». Das deckt sich mit Wotans früherer Aussage gegenüber Fricka: «Unheilig / acht' ich den Eid, der Unliebende eint.» Die Heftigkeit von Sieglindes Ausbruch deutet an, dass es hier um mehr geht, als um die Etablierung der bürgerlichen Liebesheirat gegen die feudale Zweckehe. Die Liebe, die Wotan, Sieglinde und wohl auch Wagner meinen, scheint eher eine Art metaphysisches Prinzip zur Rettung einer Welt zu sein, die einzig kühlem Nützlichkeitsdenken unterworfen wurde. Dass sie sich ausgerechnet in einem Verstoß gegen das nahezu universal geltende Inzesttabu manifestiert, muss daher als Hinweis darauf verstanden werden, wie radikal ein wahrhaft revolutionärer Umsturz dieser Welt nach Wagners Meinung gedacht werden muss.

Im Orchester hört man Hunding anmarschieren. Sieglinde wird von einer Vision heimgesucht, in der sie Siegmunds Ende vorausahnt. In einer ebenso düsteren wie musikalisch anrührenden Szene verkündet Brünnhilde Siegmund den Tod. In Walhall werde er seinen Vater treffen, ebenso wie Frauen – «Wunschmädchen walten dort hehr.» Die Selbstetikettierung der Walküre als göttliche Liebesdienerin, quasi einer germanischen Vestalin, lockt den Todgeweihten jedoch nicht. Die geliebte Schwester wird er nämlich auf Erden zurücklassen müssen. Als Brünnhilde verdeutlicht, dass Revision gegen das Urteil der Götter nicht zulässig ist, plädiert Siegmund auf Höllenfahrt statt auf «ewige Wonne» in den Armen einer «fühllose(n) Maid». Daraufhin wird Brünnhilde langsam menschlich – und mitleidig. Wenigstens die schwangere Schwester solle er ihrem Schutz anvertrauen. Rasend droht Siegmund, lieber Sieglinde und sich selbst zu entleiben, wenn sein Schwert Nothung schon zu sonst nichts mehr tauge.

Es folgt die entscheidende Kehrtwende der Heldin des *Rings*, eine klassische aristotelische Peripetie. Brünnhilde tut, was sie als willenlose Vollstreckerin väterlicher Ratschlüsse niemals tun dürfte: Sie beschließt eigenmächtig, Siegmund zu retten. So muss Wotan den Kampf entscheiden. Mit seinem Speer tritt er Siegmund entgegen. Dessen Schwert zerbricht an der einstweilen noch mächtigeren Waffe des Vaters. Er wird von Hunding erschlagen, der wiederum auf einen «verächtlichen Handwink» Wotans hin tot umfällt. Brünnhilde flieht, Wotan droht «der Verbrecherin» furchtbare Bestrafung an.

Der dritte Aufzug beginnt mit einem von Wagners populärsten Hits, dem «Walkürenritt». Leider hat diesem musikalischen Aufmarsch einer Amazonentruppe nicht nur Francis Ford Coppola in seinem Kultfilm *Apocalypse Now* ein Denkmal gesetzt. Auch die schneidige Kriegsberichterstattung der Nazi-Wochenschauen hat das Stück regelmäßig als Hintergrundmusik für Panzerstürme und Bombenangriffe benutzt. Pazifistischen Wagner-Liebhabern hilft gegen diese gruselige Tradition nur Woody Allens Spott: «Jedes Mal, wenn ich Wagner höre, habe ich das Bedürfnis, in Polen einzumarschieren.» Oder eingestreute Ferkeleien Wagners wie «Die Stute stößt mir der Hengst!» Doch an sich ist die Sache ernst. Brünnhilde ist auf der Flucht vor dem Zorn Wotans und bittet die Schwestern um Schutz. Die verweigern freilich den kollektiven Aufstand gegen den Vater, wollen nicht einmal Sieglinde retten. Sie erfleht Fluchthilfe auch erst, als sie von Brünnhilde erfährt, dass sie schwanger ist. Nach kurzer Beratung mit den Schwestern weist ihr Brünnhilde einen Weg in jenen Wald, in dem auch Fafners Versteck liegt. Dorthin wird Wotan sie nicht verfolgen. Zudem übergibt sie ihr die Trümmer Nothungs – und tauft den ungeborenen Wälsungen-Sohn auf den Namen «Siegfried». Er werde später das Schwert neu schmieden.

Die Schlussszene ist eine lange Diskussion zwischen Wotan und Brünnhilde. Diesmal findet sie allerdings fast auf Augenhöhe statt. Denn die Walküre ist durch ihren autonomen Entschluss vom Fleisch gewordenen Willen des Vaters zu einem Menschen mit freiem Willen geworden. Damit hat sie zugleich ihre «Strafe» selbst bestimmt: Sie wird aus dem göttlichen Kreis und aus Walhall verstoßen. «Was sonst du war'st, / das sagte dir Wotan: / was jetzt du bist, / das sage dir selbst! (...) / Walküre bist du gewesen: – / nun sei fortan / was so du noch bist!» Die Umsetzung des göttlichen Ratschlusses macht klar, was das bedeutet: Brünnhilde ist künftig «nur» noch eine Frau. Wotan wird sie auf einem Berg in «wehrlosen Schlaf» versetzen – und der erstbeste hergelaufene Mann kann sie sich nehmen.

Dieses inakzeptable Schicksal wendet Brünnhilde im Folgenden mit ebenso klugen wie einfühlsamen Argumenten ab. In Wahrheit, und das wisse der Vater tief in seinem Herzen genau, sei sie doch *seinem* Willen gefolgt. Fricka habe ihm bloß «den eig'nen Sinn (...) entfremdet». Dass sie, so Wotan, aus «wissende(m) Trotz» gehandelt habe, mache die Sache nur schlimmer. Da der Gott, so Brünnhilde, im «Zwiespalt» zwischen Vaterliebe und Göttergesetz gefangen, nur auf das Zweite habe sehen können, habe sie im Angesicht von Siegmunds und Sieglindes Not eben für die «Liebe» streiten müssen. So leicht sei das nicht mit der Liebe, entgegnet der Vater. Schließlich wisse Brünnhilde nichts von seinen «Ohnmacht-Schmerzen», vom Zwang, «einer Welt zu Liebe / der Liebe Quell / im gequälten Herzen zu hemmen». Aber da sie nun einmal «der Liebe Macht» statt dem väterlichen Willen gefolgt sei, müsse sie künftig liebend einem Mann folgen. Und wenn das am Ende bloß ein «feiger Prahler» wäre? Brünnhilde weiß, dass sie ihr Schicksal nicht abwenden kann. Aber sie erlangt ein wesentliches Zugeständnis vom Vater: Wotan wird um den Berg eine Feuerwand entfachen, die einzig ein völlig Furchtloser durchschreiten kann, um die Schlafende zu wecken. Brünnhilde wie Wotan wissen, dass dies niemand anders als Siegfried sein wird. Und da der Gott sich sowohl von der Walküre abwenden als auch Sieglinde nicht schützen wird, scheint das sogar das Dilemma seines Plans zur Weltrettung aufzulösen. Denn «einer nur freie die Braut, / der freier als ich, der Gott!» Dass sich Wotans Enkel mit einer seiner Töchter verbinden wird, legt nahe, dass die Sache nicht gut ausgehen kann. Doch einstweilen tröstet uns über diesen Schönheitsfehler Wotans Schlussgesang («Leb' wohl, du kühnes herrliches Kind!») hinweg, eines der schönsten Stücke Musik, die Wagner je geschrieben hat. Das zärtliche innere Glühen des Vaters beim Abschied von der Tochter ist ebenfalls nicht frei von Anwandlungen inzestuösen Begehrens. Nach allem, was wir bislang gesehen haben, finden wir das nicht weiter schlimm.

Siegfried

Wagners gigantisches *Ring*-Projekt begann mit dem Plan zu einer Oper mit dem Titel *Siegfrieds Tod*. Daraus wurde später die *Götterdämmerung*. Während er seine Tetralogie in der bekannten Reihenfolge komponierte, entstand das Textbuch daher quasi von hinten nach vorne. Der *Siegfried* erzählt im Kern die Jugend des Helden, also eine klassische Initiationsgeschichte. Die Oper ist damit eine Art hochdramatischer Bildungsroman. Oder das, was Anthropologen einen «rite de passage» nennen würden: Ein Ritual, in dessen Verlauf aus einem Knaben ein Mann wird.

Der erste Aufzug in einem Satz: Siegfried schmiedet Nothung, das Schwert seines Vaters, neu. Die phallische Symbolik dieses Vorgangs muss nach der *Walküre* nicht weiter dargelegt werden. Zuvor hatte Mime, Alberichs geplagter Bruder, dasselbe ohne Erfolg versucht. Auch er will Fafners Ring, und Siegfried, der in Mimes Obhut aufgewachsen ist, soll ihm dazu als Werkzeug dienen. Mit reichlich Spott über fehlende Familienähnlichkeit, einigen Erkenntnissen über die Fortpflanzung der Wildtiere sowie roher Gewalt entlockt der Wälsung dem Pflegevater das Geheimnis seiner Herkunft. Sieglinde, die sich einst bis zu Mimes Höhle geschleppt hatte, starb bei Siegfrieds Geburt. Zuvor hatte sie dem Nibelungen den Sohn zur Pflege und die Bruchstücke des Schwertes zur Aufbewahrung übergeben. Alle bisher von Mime geschmiedeten Waffen hat der Ziehsohn mit seinen Heldenkräften zerhauen. Als er die Trümmer Nothungs sieht, befiehlt er Mime, aus diesen ein gescheites Schwert zu schaffen. Dann bricht er zu einem Waldspaziergang auf.

In der Gestalt eines Wanderers, der sich (vordergründig) nicht mehr in den Lauf der Welt einmischt, erscheint Wotan bei Mime. Ein etwas länglicher Dialog der beiden, der großteils als *Rheingold*-Ratespiel daherkommt, versorgt die Hörer mit verlorenem Hintergrundwissen. In der Sache läuft er für Mime (und uns) auf die Erkenntnis heraus, dass «nur wer das Fürchten nie erfuhr», Nothung neu schmieden kann. Zu dieser Antwort auf die Masterfrage gibt es als Bonus noch Wotans Prophezeiung, dass Mimes Haupt diesem Furchtlosen verfallen sei. Nun steckt der Zwerg in der Klemme: Siegfried muss das Schwert reparieren – und zugleich das Fürchten lernen, damit er ihn nicht erschlägt. Die Details von Mimes kläglichem Scheitern an Siegfrieds *Éducation sentimentale* tun hier ebenso wenig zur Sache wie das Brauen des Tranks, mit dem er ihn vergiften will, wenn Siegfried Fafner erschlagen hat. Mit der Geschichte vom Drachen in seiner Höhle hat Mime bei ihm natürlich bloß Neugier statt Furcht geweckt.

Als Schmied ein kompletter Laie, tut Siegfried im Gegensatz zu Meister Mime das einzig Richtige: Er versucht nicht, die Bruchstücke des Schwertes zusammenzuschweißen; sondern er zerfeilt die Teile, schmilzt sie ein und gießt ein neues Schwert aus ihnen. Das zieht sich. Nebenbei erfindet Siegfried das Arbeiterlied, Wagner gibt dazu famose Kostproben seiner klangmalerischen Künste. Mit dem ausgehärteten Stahl spaltet Siegfried Mimes Amboss in zwei Teile. «Der Vorhang fällt schnell.»

Der zweite Aufzug in einem Satz: Siegfried erschlägt Fafner, macht sich aber nichts aus Gold und nimmt nur auf Anraten eines Vogels – von dem er auch ersten Aufklärungsunterricht erhält – Ring und Tarnhelm an sich. Vor Fafners Höhle treffen Alberich und der Wanderer aufeinander. Für zwei alte Erzfeinde plaudern sie relativ entspannt über den Weltenlauf. Wotan weckt den Drachen und verkündet ihm sein nahes Ende. Alberich bietet ihm einen Deal an: Wenn er den Ring bekommt, dann darf Fafner das übrige Gold behalten. Der Wurm entpuppt sich als träger Schatzbilder: «Ich lieg' und besitz: – lasst mich schlafen!» Herrschte im *Ring* bereits moderner Kapitalismus, Fafner wäre der typische Couponschneider. Und wir wissen: Wenn solche Leute die Mehrheit der Anteile halten, dann kann es wirtschaftlich, politisch und gesellschaftlich nur bergab gehen. Siegfried und Mime betreten die Szene, während Alberich die beiden aus einer Schlucht belauert. Abermals versucht Mime, Siegfried mit Schauergeschichten über den Drachen das Fürchten zu lehren, abermals scheitert er. Angeekelt schickt Siegfried ihn weg.

Während des folgenden «Waldwebens», einem hübschen Intermezzo voller Naturromantik und Innerlichkeit, macht sich Siegfried Gedanken über das Aussehen von Vater und Mutter – ein weiterer Schritt in der Selbstfindung des Helden. Ein Waldvogel fesselt seine Aufmerksamkeit, mit einer selbst geschnitzten Flöte versucht Siegfried vergeblich, die Vogelstimme zu imitieren. Eventuell anwesende Instrumentenbauer im Publikum rätseln, wie man mithilfe eines Langschwertes eine Blockflöte herstellt. Um aus der nahe gelegenen Quelle zu trinken, nähert sich Fafner. Nach kurzem Wortwechsel kommt es zum Kampf. Siegfried tötet den Drachen mit einem gezielten Schwertstoß ins Herz. Fafner stirbt gelassen, nicht ohne zuvor den «hellhäutige(n) Knabe(n), unkund (s)einer selbst» vor dem tödlichen Fluch zu warnen, der auf seinem Gold lastet. Wären alle Herrschenden derart aufgeblasene Schlappschwänze, dann hätte die Revolution spätestens mit Spartacus gesiegt. Anders als der Siegfried aus der Sagenwelt badet Wagners Protagonist nicht im Drachenblut. Er führt nur seine blutbeschmierte Hand zum Mund. So wird er im psychologischen Sinne ‹welthellsichtig›, statt im physischen Sinne unverwundbar. Wagner symbolisiert das, indem er Siegfried plötzlich die Stimme des Waldvogels verstehen lässt. Der Tarnhelm, so erfährt er, tauge «zu wonniger That», der Ring mache «ihn zum Walter der Welt». Dass ausgerechnet die Stimme der Natur solch fatale Ratschläge erteilt, muss als dramaturgisch zwar entschuldbarer, philosophisch aber etwas bedenklicher Bruch gewertet werden.

Während Siegfried in der nunmehr herrenlosen «Neidhöhle» verschwindet, geraten Alberich und Mime vor derselben in einen kleinlichen Streit um die Beute, der abrupt endet, als Siegfried mit Helm und Ring zurückkehrt. Vorderhand haben die Nibelungen abermals verloren. Alberich sieht das ein und macht sich davon. Mime will es noch mit seinem Gifttrank versuchen. Der folgende Dialog, in dem der arme Zwerg wegen des Drachenblut-Zaubers anstelle heuchlerischer Schmeicheleien stets das mit ihnen tatsächlich Gemeinte singen muss, trägt zum Gesamtverständnis wenig bei. Am Ende erschlägt Siegfried Mime. Der ist damit der fünfte namentlich bekannte Tote des *Rings*. Leider ist auch Siegfried inzwischen vom Zynismus des Zyklus angekränkelt: Er wirft den seiner Goldgier zum Opfer gefallenen Ziehvater auf den Hort, auf dass er «des wonnigen walten» möge – und verstopft den Höhleneingang mit Fafners Leiche.

Der zweite Aufzug schließt mit erwähnter Aufklärungsstunde. Der Waldvogel (übrigens ein lyrischer Koloratursopran), so Siegfried, werde von «Brüdern und Schwestern umschweb(t)», er dagegen habe weder Geschwister, noch kenne er seine Eltern. Und nun frage er sich, ob er je «ein gut Gesell» finden werde. Der Waldvogel erzählt von Brünnhilde. Dieser «holde Sang (…) brennt» Siegfried sogleich «sehrend die Brust», aber er kann das Gefühl nicht einordnen. Der Waldvogel, offenbar eine Wagnerianerin, erklärt ihm die Liebe mit dem *Tristan*-Prinzip: «Lustig im Leid / sing' ich von Liebe; / wonnig aus Weh' / web ich mein Lied: / nur Sehnende kennen den Sinn!» Allerdings könne nur ein Furchtloser die Braut gewinnen. Das sei ja er selbst, weiß Siegfried. Zugleich ahnt er, was in der Welt wirklich Angst macht: die Macht des Begehrens. «Noch heut' gab ich / vergebens mir Müh', / das Fürchten von Fafner zu lernen. / Nun brennt mich die Lust, / es von Brünnhild zu wissen.» Der Vogel weist ihm den Weg zum Ausgang aus seiner unverschuldeten Unmündigkeit.

Der dritte Aufzug in einem Satz: Siegfried trifft seinen Großvater, zerschlägt den Speer, in den der einst das Welt-Grundgesetz geschnitzt hatte, und wird im Liebesakt mit Brünnhilde zum Mann. In einem orakelnden Eingangsdialog mit Erda erklärt der Wanderer, was sich zumindest nachdenkliche Zuschauer schon länger gedacht haben: «Der Götter Ende» steht zwar weiter unverrückbar fest, doch die Welt soll, anders als zuvor vom resignierten Gott gedacht, nicht an Alberich (salopp gesagt: an die montanindustrielle Fraktion der Bourgeoisie), sondern an Siegfried fallen. Weniger salopp gesagt: Die Utopie einer Gesellschaft frei assoziierter Produzenten und selbstlos liebender Menschen scheint dem Gott in diesem Moment wieder realisierbar zu sein. Denn «ledig des Neides, / erlahmt an dem Edlen / Alberich's Fluch». Wir werden sehen …

Kurz vor der Ankunft am Brünnhilden-Felsen wird Siegfried der Weg vom Wanderer versperrt. Auch deren Dialog ächzt zunächst ein wenig unter Wagners Hang zur Rückschau. Funktional gesehen ist er die abschließende Empörung des pubertierenden Sohnes gegen den (Groß-)Vater. So muss sich der Göttervater vom Enkel ein freches «Halte dein Maul!» anhören – und sich scharfsinnig als «Verbieter» titulieren lassen. Er solle aufpassen, dass es ihm nicht wie Mime gehe: «So lang' ich lebe / stand mir ein Alter / stets im Wege: / den hab' ich nun fort gefegt.» Doch auch Wotan (nur zur Erinnerung: Brünnhildes Vater) ist ein guter Psychoanalytiker: «Verschlossen hält / meine Macht die schlafende Maid: / wer sie erweckte, / wer sie gewänne, / machtlos macht' er mich ewig!» Man schämt sich fast der längst abgedroschen wirkenden phallischen Symbolik – aber es ist nun mal nicht zu ändern: Mit Opas neu geschmiedetem «Schwert» schlägt Siegfried dessen «Schaft» (den aus der Weltesche geschlagenen Speer) in Stücke. Damit wird freilich nicht nur der übermächtige Vater entmannt. Auch das von ihm oktroyierte Weltengesetz («der Herrschaft Haft») tritt außer Kraft. Jetzt endlich kann der Sohn in der Liebe das Fürchten lernen.

Der theatralisch effektvolle Feuerwall ist natürlich nur für Pyrotechnik und Bühnenfeuerwehr, nicht aber für Siegfried ein Problem (heutzutage ist da eher die Lichtregie gefragt).

Für den beginnt die Liebesvereinigung mit Brünnhilde dafür mit einer schockierenden Erkenntnis: «Das ist kein Mann!» Es ist *diese* Einsicht, die im Wälsung «feurige Angst» auslöst – und die ihn tatsächlich erst einmal nach der Mutter rufen lässt. Was soll er bloß tun, um die Schlafende zu wecken?

> *Wie ist mir Feigem? – / Ist dies das Fürchten? – / O Mutter! Mutter! / Dein muthiges Kind! / Im Schlafe liegt eine Frau: – / die hat ihn das Fürchten gelehrt! / Wie end' ich die Furcht? / Wie fass' ich Muth? – / Daß ich selbst erwache, / muß die Maid ich erwecken!*

Hellsichtiger lässt sich die Logik erotisch induzierter Individuation im Angesicht einer Mutter-Imago schlechterdings nicht formulieren. Dem Helden dämmert denn auch gleich, dass wohl ein Kuss das Mittel der Wahl für diese Art von Erweckung ist. In der folgenden, gut dreißigminütigen Schlussszene zeigt Wagner nicht nur seine ganze kompositorische Kunst, er wartet auch mit einer schlauen Analyse des verzwickten Wechselspiels von Selbstwerdung und Selbstvergessen im Strudel des Begehrens auf.

Denn indem sie einander sexuell verfallen, bewegen sich Siegfried und Brünnhilde auf gegenläufigen Bahnen. Während der Held sich mühsam zum Umgang mit dem erotischen Erschrecken und zur Erkenntnis seiner Identität vorarbeitet, muss Brünnhilde mit ihrer sexuellen Überwältigung («Kein Gott nahte mir je: / der Jungfrau neigten / scheu sich die Helden») zugleich den Verlust ihres göttlichen, überzeitlichen Wissens erleiden («trauriges Dunkel trübt meinen Blick»). Wohl erkennt sie in Siegfried den lang Ersehnten, zugleich weiß sie noch um das verhängnisvolle Schicksal des Wälsungen-Geschlechts. Was sie daher Siegfried anfangs erzählt, verwirrt diesen derart, dass er Brünnhilde fast für seine Mutter hält. Die kippt den Anflug von Inzest-Verdacht – immerhin sind die beiden Großgeschwister – flugs in Richtung Narzissmus: «Du selbst bin ich, / wenn du mich Selige lieb'st.» Siegfried versteht das schon im ersten Aufzug der *Walküre* ins Spiel gebrachte, hier etwas theoretisch formulierte Motiv der Selbstbespiegelung im Anderen natürlich überhaupt nicht («dunkel dünkt mich der Sinn»). Brünnhilde weicht daher auf die allegorische Ebene des Narziss-Mythos aus: Siegfried solle sein eigenes «Bild im klaren Bach» nicht aufwühlen, indem er sich der Frau mit «wüthende(r) Nähe» und «brechende(m) Zwang» nähere. In «der Welle schwankend Gewog'» verlöre er sich nämlich nur selbst: «Liebe – dich, / und lasse von mir: / vernichte dein Eigen nicht!»

Im Gesamtkontext des *Rings* sollte man das nicht nur libidotheoretisch lesen. Für Wagner ist die erotische Liebe schließlich keine Himmelsmacht, sondern ein höchst weltliches Verhängnis. Mit ihrer sexuellen Vereinigung würden die beiden Rettergestalten folglich auch in alle anderen Verhängnisse der Welt (Mord und Totschlag, Macht- und Raffgier, Neid, kühles Kalkül etc.) hineingerissen. Doch Siegfried wendet in seiner noch nicht völlig verlorenen Unschuld Brünnhildes dunkles Liebesverbot ins vermeintlich Positive. Tatsächlich ist sein drängelndes Plädoyer abermals *Tristan* pur («ertrinken – versinken – unbewusst – höchste Lust!»).

> *Ein herrlich Gewässer / wogt vor mir; / mit allen Sinnen / seh' ich nur sie, / die wonnig wogende Welle: / brach sie mein Bild, / so brenn' ich nun selbst, / sengende Gluth / in der Fluth zu kühlen; / ich selbst, wie ich bin, / spring' in den Bach: – / o dass seine Wogen / mich selig verschlängen, / mein Sehnen schwänd' in der Fluth!*

Da kann schließlich auch die Walküre nicht mehr widerstehen («Lachend muss ich dich lieben; (…) / lachend lass uns verderben – / lachend zu Grunde geh'n!») In einem mitreißenden Schlussduett führt Wagner sein Paar über die Opposition von «Heil der Welt» (Siegfried) und «Nacht der Vernichtung» (Brünnhilde) zum wollüstigen Sturz in die Koinzidenz der Gegensätze : «leuchtende Liebe, / lachender Tod!». Dabei taucht er die intime Nähe von Eros und Thanatos in den schönen Schein eines strahlenden C-Dur. «In toller, wilder Lust laßt uns über den offenen Gräbern tanzen», heißt es in E.T.A. Hoffmanns *Kreisleriana* über die zwiespältige Grundtonart, «die da unten hören es nicht». Damit sind auch wir gemeint, die wir die *Götterdämmerung* noch vor uns haben.

Götterdämmerung

Versicherungsrechtlich gilt der Weg zur Arbeit als Teil der Arbeitszeit. Das ist auch eine gute Nachricht für Dirigenten der *Götterdämmerung.* Denn wenn sie (in der Erstausgabe) zur Seite 91 der Partitur umblättern und endlich die Überschrift «Erster Aufzug» erblicken, dann haben sie und ihr Orchester bereits eine knappe Dreiviertelstunde «Vorspiel» hinter sich – wohlgemerkt keine Ouvertüre, sondern einen veritablen Halbakt. Auf dem Walkürenfelsen sitzen die drei Nornen. Die Schicksalsgöttinnen, den römischen Parzen und den griechischen Moiren verwandt, sind aus der *Edda* in die *Götterdämmerung* entlaufen. Aus diesen im 13. Jahrhundert verfassten Sammlungen skandinavischer Götter- und Heldensagen hat sich Wagner für seinen *Ring des Nibelungen* weit umfassender bedient als aus dem mittelhochdeutschen *Nibelungenlied.* Seine Götter, Erda, die Walküren, Fafner stammen dorther, auch der Nibelungenhort kommt schon in der *Edda* vor.

Vor Siegfrieds und Brünnhildes Felsgemach berichten die Nornen, was bisher geschah. Sie stehen für die Zeitdimensionen Vergangenheit, Gegenwart und Zukunft – doch verwirrt sich in ihrem Bericht der Zeitstrahl, symbolisiert durch ein

Seil, das die drei sich während ihres Gesprächs zuwerfen. Es gilt also bereits das *Parsifal*-Motto: «Zum Raum wird hier die Zeit.» Wer die ersten drei Teile der Tetralogie gut kennt, langweilt sich eventuell ein wenig. Immerhin wird noch einmal genauer erklärt, was es mit jener mythischen Weltesche auf sich hat, die in der *Edda* «Yggdrasil» heißt. Ungefähr zu der Zeit, als Alberich das Rheingold stahl, also quasi zwischen Vorspiel und Beginn des «Vorabends» zum *Ring*, hatte sich auch Wotan – der *kein* Schöpfergott ist – wider die Natur versündigt. Er brach jenen Ast von der Weltesche ab, aus dem er seinen Speer mit «treu berath'ner Verträge Runen» schnitt. Daraufhin verdorrte der Urbaum ebenso, wie der heilige, «Weisheit raunend(e)» Urquell versiegte. Als Siegfried den Speer zerhieb, ließ Wotan dann die Weltesche fällen und ihr Holz zum Scheiterhaufen rund um Walhall schichten. Vom «heiligen Sinn» der Quelle des Urwissens nunmehr abgeschnitten, sehen die Nornen zwar noch undeutlich den «rächende(n) Fluch» des Rings, aber sie finden keine Antwort mehr auf die Orakelfrage «Weisst du was daraus wird?» Ihr Seil reißt. Damit ziehen sich die letzten mythischen Gestalten aus dem *Ring* zurück.

Exkurs: Der Fluch des Goldes als Versiegen des Zinses

Was will uns die mythische Erzählung der Nornen sagen? Während Alberichs Naturfrevel die reale Ordnung der (montanen) Produktion und die symbolische Ordnung eines gold- bzw. geldvermittelten Tausches etabliert, ist Wotans Naturfrevel der Gründungsakt einer komplementären symbolischen Ordnung: der des Gesetzes. *Beide* mythischen Taten versinnbildlichen zugleich zentrale ideologische Verblendungen der bürgerlichen Gesellschaft, die durch Denker wie Thomas Hobbes, John Locke, Adam Smith oder Jean-Jacques Rousseau theoretisch entfaltet wurden: dass der Mensch naturrechtlich legitimiert sei, zur Sicherung seiner Existenz sich die Natur durch Arbeit anzueignen; dass sich der Mensch als des Menschen Wolf gesellschaftsvertraglich gebunden und einer Macht unterworfen habe, die die individuelle Gewalt monopolisiere; und dass im Tausch eine unsichtbare Hand walte, die die höchst egoistischen Interessen der Wirtschaftssubjekte zur Förderung des Gemeinwohls mobilisiere. Verdrängt wird in diesen sozialphilosophischen Projektionen die oft gewaltsame, offen räuberische Aneignung von Natur, Land und Arbeitskraft – das, was Marx als «Prozess der ursprünglichen Akkumulation des Kapitals» beschrieben hat. Überhaupt werden sämtliche Opfer verdrängt, die im Prozess der Zivilisation darzubringen waren. Verdrängt wird zudem, dass Neid, Betrug und Gewalt bis heute mehr sind als bedauerliche Betriebsstörungen des Marktes, des Rechts und des Staates. Vor allem wird die von Anbeginn höchst ungleiche Lastenverteilung in der geschlechtsspezifischen, familiären und ständischen Organisation aller Gesellschaften verdrängt. Wagners mythisches Weltendrama tut das Gleiche, was schon das mythische Theater der Antike tat: Es präsentiert die Rechnung für die humanitätsstiftende Trennung von Natur und Kultur oder, mit Nietzsche gesprochen, für die «Leiden der Individuation».

Die Parallelität zwischen Alberichs Goldraub und Wotans Schändung der in der Weltesche symbolisierten Natur führt auf den Grund der Weltsicht des *Rings*. Die Dramaturgie des Zyklus begünstigt die Annahme, den Gott und den Nibelungen als Gegenspieler zu sehen. Doch tatsächlich sind sie Angehörige des gleichen Geschlechts: Alberich *und* Wotan bezeichnen die Götter als «Lichtalben», der Wanderer nennt sich selbst sogar «Licht-Alberich». Und tatsächlich sind auf einer tieferen Ebene Gold (lies: Gier, Neid, Verblendung) *und* Gesetz (lies: Zwang, Verrat, Betrug) die Quellen aller Verhängnisse. Denn es ist der «Verträge trügender Bund», der es dem Gott unmöglich macht, den fatalen Gang der Geschäfte aufzuhalten. Wer über das Rheingold verfügt, der hat das Recht auf seiner Seite. Präziser: die Garantien des bürgerlichen Rechtsstaates. Und dessen heiligstes Recht ist nun einmal das Eigentumsrecht, das im Kern wiederum ein Schutzrecht des egoistischen Individuums ist. Dieses Recht einmal ignoriert zu haben (als Wotan sich von Loge einreden ließ, er beraube ja nur einen Räuber), setzt die Abfolge von Katastrophen mindestens so in Gang wie der Raub des Rheingolds selbst.

Die Logik des Privateigentums entfaltet ein Text von 1844, den Wagner nachweislich kannte, und von dessen Titel er sich zunächst vielleicht sogar Nahrung für einschlägige Vorurteile versprochen haben mag: das Marx-Traktat *Zur Judenfrage* (das vielen seiner Anhänger oft als ebenso peinlich gilt wie Wagner-Fans dessen Pamphlet über *Das Judenthum in der Musik*). Im Rahmen einer kritischen Besprechung zweier Aufsätze Bruno Bauers zur politischen Emanzipation des Judentums erörtert Marx dort das Verhältnis von politischer, ökonomischer und sozialer Emanzipation des Menschen im Allgemeinen. Für ihn ist es eine «Tatsache, daß die sogenannten Menschenrechte, die *droits de l'homme* im Unterschied zu den *droits du citoyen* (den staatsbürgerlichen Rechten), nichts anderes sind als die Rechte des Mitglieds der bürgerlichen Gesellschaft, d. h. des egoistischen Menschen, des vom Menschen und vom Gemeinwesen getrennten Menschen.» Mehr noch, der Citoyen werde im bürgerlichen Staat «zum Diener des egoistischen *homme* (...) degradiert» und schlussendlich «der Mensch als *bourgeois* für den eigentlichen und wahren Menschen genommen.» Weshalb «die menschliche Emanzipation» auch erst dann «vollbracht» sei, wenn der Mensch seine individuellen Kräfte «als gesellschaftliche Kräfte erkannt und organisiert hat und daher die gesellschaftliche Kraft nicht mehr in der Gestalt der politischen Kraft von sich trennt».

Anders als Marx, der sich seinerzeit auf den Weg in den philosophischen und ökonomischen Materialismus machte, zog der philosophische Idealist Wagner jedoch einen anderen Schluss aus der beschriebenen Aufspaltung des Menschen in Staatsbürger und Erwerbsbürger: Er verortete die Verkennung der «gesellschaftliche(n) Kräfte» des Menschen gerade nicht im Bourgeois, sondern im Citoyen. Die Sphären des Verderbens sind für ihn die Macht und die Politik, nicht allein die Ökonomie.

Dass das Gold im entwickelten Äquivalententausch zum magisch aufgeladenen «Gott der Waren» (Marx) wird, dass es damit zugleich eine «verkehrte Welt» konstituiert, in der es zu einer «allgemeine(n) Verwechslung und Vertauschung aller Dinge», schließlich «aller natürlichen und menschlichen Qualitäten» komme (so Marx in seinen ebenfalls 1844 in Paris verfassten, aber erst 1932 publizierten *Ökonomisch-philosophischen Manuskripten)*, auch das hätte Wagner zeitweise wohl unterschrieben. Aber der Fetischcharakter von Ware und Geld interessiert ihn im *Ring* auffällig wenig. So wenig, dass er sogar das verführerische Angebot ausschlägt, auf jenen im Grunde ausgetretenen Pfad antisemitischer Geld- und Zinskritik abzubiegen, den Marx im – besonders peinsamen zweiten Teil der *Judenfrage* geradezu lustvoll beschreitet («Welches ist der weltliche Kultus des Juden? Der Schacher. Welches ist sein weltlicher Gott? Das Geld. Der Gott der Juden hat sich verweltlicht, er ist zum Weltgott geworden. Der Wechsel ist der wirkliche Gott des Juden.») Die Reizworte «Schächer» und «Schächergewerbe» fallen im *Ring* ganze zwei Mal: als Fricka Wotan für seinen Walhall-Handel mit den Riesen kritisiert – und da geht es um Machtgier, nicht Geldgier, um ihre Schwester Freia, nicht um Gold. Umgekehrt fällt auf, dass die Geldkritik ausgerechnet in Wagners Gründungsmythos der bürgerlichen Welt kaum über platte Motive wie «Neid» und «Gier» hinauskommt.

Das hat wiederum, so paradox es erscheint, einen erstaunlich präzise formulierbaren ökonomischen Grund: Es gibt im *Ring* weder entwickelten Warentausch noch entwickelte Kapitalakkumulation. Beide werden vielmehr durch Alberichs göttliche ‹Enteignung› im *Rheingold* sofort wieder suspendiert. Die Goldübergabe Wotans an Fasolt und Fafner im Gegenzug für den Bau Walhalls ist der einzige ‹Tauschakt›. Fafner «liegt und besitzt» dann nur noch, Siegfried lässt das Gold achtlos in der Höhle zurück. Und alle Besitzer des Rings nach Alberich verwenden ihn ausschließlich zu politischen oder erotischen, nicht zu ökonomischen Zwecken.

In seinem Fluch auf das Gold – dem notwendigen Kontrapunkt zum Fluch auf die Liebe – erklärt uns der einzige ‹industrielle Kapitalist› des *Rings* denn auch erstaunlich präzise, warum das so ist: Das Rheingold wechselt zwar den Besitzer, aber nicht seinen Eigentümer. Indem Wotan und Loge Alberich berauben, berauben sie zugleich das Gold seiner eigentlich rätselhaften Macht: Mehrwert zu generieren und Zins zu tragen. Das vermag einzig Alberich. Hat doch einzig er, der Stifter des «Evangeliums der Entsagung», den Preis für dieses Privileg entrichtet. Niemand außer seinem Eigentümer vermag das Gold «mit Nutzen» zu «genießen», alle anderen müssen es «ohne Wucher» hüten. Nicht der reale Hort des Goldes, allein die symbolische Verfügungsmacht des Rings wird ihren Besitzern den Tod bringen. Sogar den an Macht und materiellem Reichtum vollkommen Desinteressierten: Siegfried und Brünnhilde.

«... des Einen Tod taugt mir für alle»: Siegfried/Christus

Fortan sind die Menschen der *Ring*-Welt mit ihren Intrigen und ihren irdischen Verwirrungen der Gefühle allein. Zu diesen Menschen gehört nunmehr auch Brünnhilde: «des Wissens bar – doch des Wunsches voll». Sie und Siegfried treten mit Tagesanbruch aus ihrem Liebesnest. Frei nach Schillers Motto: «Der Mann muss hinaus ins feindliche Leben, und drinnen waltet die züchtige Hausfrau», sendet Brünnhilde ihren Helden «zu neuen Thaten» aus. Sie überlässt ihm ihr Ross Grane und erinnert ihn noch einmal an drei Fetischbegriffe des *Ring*-Personals: «Eide», «Treue» und «Liebe». Als Unterpfand seiner – subjektiv sicher ehrlich gemeinten – Schwüre überlässt ihr Siegfried leider ausgerechnet Alberichs Ring. Während Wagner uns eine kräftige Dosis «Heil!»-Rufe verpasst, wissen wir, dass das Unheil nun auch in dieses Haus eingezogen ist.

«Siegfrieds Rheinfahrt», eine gern auch konzertant gegebene Verwandlungsmusik, bringt ein Potpourri Wagner'scher Leitmotive zu Gehör. Am Ziel seiner Reise, in der Halle der Gibichungen (den Burgundern des Nibelungen-Epos), wohnt das Unheil schon länger – und zwar in Gestalt Hagens, dem Halbbruder Gunthers und seiner Schwester Gutrune. Die im mittelalterlichen Epos zentrale Figur von Gunthers Schwester Kriemhild hat Wagner per Federstrich zu deren Mutter befördert (in der Vorlage hat sie immerhin einen nach dem Bruder benannten Sohn). Hagens Vater dagegen ist, wie wir bald erfahren, Alberich. Die Gibichungen leiden unter dem klassischen dynastischen Problem schlechthin – dem des fehlenden Erben. Hagen, die tiefgraue Eminenz hinter dem König, kennt die Lösung: Gunther soll Brünnhilde heiraten, Gutrune Siegfried. Das ist wahrhaft strategisch gedacht. Die derzeitigen Herren der Welt würden damit nicht nur die denkbar besten Partien machen, dürften sich nicht nur auf prachtvolle Nachkommen freuen. Im gleichen Aufwasch hätte man sogar noch die Sachwalter Wotans in sein Machtspiel eingebunden. *If you can't beat them join them.*

Das einzige Problem – dass Gunther Brünnhilde nicht selbst bezwingen könnte – soll Siegfried lösen, den man als getarnten Brautwerber vorschicken will. Dass er und Brünnhilde bereits ein Paar sind, hat man bei Hofe zwar noch nicht mitbekommen. Aber für den Fall, dass er sein Herz an eine andere verloren hätte und ergo an Gutrune desinteressiert wäre, hat Hagen einen «würzigen Trank» in petto, der Siegfrieds erotische Erinnerungen auslöschen soll. Wagners Griff in die dramaturgische Apotheke darf natürlich ebenso wenig pharmakologisch gedeutet werden wie Isoldes Liebestrank. Die Droge, die hier wirkt, ist das Unbewusste. Siegfried wird Brünnhilde vergessen, weil er als nach wie vor unzivilisierter Naturbursche weder zur Geschichte der eigenen Seele noch zum bürgerlichen Sittengesetz ein wirklich bewusstes Verhältnis hat.

Die Welt ist klein. Kaum ist die Intrige gesponnen, landet auch schon Siegfrieds rheinauf geschipperter Kahn. Der Held hat bereits von Gunther gehört. Seine Begrüßung fällt ebenso knapp wie herzlich aus: «... ficht mit mir, oder sei mein Freund!» So ein Angebot kann man nicht ablehnen. Mit hohem politischem Tempo erklärt Gunther Siegfried zum Erben von «Land und Leut'». Er selbst, so Siegfried, könne bloß «den eig'nen Leib» und sein Schwert bieten. Damit erklärt sich der Held selbst zum Vasallen. Auf den Nibelungenhort angesprochen, bekennt er naiv, dessen «müß'ges Gut» habe er fast vergessen – nur ein «Gewirk» und einen Ring habe er entnommen. Wozu ersteres tauge, wisse er nicht, den Ring hüte «ein hehres Weib». Hagen erklärt ihm die Funktion des Tarnhelms. Zum Thema Ring fällt bezeichnenderweise kein weiteres Wort.

Gutrune kommt mit dem fatalen Begrüßungscocktail herein, und Siegfried bringt sogar noch einen Toast auf Brünnhilde aus. Doch des Vergessens gütiger Trank wirkt schnell. Kaum sieht er in ihre errötend aufgeschlagenen Augen, entbrennt Siegfried für Gutrune. Gerade wollen wir seine Frage, ob ihr Blick «gute Runen» aussende, verneinen, da macht er ihr bereits einen Heiratsantrag. Auf Siegfrieds Frage, ob *er* denn ein Weib habe, bringt Gunther das Gespräch auf Brünnhilde und das Problem ihres feuerbewehrten Felsens. Und schon fällt dem tumben Toren auf den Namen nichts mehr ein – er bietet an, die Ex-Walküre, getarnt durch Mimes «Gewirk», an Gunthers Stelle zu freien. Die beiden schließen feierlich Blutsbrüderschaft und schiffen sich unverzüglich Richtung Walkürenfelsen ein. Hagen bleibt als finstere Wache zurück: «Ihr freien Söhne, / frohe Gesellen, / segelt nur lustig dahin! / Dünkt er euch niedrig, / ihr dient ihm doch – / des Niblungen Sohn.»

Brünnhilde ist wonnig in den Anblick von Siegfrieds Ring versunken, als die Walküre Waltraute heranstürmt. Der beiden Dialog ist fast so etwas wie eine *Götterdämmerung* in nuce. Waltraute will aber nicht über Liebeswonnen plaudern. Wotans strenge Kontaktsperre gegenüber der Schwester hat sie nur gebrochen, um diese zu überzeugen, dass sie den verfluchten Ring an die Rheintöchter zurückgeben müsse. Weil Brünnhilde das alles noch nicht weiß, werden wir noch einmal an Wotans Kampf mit Siegfried und an die Fällung der Weltesche erinnert. Seitdem sitzen die Götter, die Walküren und die toten Helden in einer depressiven Vollversammlung schweigend auf Walhall und erwarten das Weltende. Als Wotan einmal seiner verstoßenen Tochter gedenkt, sagt er einen einzigen Satz: «... des tiefen Rheines Töchtern / gäbe den Ring sie zu rück, / von des Fluches Last / erlös't wär' Gott und Welt!» Brünnhilde versteht von solch höheren Wirren kein Wort mehr. Der Weltenlauf ist ihr völlig wurst: «die Liebe ließe ich nie, (...) / stürzt' auch in Trümmern / Walhall's strahlende Pracht!» Die romantische Emphase lässt sie menschlich wirken. Aber man muss bezweifeln, dass hier die Liebe als rettende Macht auf den Plan tritt. Vielmehr scheint es, dass der Rheingold-Ring auch Brünnhilde längst knechtet und «kirrt» – Alberichs Fluch setzt an die Stelle der Liebe deren dinglichen Fetisch. Als Siegfried heranstürmt, muss Waltraute unverrichteter Dinge abziehen.

Wenn es richtig schlecht läuft, dann geht es oft auch schnell. Nach kurzem, heftigem Wortwechsel überwindet der Getarnte die Geliebte und reißt ihr den Ring, dessen Macht in

Frauenhand offenbar wenig wirkt, vom Finger. Dass Siegfried auf eine problemlos mögliche Wiederholung des Liebesaktes verzichtet und stattdessen für die Nacht sein symbolisches Glied zwischen sich und Brünnhilde legt, zeigt uns, wie gut die Verdrängung bei ihm funktioniert. Denn dass er «in Züchten warb: / die Treue wahrend dem Bruder», kann außer ihm niemand ernstlich glauben.

Der zweite Aufzug beginnt mit einer tollen, für Wagner typischen Traumsequenz; besser gesagt: mit einer hypnotischen Therapiesitzung. Alberich überzeugt sich, dass ein Unbewusstes auf Empfang geschaltet ist: «Schläfst du, Hagen, mein Sohn? / Du schläfst, und hörst mich nicht …?» – «Ich höre dich, schlimmer Albe: / was hast du meinem Schlaf zu sagen?» Hagen solle sich seiner Macht bewusst sein, die «Frohen» hassen, und den «Lust-freien, Leid-belasteten» Vater lieben. Gelänge es, Siegfried auszuschalten, der die Macht des Nibelungenrings weder kenne noch nutze, dann fiele Alberich und Hagen die Weltmacht der Götter zu. Dagegen müsse verhindert werden, dass er den Ring an die Rheintöchter zurückgibt. Mehrfach unterbricht Alberich seine Beschwörung mit dem Refrain: «Schläfst du, Hagen, mein Sohn?» Der schwört sich schließlich unbewusst, ergo umso mächtiger, Siegfried den Ring zu entwinden. Wir wissen, dass ihm das schwerlich im offenen Kampf gelingen kann.

Noch vor Gunthers und Brünnhildes Schiff stürmt Siegfried herbei und meldet Vollzug. Gutrunes Sorge, er könne in Gunthers Gestalt vorab mit Brünnhilde die Ehe vollzogen haben, zerstreut der Held maliziös: «Zwischen Ost und West» habe «der Nord» gelegen, sein (zumindest metaphorisch nach oben weisendes) Schwert. Dann gehen Gutrune und Siegfried zwecks Vorbereitung der Doppelhochzeit ab.

Nach drei Abenden und fast drei Stunden heraufziehender *Götterdämmerung* tritt nun erstmals im *Ring* der Chor in Aktion. Alberichs Nibelungen hatten ausschließlich im Orchester geschürft und geschmiedet. Die Erde, um deren Beherrschung alle so inbrünstig ringen, hatte Wagner dagegen erstaunlicherweise unbevölkert gelassen. Jetzt trommelt Hagen das Volk der Gibichungen zusammen, um die anstehende Hochzeit zu verkünden. Als wüsste er, dass Krieger sich mit Romantik nicht locken lassen, ruft er sie scheinbar zu den Waffen. «Noth», «Feind», «Streit» hallt es ihm aus allen Himmelsrichtungen entgegen. Die Düsternis von Szene und Musik hellt sich nur unwesentlich auf, als Hagen mitteilt, dass nicht Feinde nahen, sondern der König mit einem «freisliche(n) Weib». Die «Mannen» sollen nämlich kein höfisches Hochzeitsfest vorbereiten, sondern ein blutiges archaisches Opferritual: «Starke Stiere / sollt ihr schlachten: / am Weihstein fließe / Wotan ihr Blut.» Für die Götter Froh, Donner und Fricka sollen ein Eber, ein «stämmige(r) Bock» und Schafe geopfert werden. Dem Opfer folgt lehrbuchmäßig die Orgie: «Rüstig gezecht, / bis der Rausch euch zähmt: / alles den Göttern zu Ehren, / dass gute Ehe sie geben!» Da lachen die Mannen endlich. Doch Hagen passt die Stimmung sogleich wieder der Lage an: «... lasst das Lachen, (...) / Hold seid der Herrin, (...) / traf sie ein Leid, / rasch seid zur Rache!» Blutroter kann ein auf Kirchenstufen ausgerollter Teppich nicht sein.

Unter überwiegend martialischen «Heil!»-Chören entsteigen Gunther und Brünnhilde ihrem Nachen. Die Betrogene wankt dem Gatten «bleich und gesenkten Blickes» hinterher. So richtig aufhellen will sich die musikalische Stimmung weiterhin nicht. Als Brünnhilde erst Siegfried, dann entsetzt den Ring an seinem Finger erblickt, legt sich endgültig Nachtschwärze über die Szene: Ein Dutzend dunkler Leitmotive dominiert die Musik. Natürlich erkennt Siegfried Brünnhilde nicht («Gunther, deinem Weib ist übel!»). Dass der Nibelungenring an seiner, statt an Gunthers Hand steckt, mag auf den ersten Blick wie ein peinlicher Patzer wirken, wird aus dem Orchester aber sofort als Folge des Fluchs markiert, der selbst bei jenen wirkt, die auf die Macht des Rings nichts geben. Gunther, wohl ebenfalls nicht machtgierig genug, hatte den Ring nicht von seinem heldischen Vasallen gefordert. Und der hatte ihm nach getaner Arbeit schlicht keine Bedeutung mehr beigemessen.

Damit kann sich ein ebenso seltsames wie verhängnisvolles Bündnis anbahnen: zwischen Gunther, Hagen und – Brünnhilde. Siegfried schwört, den Ring im Kampf mit Fafner gewonnen zu haben. Hagen stellt sich unwissend: Wenn Brünnhilde Gunther den Ring übergeben habe, müsse Siegfried ihn ja wohl durch Trug an sich gebracht haben. Brünnhilde ruft die Götter an. Sie schwört «Rache, wie nie sie geras't». Nicht mit dem wohl seinerseits betrogenen Gunther sei sie vermählt, sondern mit Siegfried: «Er zwang mir Lust / und Liebe ab.» Der schwört abermals auf sein Schwert – was Brünnhilde mit dem eindeutigen Hinweis kontert, dass sie dessen «Schärfe» wohl kenne, «doch kenn' auch die Scheide, / darin so wonnig / ruht' an der Wand / Nothung, der treue Freund, / als die Traute sein Herr sich gefreit.» Das reicht, um alle Gemüter zum Kochen zu bringen. Gunther («Geschändet wär' ich»), Gutrune («Treulos») und die Mannen («Reinige dich») zwingen Siegfried zum Schwur. Hagens Speer als «heilige Waffe» verkennend, leistet er ausgerechnet auf dessen Spitze den Eid. Und indem Brünnhilde dagegen hält, weiht sie den Speer zur Waffe, die Siegfried töten wird. Der erklärt die ganze Aufregung zuerst zu «eines Unhold's arge(r) List», dann launig zu «Weiber-Gekeif», das sich bald legen werde. Mit Gutrune im Arm und dem Volk im Gefolge zieht er ausgelassen zum Hochzeitsmahl.

Brünnhilde, Gunther und Hagen bleiben zurück. Während Gunther zunächst dunkel brütend abseits sitzt, versucht Brünnhilde, das Rätsel von Siegfrieds Verrat zu lösen – und ein «Schwert» zu finden, «mit dem ich die Bande zerschnitt». Hagen bietet sich als Handlanger ihrer Rache an, was sie mit einem Verweis auf Siegfrieds Kraft nur höhnisch belächelt. Sie, so Hagen, müsse doch wissen, wo der Held verwundbar sei. Wir erinnern uns: Das sagenhafte Bad im Drachenblut und die durch ein unbeachtet herabgefallenes Blatt verwundbare Stelle an der Schulter hatte Wagners Dramaturgie im *Siegfried* kassiert. Eben deswegen kann er Siegfrieds Verwundbarkeit jetzt umso besser psychologisch deuten: Da ihm Furcht und Feigheit fremd sind und er Feinden niemals fliehend den Rücken zuwendet, muss man ihn – was Brünnhilde nicht sagt, aber meint – feige von hinten erstechen. Gunther jammert über seine «Schande». Er sei ein betrogener Betrüger, ein verratener Verräter. Brünnhilde und Hagen widersprechen ihm nicht, streuen vielmehr noch Salz in seine Wunde. Nur Siegfrieds Tod, so Hagen, könne die «Schmach» sühnen. Gunther schauert angesichts des bevorstehenden Bruchs der Blutsbrüderschaft. Da bricht es aus Brünnhilde heraus:

Dich verrieth er, / und mich verriethet ihr alle!
Wär' ich gerecht, / alles Blut der Welt
büßte mir nicht eure Schuld!
Doch des Einen Tod / taugt mir für Alle:
Siegfried falle – / zur Sühne für sich und euch!

So wird Siegfried zum unbewussten Wiedergänger Christi promoviert. Hagen weist Gunther darauf hin, dass der Ring des Toten ihm «ungeheure Macht» verleihen werde. Der macht sich mehr Sorgen um Gutrunes Reaktion auf das Komplott. Da erkennt Brünnhilde in ihr den «Zauber», der Siegfried «entzückt» habe – weshalb sie ihr Witwenschicksal erst recht verdient habe. Hagen sieht die Sache pragmatisch: Der trauernden Schwester wird der Mord einfach als Jagdunfall verkauft. In einem finsteren Terzett schwören die drei ihren Rache-Eid. Aus der Gibichungen-Halle zieht Siegfrieds und Gutrunes Brautzug auf. Während im Hintergrund Opfertiere zur Schlachtbank geführt werden, fällt der Vorhang.

So «lass ohne Walter die Welt ich zurück»

Die erste Szene des dritten Aufzugs ist das, was man in der Dramaturgie der Tragödie das «retardierende Moment» nennt: die Handlung pausiert, der Held bekommt zum allerletzten Mal die Chance, die Katastrophe abzuwenden. Die Rheintöchter klagen gegenüber «Frau Sonne» um den verlorenen «Stern der Tiefe», das glänzende Rheingold. Siegfried, der die Spur des Wildes verloren hat, tritt an den Fluss, und die drei Nymphen beginnen mit ihm zu schäkern. Gäbe er ihnen den Ring, dann würden sie seinem Jagdglück auf die Sprünge helfen. Da er für den Ring einen «Riesenwurm» erschlagen habe, werde er ihn doch wohl kaum «für eines schlechten Bären Tatzen» eintauschen, so Siegfried. Ob er denn nicht wisse, dass man gegenüber Frauen «freigiebig» sein solle? Die drei tauchen unter. Gerade ist Siegfried bereit, ihnen den Ring zu schenken, da tauchen die Damen wieder auf – und schlagen einen ganz anderen, in jedem Sinne fatalen Ton an. Sie schildern den Fluch des Nibelungen und weissagen Siegfried noch für selbigen Tag den Tod, wenn er dem Fluss den Ring nicht zurückgebe. Als hätte er kürzlich einen schlechten Beziehungsratgeber gelesen, witzelt der Held über «Weiberart», die es erst mit «Schmeicheln», dann mit «Drohen» versuche. Da seien sie bei ihm, der dem Speer «des Urgesetzes» getrotzt habe, gerade an der richtigen Adresse. Es sei denn – «... ich geb' ihn euch, gönnt ihr mir Lust.» Paradoxer geht es nicht. Der selbstvergessene Vorkämpfer der Liebe versucht, mit den Rheintöchtern die Natur selbst zur Hure zu machen. Das ist nicht einmal Alberich eingefallen. Und so nimmt das Schicksal seinen Lauf.

Die Jagdgesellschaft trifft ein, man lässt sich am Fluss zum Picknick nieder. Erheitert berichtet Siegfried von der dunklen Prophezeiung des «Wasserwilds». Während die Trinkhörner kreisen, versucht er, den erschrocken in sich versunkenen Gunther mit Schwänken aus seinem Leben aufzuheitern. Sein

Bericht kommt vordergründig als Nacherzählung des *Siegfried* daher. Tatsächlich werden wir Zeugen einer psychoanalytischen Sitzung wie aus dem Lehrbuch. Denn am Flussufer statt auf der Couch ausgestreckt, beginnt sich der Held von bekannten Kindheits- und Jugendanekdoten zu den verdrängten Inhalten seines Unbewussten vorzuarbeiten. Mythologisch formuliert, trifft hier gleichsam die Dämonin des Vergessens (Lethe) am gleichnamigen Unterweltsfluss auf die Dämonin der Erinnerung (Mnemosyne). Erneut symbolisiert Wagner das freie Assoziieren der Seele drogistisch: Hagen träufelt ein Gegenmittel zum Vergessenstrank in Siegfrieds Wein. Da erinnert der sich erst der Stimme des Waldvogels, dann an den «feurigen Fels» der Walküre, schließlich an den Kuss und den Liebesakt mit Brünnhilde. Das ist das ‹Geständnis›, auf das Hagen gewartet hat. Brutal stößt er Siegfried seinen Speer in den Rücken. Während Gunther und seine Mannen betroffen um den tödlich Verwundeten herumstehen, entfernt sich der finstere Rächer nach dem Hintergrund. Zur gleichen Musik, die im *Siegfried* bei Brünnhilds Erwachen erklungen war, erinnert sich der Sterbende ihres Blickes und «ach, dieses Athems / wonniges Wehen! – Süsses Vergehen – seliges Grauen». Der anarchistische Held, der an Wotans Stelle die Welt der Gier, des Neides und des Hasses erlösen sollte, stirbt als Tristan. Wenigstens in der Minute seines Todes ist er zu sich selbst gekommen.

Der folgende «Trauermarsch» ist das wohl schwärzeste Stück Musik, das Wagner je komponiert hat. Es beginnt pianissimo mit fahlen Paukenschlägen, zu denen Siegfrieds Herzschlag zum Stillstand kommt. Das «Wälsungenleid-Motiv» beschwört die Ursache seines Verhängnisses. Und ein Crescendo der Streicher führt zu jenen donnernden Akkorden in c-Moll (der parallelen Molltonart zum Es-Dur des *Rheingold*-Vorspiels), die einem das Herz gefrieren lassen. Hier gelingt Wagner das infame Mirakel, dass sich seine Hörer am Dröhnen von Angst und Tod berauschen. Man gibt es höchst ungern zu: Aber in den finsteren faschistischen Totenfeiern, die «Siegfrieds Trauermarsch» wie selbstverständlich zum Soundtrack wählten, konnte die morbide Wucht dieser Musik nicht umsonst so gut zur Geltung kommen. Dass ihre Klänge mit «Schwert»- und «Siegfried»-Motiv aus ihrem Grab in ein pathetisch strahlendes C-Dur auferstehen, verschärft die ungemütliche Ambivalenz eher, als dass es sie aufhöbe. Wann immer Wagners Klänge dem Tode nahe kommen, sollte daher der Verstand die Eingeweide so bald wie möglich zur Ordnung rufen.

Gutrune, die aus «schlimme(n) Träume(n)» erwacht ist, hat Brünnhilde zum Rheinufer schreiten sehen. In dunkler Vorahnung erwartet sie Siegfried und die Jagdgesellschaft zurück. Tatsächlich versucht Hagen, ihr den toten Gatten als «eines wilden Ebers Beute» zu verkaufen. Doch Gutrune durchschaut die Lüge sofort und beschuldigt Gunther des Mordes. Der weist auf Hagen, der sich wiederum auf Siegfrieds zu sühnenden «Meineid» beruft – und auf sein «Heiliges Beute-Recht», nach dem er nun den Ring fordert. Gunther tritt ihm in den Weg und wird von Hagen erschlagen. Als der nach dem Ring greifen will, erhebt sich – so viel Schauerromantik muss sein – drohend Siegfrieds Arm. Aus dem Hintergrund betritt feierlich Brünnhilde die Szene. Gutrune wirft ihr vor, die Männer zum Mordkomplott angestiftet zu haben. Sie sei nicht mehr als eine «Buhlerin» gewesen, entgegnet ihr Brünnhilde kühl, ihr selbst dagegen habe Siegfried «ewige Eide» geschworen. Da erkennt auch Gutrune endlich, *wen* ihr Mann dank Hagens Trank verdrängt hatte. Sie wendet sich ab und sinkt regungslos über Gunters Leiche zusammen.

Mit den gern bespöttelten Worten «Starke Scheite schichtet mir dort» beginnt Brünnhildes Schlussgesang – und mit ihm die Apotheose der Welt des *Ring des Nibelungen*. Zusammen mit ihrem Ross Grane wird sich die Walküre in Siegfrieds Scheiterhaufen stürzen. Dessen Feuer wird auch die Scheite der Weltesche rund um Walhall entzünden. Und die Naturgewalt der Rheinfluten wird sich das geraubte Gold zurückholen.

Keiner, so Brünnhilde, sei treuer gewesen als Siegfried. Und doch habe er alle Eide, alle Verträge gebrochen – und die «treueste Liebe» betrogen. Anders gesagt: Gerade *weil* er – ebenso konsequent wie blind – wider alle Gesetze und Ordnungen der Welt gehandelt hat, musste auch Siegfried dem Liebesfluch verfallen, der die Bedingung der Möglichkeit der Welt der Gesetze, der Macht und der Goldgier war. Jene, die die alte Welt – im Hegel'schen Doppelsinne – zugrunde gehen lassen, sind nicht minder von ihrem Verderben infiziert. Sie müssen daher ebenfalls von der (Welt-)Bühne abtreten. Nicht im – letztlich unwissenden – Siegfried, sondern in seiner Tochter, die im freiwilligen Opfertod zu sich selbst und zur Welterkenntnis kommt, erfüllt sich Wotans bislang trügerische Dialektik der Erlösung:

Meine Klage hör', / du hehrster Gott!
Durch seine tapferste That, / dir so tauglich erwünscht,
weihtest du den, / der sie gewirkt,
dem Fluche, dem du verfielest:
mich – musste / der Reinste verrathen,
dass wissend würde ein Weib!

Dass der Rhein sich das Gold (und nebenbei auch noch Hagen) holt, könnte die Vermutung nahelegen, dass das mythische Drama des *Rings* der Logik einer zyklischen Zeitordnung gehorcht, wie sie schon das antike Denken prägte: Aus dem Urelement Wasser entstanden, fällt alles, was ist, am Ende wieder dem Wasser zu. Anders als in der eschatologischen, auf ein sinnvolles Heilsziel hin gedachten Zeitvorstellung des christlichen Abendlands wären wir Zeugen von Nietzsches «ewiger Wiederkehr des Gleichen». Doch ans Ende kommt mit der *Götterdämmerung* nicht die Welt, sondern die Geschichte. Die Protagonisten des Unheils – Götter, Nibelungen, Riesen, Helden, Gibichungen – sind tot. Aber die Erde dreht sich weiter, bevölkert von jenen Männern und Frauen, die «in höchster Ergriffenheit dem wachsenden Feuerscheine am Himmel» zusehen; bevölkert also von – uns.

Wagner hat eine längere Textpassage von Brünnhildes Schlussgesang nicht komponiert, da «ihr Sinn» in seiner Musik «bereits mit höchster Bestimmtheit ausgesprochen» werde. Er hat damit, ähnlich wie schon in der «Gralserzählung» Lohengrins, bewusst darauf verzichtet, seine Tetralogie mit einer vertonten Ansprache abzuschließen. («Nicht Gut, nicht Gold, / noch göttliche Pracht; / nicht Haus, nicht Hof, / noch herrischer Prunk; / nicht trüber Verträge / trügender Bund, / nicht heuchelnder Sitte / hartes Gesetz: / selig in Lust und Leid / lässt – die Liebe nur sein!») Eine Wendung Brünnhildes freilich sollten wir – ob nun für oder wider das uns ersparte Bekenntnis – mithören: «Verging wie Hauch / der Götter Geschlecht, / lass' ohne Walter / die Welt ich zurück.» Was ja nur heißen kann: Wir müssen ihr Schicksal selbst und ohne höheren Beistand in die Hand nehmen.

9.
«Die Erlösung Ahasvers: Der Untergang!»

Richard Wagner und der Antisemitismus

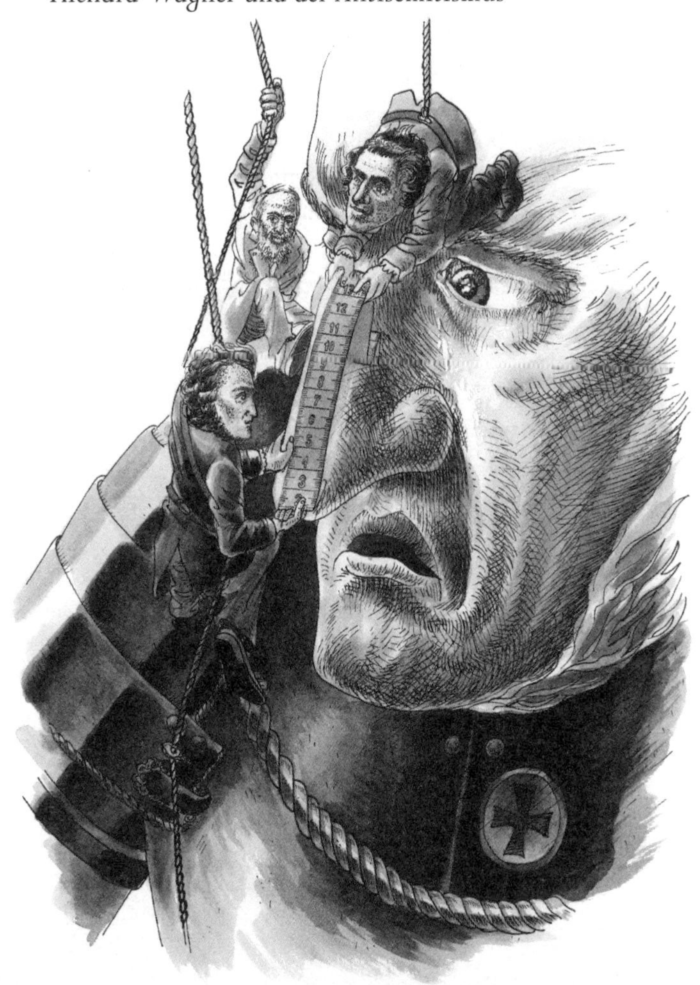

Von allen Fragen, die Richard Wagners widersprüchliche Persönlichkeit aufwirft, ist die nach seinem Antisemitismus ohne Zweifel die brisanteste. Zumal das fatale Thema nicht nur seine Person betrifft, sondern sich als schwärende Wunde des gesamten Wagner-Clans noch immer nicht schließen will. Die Gründe für die immer wieder aufbrandenden Diskussionen über dieses Thema liegen inzwischen weniger im Skandalon selbst. Denn es kann längst nicht mehr auch nur den allergeringsten Zweifel an Wagners Antisemitismus geben. Sie liegen vielmehr in den brennenden Anschlussfragen, die bis in die Gegenwart reichen: Kann man den Judenhasser vom Künstler trennen, oder ist auch Wagners Werk von dieser Gesinnung kontaminiert? Ist demnach sein gesamtes Schaffen in seinem heißen Kern faschistisch und antisemitisch? Hat Wagner somit tatsächlich – unfreiwillig oder nicht – den Nationalsozialismus mit vorbereitet? Führt vom Erlösungsgedanken des *Parsifal* ein schnurgerader Weg zum Holocaust? Wie stark waren Bayreuth und der Wagner-Clan in den Nationalsozialismus verstrickt? Und schließlich: Leben Spurenelemente der braunen Ideologie untilgbar in seinem Werk fort?

Wie immer bei Wagner ist die Sache nicht so einfach, wie sie auf den ersten Blick aussieht. Zwar scheint das unbestreitbare Faktum, dass Wagner ein Judenhasser war, den folgenden, schlichten Syllogismus geradezu aufzudrängen: Wagner war Antisemit, (deshalb) liebte Hitler Wagner, also war Wagner ein Proto-Nazi und seine Kunst genuin faschistisch. Doch dieser vermeintlich saubere Schluss geht nicht auf. Denn er löst Wagner aus seinem historischen Kontext heraus und deutet ihn sozusagen ausschließlich post festum aus seiner partiell äußerst fatalen Wirkungsgeschichte heraus.

Immerhin lag nicht weniger als ein halbes Jahrhundert zwischen Wagners Tod und Hitlers Machtübernahme. Ohnehin ist mit einer pauschalen Verurteilung Wagners nicht viel gewonnen, und auch der Blick auf die Geschichte des Antisemitismus entwickelt mit dieser hoffnungslos unterkomplexen Formel kaum mehr Tiefenschärfe. Will man sich also nicht mit pauschaler Verurteilung – oder aber mit diesbezüglich pauschaler Verharmlosung – von Wagners ideologischen Verstrickungen das ganze Problem eigentlich nur vom Halse halten, muss man sich der Komplexität dieser Fragestellung stellen.

Für beide Pauschalismen gibt es nach wie vor Befürworter: Die Verurteilenden weisen noch in jeder Bühnenanweisung Wagners rassistisches Gedankengut nach, während jene, die ihn zu entschuldigen suchen, das Werk radikal von Wagners Haltung gegenüber dem Judentum trennen. Dogmatische Ablehnung und bedenkenlose Affirmation schielen jedoch beide gleichermaßen auf eine Befriedung der – zugegeben – unübersichtlichen Lage.

Antisemitismus in der Romantik

Man kommt nicht umhin, das geistige Klima genauer zu betrachten, in das Wagner hineingeboren wurde. Die Wurzeln des Antisemitismus liegen bekanntlich tief in der europäischen und speziell der deutschen Geistesgeschichte. So finden sich auch in der Aufklärung zahlreiche prominente Vertreter des offenen Judenhasses, wie etwa Immanuel Kant (1724–1804), der die Juden ganz unverblümt als «Vampyre der Gesellschaft» bezeichnete. Als Wagner 1813 das Licht der Welt erblickte, wurde Deutschland bezüglich der Judenfrage von zwei gegenläufigen Strömungen beherrscht. Bereits im ausgehenden 18. Jahrhundert regten sich unter dem Einfluss der Französischen Revolution verstärkt jüdische Emanzipations- und Assimilationsbestrebungen, die in der bürgerlichen und intellektuellen Öffentlichkeit unter anderem mit Gotthold Ephraim Lessing (1729–1781) – sein *Nathan* war für diese Thematik das Toleranz-Lehrstück schlechthin – starke Befürworter fand. Gleichzeitig machte sich spürbarer Widerstand der nichtjüdischen Bevölkerung gegen diese Entwicklungen bemerkbar, die noch dazu per Reformgesetz durchgesetzt wurden. Während den Juden in Frankreich bereits 1791 das allgemeine Bürgerrecht und Gleichberechtigung zugestanden wurden, trat das sogenannte ‹Judenedikt› in Preußen erst 1812 als Teil der umfassenden Stein-Hardenberg'schen Reformen in Kraft. Als Reaktion auf diese Veränderungen brauten sich antijüdische Ressentiments nicht nur an den Stammtischen der Kleinbürger zusammen, sie machten sich mit erschreckender Vehemenz auch in den intellektuellen Kreisen der deutschen Romantik breit.

Schlüsselfiguren dieses neu aufgelegten Judenhasses waren unter anderem Achim von Arnim (1781–1831) und Clemens von Brentano (1778–1842), die mit ihrer Anthologie alter Volkslieder *Des Knaben Wunderhorn* einen Beitrag dazu leisten wollten, dass die Deutschen sich auf das Eigene besinnen, und, sich abgrenzend, das Fremde, sprich das ‹Welsche› (das damals für das Französische, das Rationalistische stand), aber auch das Jüdische gezielt ausschließen. Auch mit der Gründung der «Christlich-deutschen Tischgesellschaft» im Jahre 1811 verfolgte Achim von Arnim ein politisches, um nicht zu sagen nationales Projekt. In diesem Kreis kamen nachweislich immer wieder offen antisemitische Vortragstexte zu Gehör, darunter die von ihrem Gründer Arnim mit Zoten angereicherte, später auch publizierte Rede mit dem sprechenden Titel *Ueber die Kennzeichen des Judentums*.

Die Christlich-deutsche Tischgesellschaft, zu der nur christlich getaufte Männer Zutritt hatten, war keineswegs ein sektiererischer Geheimzirkel, denn neben Arnim und Brentano zählten weitere bedeutende Persönlichkeiten wie Schleiermacher, Fichte, Kleist, Schinkel und Clausewitz zu seinen Mitgliedern. Dieser derb antiaufklärerische Club tagte also gewissermaßen in der Mitte der besseren Gesellschaft.

Gewiss, zu dieser dumpfen Veranstaltung gab es zeitgleich in Berlin, der Hauptstadt der jüdischen Emanzipationsbewegung, auch ein Paralleluniversum, nämlich die Literatursalons von Henriette Herz und Rahel Varnhagen, in denen sich tolerante deutsche und jüdische Literaten austauschten. Dennoch, das Klima der Zeit, in die Richard Wagner hineingeboren wurde, und die Geisteshaltung der deutschen Romantiker, in deren Tradition Wagner sich einreihen sollte, waren durchdrungen von einer juden- und generell fremdenfeindlichen Haltung. Neben den uralten Ressentiments und Klischees der Raffsucht und Geldgier thematisierten die Romantiker schon damals auch die angebliche Unfähigkeit «des Juden» zu tiefen, echten Gefühlen und damit zur lauteren, ernsthaften Kunstausübung. Ein fertiger Topos, den Wagner lediglich übernehmen musste.

Der Sündenfall: «Über das Judentum in der Musik»

Seine bereits 1850 erstmals veröffentlichte Hetzschrift *Über das Judentum in der Musik* belegt Wagners antijüdisches Ressentiment eindeutig. Der Aufsatz erschien in zwei Folgen in der von Robert Schumann gegründeten *Neuen Zeitschrift für Musik*, damals allerdings noch unter dem Pseudonym K. Freigedank. 1869, beinahe zwanzig Jahre später, legte Wagner noch einmal nach und publizierte die Schrift erneut, diesmal unter eigenem Namen, mit einer kurzen Einleitung und mit einem Nachwort in Form eines offenen Briefs an Marie Muchanoff. Nachdem auf die erste Publikation nur vereinzelte Reaktionen folgten, rief die zweite, verschärfte Version ein ungleich breiteres Echo hervor. Der einflussreiche Musikkritiker Eduard Hanslick etwa nannte die schmale Broschüre in seiner Replik in der *Wiener Neuen Freien Presse* ein «giftgeschwollenes Büchlein» und machte sich über Wagners Verschwörungsphantasien lustig, indem er diagnostizierte, Wagner bilde sich ein, es «seien alle Feinde des Schweinefleisches auch die seinigen geworden».

Die angebliche jüdische Vormachtstellung in Politik und Kulturleben ließ Wagner nicht ruhen. Persönliche Gründe für diese Zwangsvorstellung sind in Wagners Pariser Zeit zu lokalisieren, als er erfolglos versuchte, in der Hauptstadt des 19. Jahrhunderts Fuß zu fassen, und gemeinsam mit seiner ersten Frau Minna dort fast verhungerte. Von Giacomo Meyerbeer, der Schlüsselfigur des Pariser Musiklebens, hatte er sich, kräftig einschleimend, tatkräftige Förderung erhofft, die dieser auch tatsächlich zu gewähren versuchte. Dennoch wollte Wagner in Paris nichts glücken, denn das Französische, das Weltgewandte blieben dem sächselnden Komponisten fremd. Er muss sich wie ein ungelenker Provinzler gefühlt haben, und er pflegte später seine Aversion gegen Frankreich – während er sich kistenweise französische Spezialitäten und Stoffe schicken ließ – ebenso sorgfältig wie seinen Judenhass.

Wagner sah Meyerbeer in Paris triumphieren, während er selbst vergeblich Anschluss suchte. Das anfangs freundschaftliche Verhältnis zu Meyerbeer, dessen jüdische Herkunft für Wagner zunächst kein Thema war, wurde nach der Pariser Enttäuschung zur verbissenen und ideologisch aufgeheizten Rivalität. Wagner erwähnt Meyerbeer in seiner Schrift zwar nicht namentlich, aber für jeden zeitgenössischen Leser war unschwer erkennbar, dass Wagners Tiraden über die aufwendige, doch oberflächliche Opernmusik der Zeit mit ihren Banalitäten und Albernheiten sich gezielt gegen Meyerbeer richteten. Namentlich erwähnt Wagner allerdings Felix Mendelssohn Bartholdy als Beispiel für die Verfehlung der ‹wahren Kunst› trotz reichstem Talent, bescheinigt ihm aber immerhin eine «tragische Situation» und versichert ihn seiner «Teilnahme». Ansonsten enthält die Broschüre Klagen über den «hebräischen Kunstgeschmack», die allgemeine «Verjüdung» und die Macht, die sich «der Jude» mithilfe des Geldes auch in der Kunst, insbesondere in der Musikwelt verschafft habe. Viel zitiert ist der brachiale Schlusssatz der Hetzschrift: «Aber bedenkt, daß nur Eines Eure Erlösung von dem auf Euch lastenden Fluche sein kann, die Erlösung Ahasvers: Der Untergang!»

Eine Reihe von Autoren, die sich mit Wagners Antisemitismus beschäftigt haben, erklären das Pariser Trauma zum eigentlichen Auslöser für Wagners obsessiven Judenhass. Womöglich war die Rache an Meyerbeer tatsächlich einer der Beweggründe für die Publikation der ersten, noch anonymen Ausgabe seiner Hetzschrift. 1869 jedoch, bei der Publikation der zweiten und erweiterten Auflage, war zum einen Meyerbeer bereits seit fünf Jahren tot – und Wagner zum andern längst kein armer, erfolgloser Schlucker mehr, sondern der gefeierte Komponist der Münchener Uraufführungen der *Meistersinger* und des *Tristan*. Wären es wirklich vor allem die Pariser Notsituation und der Hass auf den Rivalen gewesen, die für das Entstehen von Wagners Judenhass verantwortlich waren, warum hätte der inzwischen erfolgreiche Komponist dann den alten Hass wieder aufleben lassen und den bereits sinkenden Stern des Kollegen Meyerbeer posthum nochmals schmähen sollen?

Immer wieder wird auch die These vertreten, dass Wagner insgeheim von der Furcht beseelt war, selbst jüdischer Abstammung zu sein, da sein Vater früh starb und sein offizieller Stiefvater Ludwig Geyer – angeblich jüdischer Herkunft, was aber widerlegt ist – in Wahrheit sein leiblicher Vater war. (Dazu Wagner 1878 zu Cosima: «Das glaube ich nicht.») Der amerikanische Autor Robert W. Gutman verstieg sich sogar so weit, dass er annahm, Wagners Antisemitismus sei aufgrund seiner angeblich ungeklärten Abstammungsfrage ein «hysterischer», mit dem er sozusagen avant la lettre seinen «Arier-

Nachweis» habe erbringen wollen. Tatsächlich gab es zu seinen Lebzeiten zahlreiche Karikaturen Wagners, die den mit einer prägnanten, langen Nase Ausgestatteten – ein festes ikonographisches Element des Antisemitismus – selbst als Juden darstellen. Diese Karikaturen sind möglicherweise als verkappt antisemitische Anspielung auf Wagners notorisches Geschick zu verstehen, Geld potenter Gönner einzusammeln, könnten aber auch als höhnische Reaktion auf dessen eigenen Antisemitismus gedeutet werden.

Linker Antisemitismus

Antisemitismus ist ein Phänomen, das sich bekanntlich nicht nur am rechten Rand des politischen Spektrums zeigt. Schon zu Wagners Zeiten waren es nicht allein die zur Innerlichkeit neigenden Romantiker, die am Beginn der Industrialisierung vergangenen Idyllen des einfachen Lebens in ethnisch homogenem Umfeld nachtrauerten und gegen die als bedrohlich empfundene jüdische Emanzipation wetterten. Auch politisch links stehende Vordenker stimmten in den hässlichen Chor mit ein: Kein Geringerer als Karl Marx publizierte 1843 seine Schrift *Zur Judenfrage*, von der als gesichert gilt, dass Wagner sie kannte. Darin heißt es in verblüffender Klarheit: «Welches ist der weltliche Kultus des Juden? Der Schacher. Welches ist sein weltlicher Gott? Das Geld. Nun wohl! (...) Wir erkennen also im Judentum ein allgemeines gegenwärtiges antisoziales Element, welches durch die geschichtliche Entwicklung (...) auf seine jetzige Höhe getrieben wurde, auf eine Höhe, auf welcher es sich notwendig auflösen muß. Die Judenemanzipation in ihrer letzten Bedeutung ist die Emanzipation der Menschheit vom Judentum.»

Abgesehen von vereinzelten liberalen Zirkeln, die sich vorzugsweise in Berlin trafen, war Antisemitismus zu Wagners

Zeit ganz offenbar Common Sense, und zwar quer durch die politischen Lager. Die romantischen Antiaufklärer tagten bereits, als Wagner noch nicht geboren war, und Marx publizierte seine Juden-Schrift sieben Jahre bevor Wagner seinen Aufsatz zum *Judentum in der Musik* veröffentlichte. Wagner war im Hinblick auf den Antisemitismus also nicht wirklich ‹originell› – was ihn indes weder weniger widerlich noch weniger wirkmächtig macht. Ein vertieftes Verständnis vor dem Hintergrund geistesgeschichtlicher Zusammenhänge rechtfertigt kein einziges Komma Wagners zu diesem Thema. Doch Marx' «Emanzipation der Menschheit vom Judentum» lässt sich ebenso gut als Wasser auf die Mühlen antisemitischer Pogromstimmungen deuten wie Wagners «Untergang Ahasvers». Nur dockten rassistische Antisemiten wie die Nazis ideologisch eben nicht bei Marx an; und auch nicht bei der literarischen Romantik, jedenfalls nicht in der entschiedenen Deutlichkeit, wie dies bei Wagner der Fall war.

Antisemitismus im Bayreuther Alltag

Wagners Apologeten haben immer wieder seine regelmäßige Zusammenarbeit mit jüdischen Musikern als willkommenen Beleg dafür angeführt, dass in Wagners Fall das Werk vom Leben zu trennen sei. Unlängst ist jedoch anhand der Entstehungs- und Aufführungsgeschichte des *Parsifal* unter Auswertung bislang nicht beachteter Quellen von dem Autor Stephan Mösch nachgewiesen worden, dass der Antisemitismus Wagners – und vor allem der seiner Gattin Cosima – über eine rein private Weltanschauung sehr wohl weit hinaus reichte und nahtlos in die künstlerische Arbeit in Bayreuth überging.

Am Beispiel des Dauerkonfliktes mit dem jüdischen Dirigenten Hermann Levi, der die ersten Aufführungen des *Parsifal* zwischen 1882 und 1894 leitete, wird die ambivalente Haltung der Wagners deutlich, die auf der einen Seite alle gängigen Juden-Klischees gegen den von Ludwig II. geförderten Levi vorbrachten, während der Komponist Wagner zugleich nicht auf Levis Kompetenz verzichten wollte. Man könnte die Strategie des damaligen Bayreuther Leitungsteams auch als perfide kalkulierte Doppelstrategie bezeichnen: judenfeindliches Ressentiment auf der einen und fachliche Wertschätzung auf der anderen Seite. Anhand des Briefwechsels von Cosima mit Levi wird überdeutlich, wie vergiftet das Lob für Levi war. Trotz gönnerhaft attestierter Fähigkeiten verweist Cosima auf den «Fluch seines Stammes», der es ihm unmöglich mache, das Geheimnis des *Parsifal* in seiner ganzen Tiefe nachempfinden zu können. Mit antisemitischen Stereotypen wie «musikalische Glätte» und «leere Eleganz», die von Wagner schon in seinem einschlägigen Pamphlet breitgetreten worden waren, beschworen beide ihn immer wieder, seine jüdische Identität abzulegen, sprich: sich taufen zu lassen. *Parsifal* sollte Levi sozusagen von seinem Judentum erlösen.

Testamentsvollstreckerin Cosima

Die Witwen großer Künstler sind häufig problematische Figuren. Insbesondere dann, wenn sie den genialen Gatten lange überleben, prägen sie als erste Deutungsautorität die Rezeptionsgeschichte des Werks des Verblichenen und schießen nicht selten über die hehren Ziele der Sicherung und Bewahrung deutlich hinaus. Die Liste der streitbaren Witwen ist lang, sie reicht von Constanze Mozart bis Yoko Ono. Mitunter wird man den Eindruck nicht los, dass sich bei manchen solcher Witwen zum ehrbaren Motiv der Werkerhaltung gelegentlich auch subtile Rache gesellt, die mit eigenmächtiger (Um-)Deutung wenigstens posthum Recht behalten und das letzte Wort haben will.

Cosima war eine geharnischte Antisemitin, deren Judenhass den Wagners noch übertraf und mit dem sie den ihres Gatten entsprechend anheizte. Thomas Mann schrieb 1951, dem Jahr der ersten Bayreuther Festspiele nach dem Zweiten Weltkrieg, in einer Rezension über eine Neuausgabe von Wagners Briefen vom «unheilvollen Einfluß (...), den das Weib (...) auf den Mann in seiner korruptibelsten Erscheinungsform, den Künstlermenschen Wagner und auf die Verwaltung seines Werkes ausgeübt hat (...), der das Festspielhaus schließlich zu Hitlers Hoftheater erniedrigte».

Cosima überlebte ihren Gatten um fast fünfzig Jahre. Nach seinem Tod 1883 übernahm sie die Leitung der Bayreuther Festspiele, die sie erst 1906 abtrat. Mit eiserner Durchsetzungskraft gelang es ihr, das auch finanziell schwierige Unternehmen zu stabilisieren und zu institutionalisieren. Zugleich konservierte sie Wagners Werk unter Berufung auf dessen vermeintlichen Willen und ließ keinerlei Neuerungen zu. Auch nachdem sie die Leitung abgegeben hatte, blieb Cosima bis zu ihrem Tod 1930 als Familienoberhaupt der dogmatisch regierende, ideologische Kopf der Festspiele.

Ihren Antisemitismus baute sie weiterhin sorgfältig aus und witterte in jeder Form von Kritik «jüdischen Kunstgeist». Cosimas Judenhass reichte bis hinein in ihre Besetzungspolitik, mit der sie «judenfreie Festspiele» anstrebte; dieses Thema ist erst in jüngster Zeit mit der Ausstellung *Verstummte Stimmen* aufgearbeitet worden.

Posthume Sündenfälle: Chamberlain, der Bayreuther Kreis, Winifred, Hitler

Seit 1888 stand Cosima im Kontakt mit dem britischen Schriftsteller Houston Stewart Chamberlain, der ein glühender Verehrer von Wagners Werk war und Cosimas Antisemitismus teilte. Sie war es, die Chamberlain Arthur de Gobineaus rassistischen Essay über die Ungleichheit der Menschenrassen (*Essai sur l'inégalité des races humaines,* 1853–1855) empfahl und ihm damit entscheidende Anregungen für die eigenen, zunehmend rassistischen Publikationen gab. Mit *Die Grundlagen des neunzehnten Jahrhunderts* (1899) lieferte Chamberlain eines der Standardwerke des Antisemitismus in Deutschland. 1908 heiratete er Cosimas Tochter Eva und zog 1909 endgültig nach Bayreuth.

Bereits 1878, also noch zu Lebzeiten des Meisters, wurden die *Bayreuther Blätter* von Hans von Wolzogen (1848–1938) ins Leben gerufen. Wagner selbst schrieb anfangs für das Zirkular und versprach sich von der Publikation eine Auseinandersetzung mit seinen ästhetischen Vorstellungen sowie gegebenenfalls deren Weiterentwicklung. Bis zu seinem Tod blieb Wolzogen Herausgeber dieses Zentralorgans der Wagnerianer, in dem zunehmend völkische und radikal rassenantisemitische Ideen vertreten wurden. Kulturpessimistische Klagen über die «Verderbtheit der jüdisch dominierten Moderne» und den Verfall der deutschen Kultur gehörten ebenso zum Standardrepertoire der *Blätter.* In deren Dunstkreis bildete sich Anfang der 1920er Jahre mit Cosimas tatkräftiger Unterstützung der «Bayreuther Kreis», dem unter anderem auch Chamberlain angehörte.

1915 arrangierte Cosima die Ehe ihres Sohnes Siegfried mit Winifred Williams, aus der vier Kinder hervorgingen, darunter Wieland und Wolfgang Wagner. 1923 lernte Winifred im Umfeld des «Deutschen Tags» Adolf Hitler in Bayreuth kennen und führte ihn in die Familie ein. Ins Gefängnis nach Landsberg, in dem Hitler nach dem gescheiterten Bürgerbräu-Putsch einsaß, schickte sie ihm «große Mengen Schreibmaschinenpapier», auf dem er begann, *Mein Kampf* zu schreiben. Seit 1925 duzte Winifred sich mit Hitler, seit 1930 ging der von ihr schwärmerisch Verehrte in der Villa Wahnfried ein und aus. Als

«Onkel Wolf» wurde er quasi zum Familienmitglied. 1930 übernahm Winifred die Leitung der Festspiele von ihrem verstorbenen Mann und machte Bayreuth zu einer NS-Kultstätte. Hitler war Dauergast der Festspiele und mischte sich aktiv in deren künstlerische Belange ein.

Bereits 1928 konstatierte der jüdische Journalist Bernhard Diebold in der *Frankfurter Zeitung* alarmiert eine «nationalistische Entstellung des Werkes», entdeckte in Bayreuth neben «Amerikanern und Franzosen nur Rechtser-Deutsche» und vermisste schmerzlich liberal gesinnte Zuschauer. Stattdessen sah er ein Publikum, das «den Wagner mit dem Chamberlain ausgeschüttet» habe.

Inszenierter Bruch mit der Vergangenheit: Bayreuths Neuanfang 1951

«Hier gilt's der Kunst» ließen Wieland und Wolfgang Wagner ausrufen, als die Bayreuther Festspiele sich nach dem Zweiten Weltkrieg unter ihrer Ägide zum Neubeginn formierten. Dem Zitat aus den *Meistersingern* folgte die Bitte, «im Interesse einer reibungslosen Durchführung der Festspiele von Gesprächen und Debatten politischer Art auf dem Festspielhügel freundlichst absehen zu wollen». Nur sieben Jahre nach den letzten Kriegsfestspielen wollte man sich radikal von der braunen Vergangenheit absetzen. Nichts sollte mehr daran erinnern, dass Bayreuth «Hitlers Hoftheater» gewesen war.

Wieland war der ästhetische Kopf des Leitungsduos und setzte mit seinen abstrahierenden, vom alten naturalistischen Ballast «entrümpelten» Inszenierungen Maßstäbe, die bis in die 1970er Jahre hinein stilbildend wirkten. Wieland verlagerte das Bühnengeschehen in eine mythische, unbestimmte Zeit und arbeitete mit Symbolen, Archetypen und suggestiver Lichtregie. Die Traditionalisten provozierte sein purer, alles

Tümelnde vermeidender Stil; mit der Abstraktion umging Wieland jedoch geschickt peinliche Erinnerungen an die heroischen Inszenierungen der dunklen Vergangenheit. Der ideologische Bruch sollte, ja musste ästhetisch erfahrbar werden, die Abstraktion war eine politische Notwendigkeit.

Auch nachdem Wieland 1966 mit nicht einmal fünfzig Jahren verstorben war, gelang es seinem Bruder Wolfgang fortan im Alleingang, den Kurs der Erneuerung künstlerisch fortzusetzen. Mit dem «Jahrhundert-Ring» von Patrice Chéreau glückte ihm sogar eine weitere ästhetische Revolution, und auch die Etablierung des Werkstattgedankens sicherte Bayreuth erneut eine Ausnahmestellung.

Der innere Bruch der Festspiele und ihrer Macher mit der braunen Vergangenheit verlief allerdings bei weitem nicht so konsequent, wie der ästhetische Fortschrittskurs dies nach außen suggerierte. Denn Wielands Vergangenheit war tatsächlich alles andere als unbelastet: Im Gegensatz zu seinem Bruder Wolfgang war Wieland Parteimitglied und mauserte sich in den letzten Jahren der Naziherrschaft zum erklärten Günstling Hitlers, während Winifreds Einfluss stetig sank. Zudem war Wieland, der von höchster Stelle vom Kriegsdienst befreit war, 1944/45 ziviler Leiter des Bayreuther Außenlagers des Konzentrationslagers Flossenbürg.

Dass es Wieland zu Kriegszeiten nicht gelang, Winifred die Festspielleitung zu entreißen, versetzte ihn und den ganzen Wagner-Clan in die glückliche Lage, nach dem Krieg die tatsächlich unbelehrbare Winifred zum einzigen Nazi zu erklären, um sie ganz buchstäblich ausgrenzen und den Rest der Familie zu Regimegegnern stilisieren zu können. Darin war sich der ansonsten heillos zerstrittene Clan nach dem Krieg immerhin einig. Seither toben Machtkonflikte zwischen den einzelnen ‹Stämmen› der Familie, die nachzuzeichnen eine eigene Abhandlung wert wäre. Abtrünnige Familienmitglieder wettern aus der Ferne, und der Kampf um die Deutungshoheit, sprich die Macht auf dem Grünen Hügel reicht bis in die Gegenwart.

Bis heute ist die Aufarbeitung der braunen Vergangenheit des Wagner-Clans noch immer lückenhaft. Auch Katharina Wagner, die nach dem Abgang ihrer Halbschwester Eva Wagner-Pasquier aus dem 2008 installierten Leitungsduo seit 2015 nun die alleinige Chefin am Grünen Hügel ist, beteuert zwar seit ihrem Amtsantritt, Aufklärung und Aufarbeitung vorantreiben zu wollen. Denn noch immer gibt es wichtige Zeugnisse, die unter Verschluss sind und Anlass zu wilden Spekulationen bieten. Insbesondere Winifreds Nachlass, der in einem ominösen weißen Stahlschrank lagert, den sie selbst einst wohlweislich aus Bayreuth wegschaffen ließ, soll angeblich brisantes Material enthalten.

Doch bislang hat Katharina Wagner offenbar vergeblich bei ihrer Kusine Amelie Hohmann-Lafferentz – der Tochter der 2019 hoch betagt gestorbenen jüngsten Enkelin Richard Wagners, Verena Lafferentz – um die Herausgabe der Briefe gebeten, ohne die eine Aufarbeitung der NS-Geschichte der Festspiele nicht möglich ist.

Die Fragen zu Richard Wagners politischen Ambivalenzen und seinem aggressiven Antisemitismus sind bei weitem noch nicht gelöst. Auch die seinen ursprünglichen Intentionen partiell zuwiderlaufende Rezeptionsgeschichte seines Werks, das Abdriften seiner Nachkommen in den Faschismus, die Instrumentalisierung seines Werks für Propagandazwecke und die innige Verquickung Bayreuths mit der Naziherrschaft bleiben brisante Themen, die noch längst nicht vollständig durchleuchtet und letztgültig analysiert wurden. Es sind vor allem die bis in die Gegenwart reichenden Kontinuitäten und die verschlossenen Giftschränke, die nach wie vor irritieren und den Verdacht nähren, dass zumindest einige hartnäckige Mitglieder des Wagner-Clans sich einer lückenlosen Aufarbeitung und damit einem echten Neuanfang in Wahrheit nach wie vor sperren.

10.
Erlösung vom Erlöser

Parsifal als Lied vom Ende aller «Rettungswerke»

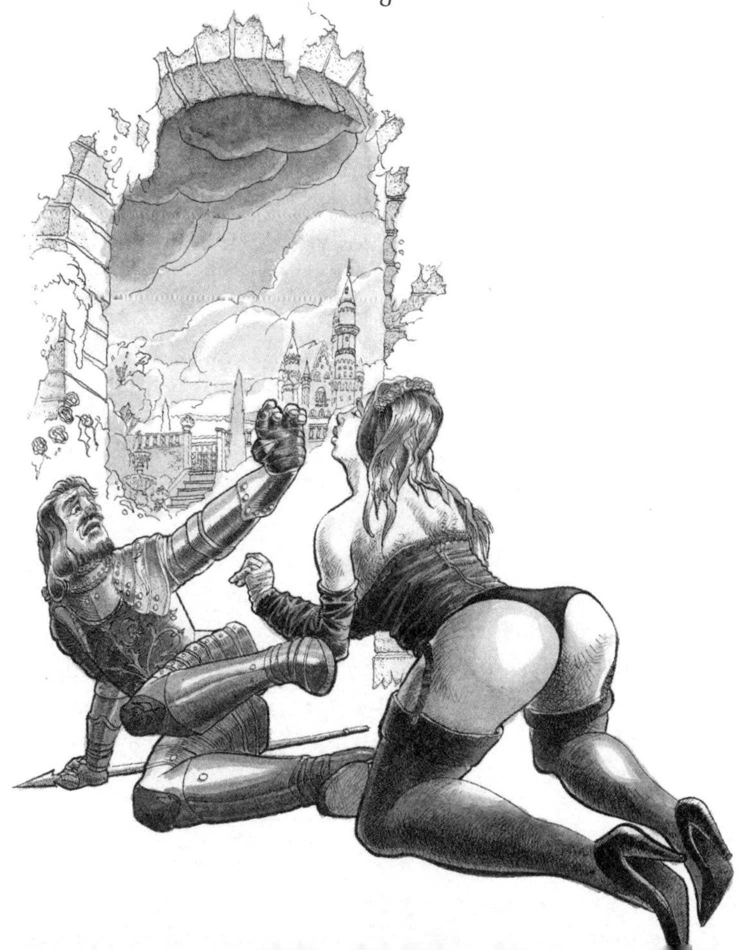

Die größte Hypothek von Wagners letztem und rätselhaftestem Werk dürfte sein Untertitel sein: «Ein Bühnenweihfestspiel». Dieser verspannte Einfall hatte erhebliche Folgen. Eigentlich sollte das Werk ausschließlich in Bayreuth gezeigt werden, bis 1933 lief es dort in der Originalinszenierung des Komponisten. Nietzsche spottete über Wagner, der sei «plötzlich, hilflos und zerbrochen, vor dem christlichen Kreuze» niedergesunken. Die Oper wird, als eine Art Matthäuspassion für Wagnerianer, bis heute gern am Karfreitag gegeben. Immer noch hängen viele Verehrer des Meisters der Meinung an, man dürfe nach dem ersten Akt nicht applaudieren. In Bayreuth werden dahingehende Versuche bis heute mit einem Zischkonzert geahndet. Ebenso, wie es immer noch Spielleiter gibt, die sich im ersten und dritten Aufzug der Oper an liturgischen Konkurrenzunternehmen zum katholischen Gottesdienst versuchen.

In Wahrheit operiert der *Parsifal* mit einer Aufspaltung, die Kommunikationswissenschaftler als «performativen Widerspruch» bezeichnen. Wagners Musik ringt nachhaltig um eine Weihe, die von den Protagonisten auf der Bühne beständig verfehlt wird. Doch anders als die Mutter, die ihrem Kind beteuert, wie sehr sie es liebt, währenddessen aber ihre Zähne bleckt, spielt Wagner dieses Spiel sehr bewusst. Ebenso bewusst, wie er auf hochgradig ketzerische Weise das Zentrum aller christlichen Erlösungshoffnungen demontiert: Passion und Abendmahl. Der *Parsifal* werde «eine grundböse Arbeit», wie Wagner bereits im Mai 1859 an Mathilde Wesendonck schrieb – und ist ungefähr so fromm wie ein Marilyn-Manson-Konzert.

Vorspiel: Die angekündigte Erlösung

Wer etwas von Musik versteht und Wagners Musik nicht leiden kann, wird seine Abneigung häufig mit einer Variante des Arguments begründen, Wagner sei unfähig gewesen, ‹richtige›, nämlich autonome Musik zu komponieren; Musik, die aus einem gegebenen Vorrat an Tönen nach festgelegten Regeln komplexe klangliche Ausdrucksformen entwickelt, die ihrerseits keine außermusikalischen (etwa dichterische, künstlerische oder philosophische) Inhalte ‹transportieren› wollen. Wagners Opern seien dagegen eine Art monströs aufgeblasener «Programmmusik». Er selbst habe alles andere als «absolute», das heißt vom Leben und den übrigen Künsten getrennte Musik verteufelt. Damit sei die Musik in Wagners «Gesamtkunstwerk» im Grunde genau das, was er eigentlich habe vermeiden wollen: etwas Dekoratives oder Ornamentales. Der einzige Unterschied bestehe darin, dass seine Klänge nicht Mägde der Unterhaltung, sondern Knechte verblasener ästhetischer, philosophischer, politischer oder lebensreformerischer Ideen seien.

Das *Parsifal*-Vorspiel ist scheinbar die perfekte Bestätigung dieses Vorwurfs, zumal der Komponist selbst eine Steilvorlage geliefert hat: mit einer programmatischen Erläuterung, die er anlässlich einer Privataufführung des Vorspiels für Ludwig II. am 12. November 1880 in München niederschrieb. Sie stellt das gut zehn Minuten lange Stück unter das Motto «Liebe – Glaube: – Hoffen?». Wagner spielt – mit bemerkenswerter Umstellung der Begriffe und noch bemerkenswerterer Hinzufügung eines Fragezeichens – auf die berühmte Passage im ersten Korintherbrief (13,12-13) des Apostels Paulus an: «Wir sehen jetzt durch einen Spiegel wie im Rätsel, dann aber von Angesicht zu Angesicht; jetzt erkenne ich stückweise, dann aber werde ich erkennen, gleichwie ich erkannt bin. Nun aber bleibt Glaube, Hoffnung, Liebe, diese drei; die größte aber von diesen ist die Liebe.»

Zu Beginn hören wir, von gedämpften Violinen und Celli sowie Englischhorn, Klarinetten und Fagotten intoniert, dann vom übrigen Orchester aufgenommen, ein erregt flirrendes Motiv, das zweimal in einem glimmenden Crescendo aufblüht und in höchsten Flötentönen wieder erstirbt. Es wird uns später in den Enthüllungsszenen des Grals wieder begegnen. Motivisch soll damit die (göttliche) «Liebe» verdeutlicht werden. Musikalisch, und das ist weit wichtiger, stimmt Wagner uns auf das Grundtempo wie den Grundton seines Werkes ein. Von manchen Dirigenten als weihevolle Langsamkeit interpretiert, ist das Tempo des *Parsifal* weit eher ein getragenes, bewegungsarmes Operieren an der Grenze zum Stillstand. Ein Stillstand, den selbst ein zügiges Grundtempo nicht verdecken kann.

Quasi vom ersten Ton an erreicht Wagner das durch häufiges Verschleiern des Metrums – hier ein Viervierteltakt – mithilfe synkopischer Notationen (einer Bindung unbetonter und betonter Notenwerte). Doch anders als etwa im Jazz oder Funk, wo auf diese Weise harte Betonungen entstehen, variiert Wagner die rhythmische Spannung in den einzelnen Instrumentengruppen – teilweise sogar innerhalb derselben – unterschiedlich. Dadurch bekommt die Musik etwas eigentümlich Amorphes. Am Ende dieser Passage stoßen wir zugleich auf ein zweites häufig verwendetes Stilmittel des *Parsifal*: auffällig betonte, bisweilen ganze Takte umfassende Generalpausen. Der Effekt: Lange vor seiner religiösen – oder neudeutsch: ‹spirituellen› – Gestimmtheit kommt das Zeitgefühl des Hörers auf den Prüfstand. Eigentlich will Wagner, dass wir es vollständig verlieren.

In der zweiten Passage des Vorspiels erklärt sich laut Wagner «fest und markig» der Glaube; «die ganze Natur mit mächtigster Kraft erfüllend, dann wieder nach dem Himmelsäther wie sanft beruhigt aufblickend». Posaunen und Trompeten intonieren recht zurückhaltend das «Gralsmotiv», das sogleich von Holzbläsern fortgeführt wird. Dessen erste vier Töne entsprechen dem traditionellen Beginn der gregorianischen Psalmodie. Darauf zitiert Wagner eine liturgisch-musikalische Formel, das «Dresdner Amen». Im 19. Jahrhundert war das so etwas wie das religiöse Tonsignal schlechthin. Vor Wagner hatten es bereits Carl Loewe (1796–1869) und Louis Spohr (1784–1859) verwendet, vor allem aber Felix Mendelssohn Bartholdy (1809–1847). Im ersten Satz der *Reformationssinfonie* erscheint es gleich dreimal. Die Herkunft des «Dresdner Amen» ist nicht ganz klar, doch seit der zweiten Hälfte des 18. Jahrhunderts wurde es in der katholischen Hofkirche zu Dresden gesungen. Eine Generation später war es in den evangelischen Kirchen Sachsens ebenso geläufig. Wagner kannte es bereits aus den Gottesdiensten der Kreuzkirche während seiner Dresdner Schulzeit – und nicht erst von Mendelssohn. Schon im Frühwerk *Das Liebesverbot*, vor allem aber im *Tannhäuser* hatte er es verwendet. Doch während Wagner dort, im *Lohengrin* oder in den *Meistersingern* kräftig auf kirchenmusikalische Motive, Formeln und Formen zurückgriff, bleibt das «Dresdner Amen» ausgerechnet im unter Frömmelei-Verdacht stehenden *Parsifal* einer der ganz wenigen derartigen Anklänge. Was den Verdacht verstärkt, es handle sich um einen platten rhetorischen Trick – der von zeitgenössischen Hörern auch noch verstanden wurde.

Auf den kalkulierten Weckruf folgt, zunächst mit gedämpfter Strahlkraft zweier Trompeten und eines Horns, das huldvoll schreitende «Glaubensmotiv», das sich über drei Durchgänge steigert. Darauf antworten die Streicher noch einmal kurz mit besagtem «Amen», bevor Holzbläser, Streichinstrumente und Blech das «Glaubensmotiv» in einem «sehr gehaltenen» und «ausdrucksvollen» Crescendo-Decrescendo durcharbeiten. In der Tat liegt nun pathetische Weihe, ja sogar ein wenig Weihrauch in der Luft.

Nach kurzem Tremolo der Celli und Kontrabässe nehmen

zunächst Englischhorn, Klarinette und Fagott, dann Streicher und Hörner das Motiv vom Anfang des Vorspiels wieder auf, das nunmehr einen klagenden Charakter annimmt. Hier, so Wagner, «(erbebt) aus Schauern der Einsamkeit die Klage des liebenden Mitleides: das Bangen, der heilige Angstschweiß des Ölberges, das göttliche Schmerzensleiden des Golgatha – der Leib erbleicht, das Blut entfließt und glüht nun mit himmlischer Segensgluth im Kelche auf, über Alles, was lebt und leidet, die Gnadenwonne der Erlösung durch die Liebe ausgießend.»

So schön kann Kreuzestheologie klingen, wenn ein seit fünfzehn Jahren royal gesponserter Ludwig-Feuerbach-Schüler seiner katholischen Majestät eine Freude machen möchte. Wir schenken Wagners Geschwurbel wenig Glauben. Mag sein, dass der Hörer nun «auf Amfortas, den sündigen Hüter des Heiligthumes (...) vorbereitet» ist. Wenn der Vorhang sich mit höchsten Flöten- und Violinentönen zum Sonnenaufgang hebt, soll uns nach den Worten des Meisters das «Hoffen?» bleiben. Aber es ist ein *unvertontes* Hoffen. Mit Fragezeichen!

Intermezzo: Lässt sich die Handlung des *Parsifal* erzählen?

Mit scharfem Blick für eine Kehrseite von Wagners Konzept des mythologisch inspirierten «Musikdramas» hatte Eduard Hanslick schon am *Tristan* die Handlungsarmut der «Handlung» moniert. Auch an den *Meistersingern* kritisierte er ein «stete(s) Festsitzen der Handlung», während die Zuschauer «Reden und Gegenreden, häusliche Gespräche und trockene Belehrungen» von «zähe(r) Weitschweifigkeit» über sich ergehen lassen müssten. Mit einem Wort: Wenn (fast) nichts passiert, wird bei Wagner viel geredet, nicht selten ausführlich von Ereignissen der Vergangenheit berichtet. Im *Parsifal* hat die

Retrospektive sogar einen eigenen Vertreter: den alten Gralsritter Gurnemanz. Betrachtet man den Grundkonflikt und die Handlung der Oper, so ist er eigentlich eine Nebenfigur, schaut man auf den Umfang seiner Partie, erscheint er dagegen als *die* Hauptfigur.

Inhaltsangaben bestehen deshalb häufig zu etwa gleichen Teilen aus der «Vorgeschichte» – sozusagen einem Abstract von Gurnemanz' Referaten – und der eigentlichen Beschreibung der Handlung. Doch je knapper solche Inhaltsangaben gehalten sind, desto mehr muss man sich als Uneingeweihter wohl fragen, warum man sich eine derart verquaste Geschichte auftischen lassen sollte. Ist das eine verquere Passion in keltischen Gewändern? Wird man viereinhalb Stunden lang in christlich illuminierte *Nebel von Avalon* gehüllt? Wird dem, der weder Wagnerianer ist noch einer zu werden beabsichtigt, der tonnenschwere Schlussstein des Tempels von Wagners «Kunstreligion» vor die Füße geworfen? Oder wäre es das Beste, Text und Handlung zu ignorieren und das Ganze als überlanges Sinfoniekonzert mit Gesangseinlagen zu betrachten? Wir wollen nicht bestreiten, dass der *Parsifal* ein sperriges Stück ist. Als *Musik*drama hat er Züge einer überdehnten Séance. Und als Musik*drama* ist er im Grunde eine Theorie-Oper. Beides zusammen macht ihn problematisch und faszinierend zugleich.

Hinzu kommt das Moment der «trockenen Belehrungen». Richtig ist: Die längsten und handlungsärmsten Monologe und Dialoge ächzen bei Wagner oft besonders stark unter dem Gewicht der dargebotenen Gedanken. Es ist nicht so wichtig, ob man seine Formulierungen für genial, mittelmäßig oder peinlich hält. Auf dieser Ebene erweist er sich häufig als Kind seiner Zeit; manchmal drückt er sich ziemlich verspannt aus; und vieles ist einfach Geschmackssache. Worauf es ankommt, ist Folgendes: Gerade der *Parsifal* deutet über weite Strecken mehr, als dass er erzählt. Und seine hochkomplexen Deutungen bedürfen ihrerseits der Deutung, wenn sie nicht zur bloß privaten Spintisiererei absinken sollen. Doch da das Stück Handlung und Deutung eng verwebt, kann seine Deutung die Fäden nicht trennen.

Ein *Parsifal*-Besuch wird dagegen ziemlich sinnlos, wenn man meint, sich nicht übermäßig für seine Deutung interessieren zu müssen. Denn als mystisches Märchen allein dürfte das Werk eher enttäuschen. Und nur als musikalische Weihestunde ist es ein bisschen lang. Sicher: Wer sich aus unserer modernen, ach so schön säkularen Welt unvorbereitet ins Gralsgebiet verirrt, wird bald zum Schluss kommen, dass das alles wohl nichts mit seinen eigenen heutigen Problemen zu tun hat. Aber vielleicht hilft es ja, wenn man sich kurz vergegenwärtigt, dass der Mythos vom Heiligen Gral im Besonderen, das Christentum und seine ideellen Problemlagen im Allgemeinen einst einen gewissen Einfluss auf den Verlauf der abendländischen Geschichte hatten. Wer meint, das sei jetzt aber doch schon eine Weile her, dem legen wir an dieser Stelle ein Zitat ans Herz, und zwar eines Dichters, der großen Einfluss auf Wagner hatte – des Frühromantikers Novalis: «Wo keine Götter sind, walten Gespenster.»

Erster Aufzug: Die verschobene Erlösung

Wenn sich der Vorhang hebt, sehen wir eine Waldlichtung und hören den Morgenruf der Posaunen von der unweit gelegenen Gralsburg. Gurnemanz weckt zwei Knappen, die während einer Nachtwache eingenickt sind. Ähnlichkeiten mit den schlafenden Jüngern Jesu im Garten Gethsemane sind kein Zufall. Dann müssen wir den dreien zwei Minuten beim Beten zusehen, während aus dem Orchestergraben abermals das «Glaubensmotiv» erklingt. In modernen Inszenierungen wird das Beten mitunter durch grimmes Brüten, gestisches Palaver oder ratloses Herumlaufen ersetzt.

Zwei Ritter treten auf, bei denen sich Gurnemanz erkundigt, ob ein vom Gralsritter Gawan beschafftes «Heilkraut» dem Gralskönig Amfortas «Lind'rung schuf». Doch der König blieb «schlaflos von starkem Bresten» und hat sich früh zum Bade im nahen Waldsee bringen lassen. Wir kennen bisher weder Art noch Grund seiner Schmerzen, erfahren aber, dass ihm «nur der Eine» helfen kann.

In wildem Ritt erscheint die Gralsbotin Kundry, die einen «Balsam» aus «Arabia» bringt. Während sie todmüde zu Boden sinkt, tragen Knappen und Ritter den Amfortas auf einer Sänfte herein. Des «Siechtums Knecht» verlangt nach «ein wenig Rast» – eine Anspielung auf das Motiv des «Christus in der Rast», einen seit dem 14. Jahrhundert verbreiteten Typus der Altarplastik, die den sitzenden, dornenbekrönten Jesus nach dem Verhör und der Folter im Hause des Pilatus zeigt. Amfortas ist über den unerlaubt davongerittenen Gawan erzürnt, warnt andeutungsweise vor «Klingsors Schlingen» und bekennt, einen «reinen Toren» zu ersehnen, der «durch Mitleid wissend» ist. Unter Mitnahme von Kundrys Balsam lässt er sich noch einmal «ins Bad» bringen.

Zwei Knappen greifen Kundry als «Heidin» und «Zauberweib» an. Gurnemanz verteidigt sie: Zwar möge sie «eine Verwünschte» sein, die «Schuld aus früh'rem Leben» büße. Doch wann immer Gefahr drohe oder Botschaften zu überbringen seien, stehe sie für die Gralsritter bereit, ohne jemals Dank für ihre Dienste zu erwarten. Kaum ist das Wort «Schuld» gefallen, hören wir ein «Leidensmotiv», das bereits bei Amfortas' Auftritt erklungen war. Seit langem schon taucht Kundry im Gralsgebiet auf und verschwindet wieder. Letztmals fand Gurnemanz sie «erstarrt, leblos, wie tot» im Wald, und zwar kurz nachdem «unser Herr den Speer verlor». Ob das eine mit dem anderen etwas zu tun hat, kann der Zuhörer an dieser Stelle nur mutmaßen.

Die folgenden Informationen muss man sich aus Gurnemanz' weiteren Vorträgen sowie eigenen Kenntnissen der Bibel, der christlichen Legende und der Geschichte zusammenreimen: Dem Vater des Amfortas, Titurel, überbrachten einst, «da wilder Feinde List und Macht / des reinen Glaubens Reich bedrohten», Engel den Kelch des letzten Abendmahls, in dem Joseph von Arimathia beim Kreuzestod Christi auch dessen Blut aufgefangen hatte – den Heiligen Gral. Ferner die Lanze, mit der der römische Legionär Longinus dem Gekreuzigten die Seite geöffnet haben soll.

Was der Zuhörer nicht erfährt, aber wissen sollte: Legenden zufolge ist die Lanze der römisch-deutschen Reichskleinodien (die angeblich auch einen Nagel vom Kreuze Christi enthält) mit der Longinus-Lanze identisch. Der Besitzer der «Heiligen Lanze» galt als unbesiegbar, da er unmittelbar von Gott mit seiner Macht ausgestattet wurde. Heinrich I. – dem König aus dem *Lohengrin* (!) – soll sie 933 zum Sieg über die Ungarn verholfen haben. Während wir im *Parsifal* bald erfahren, dass Amfortas' Wunde teils der Entweihung des «wunden-wundervollen heiligen Speers» als Waffe geschuldet ist, konnte Wagner noch voraussetzen, dass seinem Publikum auch ihre Funktion als symbolische Kriegswaffe bekannt war. Woraus man wiederum schließen darf, dass der «verlor'ne Speer» die *weltliche* Macht des Grals gefährdet, nicht etwa dessen religiöse Funktion. Wagnerfreunde wissen aus dem *Lohengrin* ohnehin, dass die schnelle Eingreiftruppe der Gralsritter nicht nur bedrängte Witwen und Waisen beschützt, sondern auch in machtpolitischen Konflikten entschlossen interveniert. Kurz: Auf dem Monsalvat sitzen Tempelritter, keine Benediktiner.

Titurel errichtete für Gral und Lanze ein Heiligtum auf der nördlichen (christlichen) Seite des Pyrenäenberges Monsalvat und scharte Ritter um sich, die ein Keuschheitsgelübde ablegen müssen und zu «höchsten Rettungswerken» in die Welt ausgesandt werden. Außer diesen erwählten Rittern findet niemand den Weg zur Gralsburg. Den Rittern wird der Gral regelmäßig enthüllt, wodurch sie so lange Unsterblichkeit und überirdische Kräfte erlangen, wie sie den «Gralsgeboten» treu bleiben.

Auch der bereits erwähnte Klingsor hatte sich um Aufnahme in die Ritterschaft bemüht. Da es ihm nicht gelungen war, sich an das Keuschheitsgebot zu halten, entmannte er sich selbst. Doch weil der Gral Askese aus freier geistiger Selbstüberwindung verlangt, wurde er abgewiesen. Daraufhin errichtete er auf der südlichen (heidnischen bzw. maurisch-arabischen) Seite des Monsalvat ein Zauberschloss, in dessen paradiesartigem Garten zahllose «Blumenmädchen» darauf warten, über ihrem Gelübde schwankend werdende Gralsritter zu verführen. Dadurch hofft Klingsor den feindlichen Orden so zu schwächen, dass ihm Gral und Speer – und damit unendliche Macht – in die Hand fallen.

Der vom uralten Titurel inzwischen als Gralskönig eingesetzte Sohn Amfortas hatte vor einiger Zeit versucht, dem offenbar sehr erfolgreichen Treiben Klingsors und seiner Kurtisanen Einhalt zu gebieten. Unter Umständen, von denen wir erst im zweiten Aufzug erfahren, war es Klingsor gelungen, Amfortas den Heiligen Speer zu entwenden und ihn damit zu verwunden. Keine irdische Therapie vermochte seitdem, die Wunde des Gralskönigs zu schließen.

Noch einmal kommt die Rede auf den verheißenen Retter. Auf Flehen des Amfortas hatte der Gral einst «Wortezeichen-Mahle» gezeigt – abermals eine biblische Anspielung Wagners, hier auf die unheilverkündende Warnung an den babylonischen Herrscher Belsazar, der aus dem Jerusalemer Tempel geraubte Ritualkelche als Trinkgefäße missbraucht hatte; der Prophet Daniel deutet das «Menetekel» sinngemäß so, dass die Tage des Königs gezählt seien, da er gewogen und für zu leicht befunden wurde *(Daniel* 5, 25-27*)*.

Kaum ist das Wort vom «reinen Toren» gefallen, erhebt sich

ein Wehgeschrei der Ritter und Knappen. Ein angeschossener wilder Schwan stürzt zu Boden und verendet. Ein Jugendlicher, offenbar der Schütze, wird hereingeführt. Sein Name – Parsifal – wird erst sehr viel später fallen. Er wird von allen als «Frevler» beschimpft, Gurnemanz beschuldigt ihn des «Mordens», einer «Sündentat», mit der er «große Schuld» auf sich geladen habe. Den Zuhörer beschleicht Unbehagen, dass Verstöße gegen den offenbar äußerst strengen Tierschutz im Gralsgebiet dessen Ritter fast zur Lynchjustiz treiben. Nicht zum ersten Mal wird er hier mit einem der Kernprobleme des *Parsifal* konfrontiert: rätselhafte Schuldzuweisungen.

Seltsam ist allerdings, dass zwar alle im Saal den Pfeil im Schwanenleib stecken sehen (oder in einem beliebigen anderen blutroten Objekt), dass aber selbst viele geübte Wagnerianer den Schuss nicht gehört haben. «Ein Schwan, Leute», möchte man rufen, «LO-HEN-GRIN!» Wenigstens das Orchester weiß an dieser Stelle, dass der kommende Gralskönig soeben seinen noch ungeborenen Sohn erlegt hat – es spielt das Auftrittsmotiv des Schwanenritters aus dem *Lohengrin*. Wagner bringt damit eine hochgradig häretische Denkfigur ins Spiel: Gott habe seinen Sohn nicht «geopfert», sondern vorsätzlich ein – wenngleich heilsnotwendiges – Komplott zu seiner Ermordung angezettelt.

Parsifal wird vernommen, weiß aber weder, wer sein Vater ist, wer ihn hergeschickt hat, noch, wie er heißt. Einzig den Namen seiner Mutter kann er nennen: Herzeleide. Die seit einiger Zeit wieder hellwache Kundry weiß mehr: Als der Junge geboren wurde, war sein Vater Gamuret bereits gefallen. Seine Mutter zog den Sohn weltabgewandt und waffenlos auf, um nicht auch noch ihn im ritterlichen Schlachtengetümmel zu verlieren. Doch eines Tages, erinnert sich nun Parsifal, waren «glänzende Männer» aufgetaucht, denen er fasziniert folgte. Herzeleide, verkündet Kundry, starb alsbald vor Gram über den verlorenen Sohn. Schon wieder: Schuld ohne einen

Schuldigen. Denn der Dialog macht klar, dass der Vollwaise ein moralischer Ignorant ist, der den Unterschied zwischen Gut und Böse nicht kennt. Kundry verfällt in ohnmächtigen Schlaf. Amfortas wird vom See zur Gralsburg getragen. Und Gurnemanz glaubt, in dem «verrückten Knaben» den ersehnten «reinen Toren» zu erkennen. Weshalb er ihn zum «frommen Mahle» auf die Gralsburg führt.

Zu den zunächst leise einsetzenden, dann sich immer düsterer und wuchtiger steigernden Klängen der sogenannten «Verwandlungsmusik» beginnt sich die Szenerie zu verändern. «Ich schreite kaum, – / doch wähn' ich mich schon weit», bemerkt Parsifal. «Du siehst, mein Sohn, / zum Raum wird hier die Zeit», entgegnet Gurnemanz. Dieses Rätselwort, das jeder angehende Wagnerianer zu Beginn des ersten Semesters auswendig lernen muss, lässt sich einerseits als philosophisch überhöhte Regieanweisung lesen. Normalerweise werden Opernbesucher durch rumpelnde Umbauten aus dem Zeitstrom der Musik herausgerissen und auf das im technischen Sinne ‹Gemachte› des Unternehmens gestoßen. Dass auf diese Weise die Zeit, in der sich der Hörer eigentlich völlig verlieren soll, quasi wieder zum Raum wird, hielt Wagner für eines der größten Theaterübel überhaupt. So dass er versucht hat, das Verhältnis durch eine *unmerkliche* Wandlung der räumlichen Szenerie bei fortgesetztem musikalischem Zeitablauf umzukehren. Erneut zeigt sich hier, dass Wagner eigentlich ein Filmemacher *avant la lettre* war. Denn was auf der Bühne selbst mit modernster Maschinerie und präzisester Planung keineswegs immer gelingt, gehört in Form von Kameraschwenk, Überblendung und Schnitt zum Standardrepertoire cineastischer Syntax: der Wechsel von Zeit, Ort oder räumlicher Perspektive, ohne dass Zeit vergehen muss. Auf der Handlungsebene lässt sich der Spruch dagegen genau umgekehrt deuten: Es vergeht überhaupt keine Zeit im dramatischen Sinne. Stattdessen wird das Geschehen häufig in der Art lebender Bilder stillgestellt.

Die ganze folgende Szene, die eine gute halbe Stunde dauert, sich jedoch notfalls in drei Sätzen erzählen ließe (und in der über längere Zeit nicht einmal gesungen wird), ist ein solch mysteriöses *Tableau vivant*. Wagner bietet akustisch alle ihm verfügbaren Mittel auf, um den totalen Raumklang zu erzeugen: dumpf dräuende «Gralsglocken», ein 16-saitiges Kontra-Klavier, das er eigens für Bayreuth fertigen ließ, Solo- und Chorstimmen von der tiefsten Männer- bis zur höchsten Knaben-Stimmlage, die überdies aus allen Tiefen und Höhen des Bühnenraumes erklingen; dazu, jedenfalls ursprünglich, den nirgends sonst reproduzierbaren Klang des Bayreuther Orchestergrabens. Ist der *Parsifal* doch das einzige Werk, das Wagner komplett für die dortigen Bedingungen komponierte.

Gurnemanz fordert Parsifal auf, das folgende Geschehen aufmerksam zu beobachten. Unter wuchtigen Gesängen ziehen die Gralsritter ein, vier Knappen tragen den verhüllten Schrein des Grals. Entrückte Höhenchöre stimmen das Publikum auf ein Geschehen ein, das bei oberflächlicher Betrachtung Ähnlichkeit mit einer Messe haben mag. Musikalisch bedient sich Wagner gewisser Stilelemente des sogenannten Cäcilianismus, einer katholischen Restaurationsbewegung des 19. Jahrhunderts, die eine Rückbesinnung der Kirchenmusik auf den A-cappella-Stil Giovanni Pierluigi da Palestrinas (1514–1594) propagierte. Wagners ‹Messtext› dagegen wird man selbst bei wohlwollender Betrachtung kaum als orthodox bezeichnen können. Mit Grabesstimme – und a cappella, also ohne Orchesterbegleitung – fordert Titurel Amfortas auf, den Gral zu enthüllen: «Du büß' im Dienste deine Schuld!» Worin diese nun eigentlich besteht, weiß der Zuhörer immer noch nicht genau. Dafür wird das Wort ab jetzt im Stakkato wiederholt.

Der Sohn weigert sich in einem rätselhaften Monolog zunächst, dem väterlichen Befehl nachzukommen. Denn der Anblick des Grals gäbe ihm zwar neue Lebenskraft, ließe aber zugleich seine Wunde nur umso schlimmer aufbrechen. Was die anderen «entzückt», ist für Amfortas – «einz'ger Sünder unter allen» – «Qual», «Höllenpein» und «wehvolles Erbe». Mehr noch: Es ist die «Strafe» des «gekränkten Gnadenreichen»! Christus als beleidigten Gott anzurufen, schon das ist nicht gerade römische Lehre. Doch damit nicht genug. Wer Ohren hat zu hören, der kann nicht verkennen, dass Wagner im Verlauf der gesamten Szene die Eucharistie, *das* zentrale Sakrament des Christentums, vollkommen auf den Kopf stellt.

Dass das zugehörige «Weihgefäß» in Amfortas Protestphantasie «mit leuchtender Gewalt (erglüht)», mag man noch durchgehen lassen. Doch spätestens seine Beschreibung der ‹Wandlung› muss den Inquisitor auf den Plan rufen. Man versteht zudem, warum es dem Pastorensohn und ehemaligen Wagner-Bewunderer Nietzsche «namentlich beim Abendmahl (...) zu vollblütig» herging. Denn was Amfortas beschreibt, ist nicht nur eine, vorsichtig formuliert, verquere *Imitatio Christi*, es ist eine liturgische Blutsbrüderschaft mit dem Erlöser, die eher an einen Voodoo-Ritus oder eine schwarze Messe als an die heilige Kommunion denken lässt:

> *(...) durchzückt von seligsten Genusses Schmerz,*
> *des heiligsten Blutes Quell*
> *fühl' ich sich gießen in mein Herz:*
> *des eig'nen sündigen Blutes Gewell'*
> *in wahnsinniger Flucht*
> *muß mir zurück dann fließen,*
> *in die Welt der Sündensucht (...)*
> *hier durch die Wunde, der Seinen gleich,*
> *geschlagen von desselben Speeres Streich,*
> *der dort dem Erlöser die Wunde stach (...)*

Doch nicht genug mit der *Unio mystica* von Christi Blut und Amfortas' «Sündenblut», nicht genug damit, dass das Abendmahl des göttlichen Erlösungsopfers gedenkt, während der Travestie-Jesus Amfortas nichts anderes im Sinn hat, als sich durch den eigenen Tod selbst zu erlösen. Wagner wird während der nun folgenden Szene auch den Kern der Transsubstantiationslehre – des Gestaltwandels von Brot und Wein in den realen Leib und das reale Blut Christi – ins schiere Gegenteil umdeuten.

Unsichtbare Chöre erinnern Amfortas an die Prophezeiung des «reinen Toren». Gereizt fordern die Ritter, dass ihr König seines Amtes walten solle. Ein bedrohlicher Paukenwirbel und die abermals aus dem Off ertönende Stimme Titurels unterstreichen die düstere Stimmung. Wagner verlangt denn auch in einer Regieanweisung «eine immer dichtere Dämmerung». Zu Wandlungsworten, bei denen jeder Messdiener vor Schreck in Ohnmacht fiele, wird der Gral enthüllt. Die Zeremonie beginnt – was den Kontrast verstärkt – mit den überlieferten Einsetzungsworten Jesu: «Nehmet hin meinen Leib, / nehmet hin mein Blut / um uns'rer Liebe Willen.» Doch dann wird nicht etwa, wie man in zahllosen Programmheften lesen darf, «das Abendmahl ausgeteilt». Der folgende Chor, den Wagner nicht mehr aus höchster, sondern mittlerer Höhe des Bühnenraums singen lässt, wandelt «Wein und Brot des letzten Mahles», die in der Eucharistie zu Blut und Leib Christi werden, wieder zurück in – Wein und Brot.

Blut und Leib der heil'gen Gabe
wandelt heut' zu eurer Labe (...)
in den Wein, der euch nun floß,
in das Brot, das heut' ihr speist.

Es ist unmöglich, an dieser Stelle auch nur kursorisch die subtilen Details der Abendmahlslehre zu erörtern, über die sich seit den Tagen des Apostels Paulus Theologen und heilige Krieger aller Richtungen die Köpfe eingeschlagen haben – und zwar oft ganz buchstäblich. Wir können hier nur zweierlei festhalten. Erstens: Auf der Gralsburg werden nicht Leib und Blut Christi an die Gemeinde ausgeteilt. Weder symbolisch, wie etwa in den beliebten ökumenischen Beatmessen der siebziger Jahre, in denen Fladenbrote und Billigwein kursierten. Noch in Form geweihter Hostien und eines – überdies umstrittenen – «Laienkelchs», von denen die Mehrheit der gläubigen Katholiken und – was viele nicht wissen – auch der Lutheraner annimmt, in ihnen seien Leib und Blut des Erlösers *realiter* präsent. Zweitens: Der Gral spendet seinen Rittern das Gnadengut Brot «zu Leibes Kraft und Stärke», den Wein «zu Lebens feurigem Blute». Damit aber tun die frommen Gralsritter exakt das, was schon der allererste Theologe des Abendmahls, Paulus, der Gemeinde zu Korinth in dem an der betreffenden Stelle überaus harschen ersten Korintherbrief auszutreiben versuchte: Sie vermischen nicht nur das profane Sättigungsmahl der sich versammelnden Gemeinde mit dem eucharistischen Gedenk- und Gnadenmahl – sie ersetzen das zweite vollständig durch das erste. Mit einem Wort: Ausgerechnet der Orden, der den Kelch des letzten Abendmahls bewahrt, feiert bei Wagner keine Messe, sondern ein mystisches Gelage!

Es kommt aber noch besser. Für außenstehende Beobachter steht die Kommunion, der Verzehr des realen Leibes (manchmal auch des realen Blutes) Christi, nicht zu Unrecht unter dem Verdacht eines kannibalischen Opfermahls. Religions- und ritualgeschichtlich ist der Dreisprung vom Menschenopfer zum Tieropfer zum Messopfer denn ja auch kaum von der Hand zu weisen. Die ultimative Pointe dieser Herkunftsgeschichte hat Sigmund Freud 1913 in *Totem und Tabu* erzählt. Er knüpfte an Wagners Zeitgenossen Charles Darwin (1809–1882) an, demzufolge in der Urhorde das stärkste Männchen alle anderen vertrieb, um sich allein mit den Weibchen zu paaren. Laut Freud ermordet eine Brüderhorde den übermächtigen Vater und verzehrt ihn. Im kannibalischen Akt identifizieren die Söhne sich mit ihrem zugleich verhassten und verehrten Vater. Aus Schuldbewusstsein wird der Mord später in einem Akt «nachträglichen Gehorsams» widerrufen und die Tötung des Vaterersatzes – des Totemtieres der Horde – verboten. Zugleich versagen sich die Brüder jene Frauen, um derentwillen sie den Vater ursprünglich erschlagen hatten. Die Urgelüste Mord und Inzest unterliegen fortan den denkbar strengsten Tabus. Doch die Beziehung zum Vater bleibt im Totemismus ambivalent: Der Totemkult sucht die Versöhnung, die rituelle Totemmahlzeit erinnert an den Triumph über ihn. Erst das Christentum dreht diese Opferlogik um. Es setzt den gekreuzigten Sohn an die Stelle des ermordeten Vaters. Der Opfertod des Sohnes wird in dieser Perspektive zur kaum verhüllten Sühne des Urverbrechens. Dafür löst die Kommunion als symbolische Totemmahlzeit das blutige Opfer und die rituelle Orgie endgültig ab.

Im *Parsifal* inszeniert Wagner die «vollblütige» Vorgeschichte des christlichen Abendmahls erstaunlich präzise. Er tut dies in einer verbal knappen, musikalisch und szenisch dafür bis an die Grenze des Erträglichen gedehnten Form. Auf diese Weise lässt er den verwirrten Betrachter geradezu physisch spüren, welche Kräfte im heißen Kern des Christentums «mit leuchtender Gewalt» erglühen. Und fernab aller besinnlichen Weihe führt er uns die Gewaltpotentiale vor Augen und Ohren, die da wirken. Mit den sexuell abstinenten, sängerisch wie gestisch aber höchst rüden Gralsrittern stellt er die Freud'sche Brüderhorde nämlich mit einem Vorlauf von dreißig Jahren auf die Bühne. Warum gieren die Männer nach den Gaben des Grals? Um «treu bis zum Tode» «brudergetreu / zu kämpfen mit seligem Mute». Man muss keine Kulissen im Stil einer NS-Ordensburg schieben, um das Publikum ahnen zu lassen, dass selbst solche grausigen Kolonnen nicht aus einer anderen Welt einmarschiert sind.

Doch noch ist die Erlösung nur verschoben. Wagner schließt den Aufzug daher in einem zwar gebrochenen, aber milden Licht. Noch einmal bringt er musikalisch das «Liebesmotiv» und szenisch das Motiv des Abendmahls als profane Speisung ins Spiel. Vier Knaben sollen laut Regieanweisung aus zwei Krügen und Körben Brot und Wein an die Ritter verteilen – eine Anspielung auf die wundersame Speisung der Fünftausend, von der alle Evangelien berichten, und die bei *Johannes 6,1–13* (das Evangelium enthält keinen eigenen Abendmahlsbericht) schließlich mit dem Motiv der Eucharistie verschmolzen wird.

Parsifal hat das gesamte Geschehen stumm und weitgehend verständnislos verfolgt. Gerade dass er sich ans Herz greift, wenn Amfortas «Erbarmen» erfleht. Offenbar hat er den *Parzival* des Wolfram von Eschenbach nicht gelesen. Daher kann er nicht wissen, dass es seine Aufgabe gewesen wäre, nach dem Grund von Amfortas' Leiden zu fragen und Mitleid zu bekunden. Zornig wird er vom enttäuschten Gurnemanz hinausgeworfen. Zuschauern, die von germanistischem Bildungsballast ähnlich frei sind wie der Tor, würde es nicht anders gehen. Im Grunde muss sich jeder fragen, was das alles soll. Anders gesagt: Der wahre Tor steht nicht auf der Bühne, er sitzt im Saal. Auch wir entsinnen uns dunkel, als *Parsifal*-Novizen ebenso ratlos wie gerockt aus dem Saal gewankt zu sein. Von wegen «selig im Glauben!»

Zweiter Aufzug: Die erotisierte Erlösung

Zu einem kurzen, bedrohlich klingenden Vorspiel, mit dem Wagner den Puls des Publikums sofort auf 180 bringt, erscheint Klingsor auf den Zinnen seines Zauberschlosses. Er erwartet die Ankunft Parsifals und weckt Kundry aus ihrem krampfartigen Schlaf. Die noch halb Ohnmächtige wehrt sich gegen die Macht, die Klingsor über sie auszuüben vermag, weil sie ihrerseits den Eunuchen nicht betören kann. Auf ihren Spott über seine Selbstkastration («Haha! – Bist du keusch?») reagiert er mit einem wilden Ausbruch: «Ungebändigten Sehnens Pein, / schrecklichster Triebe Höllendrang, / den ich zum Todesschweigen mir zwang.»

Damit hat sich der schon länger im Raum stehende Verdacht bewahrheitet, dass das Hauptproblem auf dem gesamten Berg der Rettung (Monsalvat) die unkontrollierbare sexuelle Begierde ist. Hierbei handelt es sich nicht nur um ein permanentes privates Problem Wagners und um *das* Thema der christlichen Sittenlehre wie der Psychologie des 19. Jahrhunderts. Heutige Hörer, die schon beim Blättern im Programmheft oft auf Werbung stoßen, die noch vor fünfzig Jahren dem Jugendschutz zum Opfer gefallen wäre, muss die beinahe manische Weise irritieren, mit der sich die Protagonisten des *Parsifal* ständig der Perversion bezichtigen.

Kundrys Doppelrolle in diesem seltsamen Spiel: In der Gralswelt ist sie die Büßerin, in Klingsors Reich die oberste Verführerin. Schon Amfortas war ihr erlegen, wie wir jetzt erfahren. Während er bei Kundry lag, konnte Klingsor den heiligen Speer stibitzen. Nun soll sie den «reinen» – sprich: pubertären, aber sexuell noch völlig unerfahrenen – Parsifal verführen. Damit die an sich eher schnöde erotische Initiation (un-)heilsgeschichtlich das nötige Gewicht bekommt, betitelt Klingsor Kundry zunächst als «Namenlose», «Urteufelin», «Höllenrose» und «Herodias». Wenig später erfahren wir zudem aus ihrem Munde, worin ihr eigentlicher Fluch besteht: Kundry hatte einst Jesus auf seinem Passionsweg ausgelacht. Sie ist ein weiblicher Ahasver. Im 13. Jahrhundert entstanden, erzählt die christliche Legende von einem ursprünglich Namenlosen (!), der Jesus auf dem Weg nach Golgatha verspottet hatte. Dieser verfluchte ihn dazu, bis zum Jüngsten Gericht unsterblich durch die Welt wandern zu müssen. Das anonyme *Volksbuch vom Ewigen Juden*, 1602 erschienen, machte dann aus dieser Figur einen Semiten und gab ihm den Namen Ahasveros. Alle Interpreten, die dem *Parsifal* eine manifest antisemitische Tendenz nachzuweisen versuchen, knüpfen hier an.

Mit den in Sünde gefallenen Rittern, die Klingsors Schloss bewachen, macht der heranstürmende Parsifal kurzen Prozess. Bevor sich Kundry seiner annimmt, versuchen ihn Klingsors «Blumenmädchen» zu betören. Diese Szene ist häufig nahe dran, den ansonsten atemberaubenden zweiten Aufzug zu ruinieren. Das Problem: Was um Himmels willen soll man anstellen, um eine erotisch aufgeladene Atmosphäre zu erzeugen? Wagner versucht im Grunde eine Bordellszene zu schildern – was seinerzeit heikel war, heute aber das Publikum unterfordern würde. Künstlerisch dürfte man noch am ehesten auf der sicheren Seite landen, wenn man sich an Fin-de-siècle-Dekadenz im Stile Gustav Klimts oder Egon Schieles orientiert. Aber eine Prise Moulin Rouge, gar Nackte auf der Bühne? Gähn! Straßenstrich, Swingerclub, SM-Studio – es bringt im Grunde alles nichts. Sex, so Woody Allen, ist eben nur schmutzig, wenn es richtig gemacht wird. Am Ende ruhen daher alle Hoffnungen auf den sechs Solistinnen und den Damen des Chors: dass schöne, sinnlich geführte Stimmen einen Hauch von Wagners schwerem musikalischem Parfum ins Publikum hinüberwehen lassen.

Kundrys Auftritt vertreibt die «kindischen Buhlen». Aus der hintersten Tiefe der Bühne, zunächst noch unsichtbar, ruft sie den Jüngling erstmals seit langer Zeit schlicht bei seinem Namen: «Parsifal! – Weile!» Schon wenn das nur mittelmäßig gesungen wird, muss es jeden Hörer in den Sessel stauchen. Der Flashback des Gerufenen bleibt denn auch nicht aus: «Parsifal ... ? / So nannte träumend mich einst die Mutter.» Kundry berichtet noch einmal von Herzeleides Trauer um den gefallenen Gatten und ihrer ständigen Sorge um den Sohn. Und sie erinnert Parsifal erneut an seine unbedachte Flucht und deren fatale Folgen. Der verfällt darauf endgültig dem zentralen Leiden der Gralswelt, der depressiven Schuldproduktion: «Dein Sohn, dein Sohn musste dich morden!» Denn «der Depressive hat die Schuld nicht begangen, die ihn trauern macht – er hat sie erfunden», so der Germanist Jochen Hörisch in seiner Interpretation des *Parsifal*.

Im gleichen Atemzug kann daher Kundry auf ebenso raffinierte wie infame Weise Parsifals Schuldkomplex mit dessen ödipaler Mutterbindung kurzschließen. Zumindest Wagner-Kenner beginnen zu ahnen, was die Stunde geschlagen hat. Aus dem Graben vernehmen sie in dieser Szene Klänge, deren Nähe zum *Tristan* überdeutlich ist.

> *Hör'st du nicht noch ihrer Klage Ruf,*
> *wann fern und spät du geweilt?*
> *Hei! Was ihr das Lust und Lachen schuf,*
> *wann suchend sie dann dich ereilt!*
> *Wann dann ihr Arm dich wütend umschlang,*
> *ward dir es wohl gar beim Küssen bang? –*
> *Doch ihr Wehe du nicht vernahm'st,*
> *nicht ihrer Schmerzen Toben,*
> *als endlich du nicht wieder kam'st,*
> *und deine Spur verstoben: (…)*
> *ihr brach das Leid das Herz,*
> *und – Herzeleide – starb.*

Kundrys manifest erotische Liebe, so beteuert sie, werde Parsifal über Selbstvorwürfe und Trauer hinwegtrösten. Man muss das nur lesen und hören, gar nicht interpretieren, um zu erkennen, dass Kundrys erster Anlauf zur Verführung nichts anderes ist als das Versprechen eines nachgestellten Inzests. Und das auch noch eingeleitet mit einem Aufruf zur Beichte!

Bekenntnis / wird Schuld und Reue enden,
Erkenntnis / in Sinn die Torheit wenden:
die Liebe lerne kennen, / die Gamuret umschloß,
als Herzeleids Entbrennen / ihn sengend überfloß!
Die Leib und Leben / einst dir gegeben,
der Tod und Torheit weichen muß,
sie beut' / dir heut' – / als Muttersegens letzten Gruß
der Liebe – ersten Kuß.

Fast scheint es, als wolle Wagner uns mitteilen, dass Männer tatsächlich an diesen Punkt zurückgeführt werden müssten, um zu erkennen, dass unstillbares Begehren ihr wahrer Fluch sei. Denn es ist exakt Kundrys imaginärer Mutterkuss, der Parsifal «Welt-hellsichtig» macht. Er fühlt nicht etwa Liebesrausch und Lusterfüllung, er sieht Amfortas und spürt dessen Wunde. Und zwar nicht als medizinische, sondern als metaphysische Verletzung: als «furchtbare(s) Sehnen», «Qual der Liebe» und «sündige(s) Verlangen». Er sieht vor seinem inneren Auge, wie Kundry einst Amfortas verführte, hört die «Gottesklage» um das dadurch entweihte Heiligtum des Grals – und projiziert auch diese Schuld umstandslos auf sich selbst: «Erlöser! Heiland! Herr der Huld! / Wie büß ich Sünder meine Schuld?» So stößt er die «Verderberin» schließlich von sich. Wie Wagner an dieser Stelle Passion und *passion*, Leiden und Leidenschaft, Tod und Trieb zu einer Art innerer Kreuzigung seines ‹Helden› verwebt, das ist infam und ingeniös zugleich.

Als psychoanalytisch gewitzte Hetäre ist Kundry freilich gescheitert. Statt sich den Urwunsch des Knaben zu erfüllen, mit seiner Mutter zu schlafen, schwingt sich Parsifal zum erregt glühenden Wanderprediger wider die Erbsünde auf. Man könnte es auch etwas handfester ausdrücken: Der Schreck und der Schmerz der allerersten Erektion ersticken bei ihm auf längere Sicht jede Lust, das neu entdeckte Land und dessen dunkle Verheißungen zu erkunden.

Sodass die «Urteufelin» Eva, als die Kundry hier figuriert, im zweiten Teil der Verführungsszene zu einer Wende ansetzt, bei der selbst Bürger einer restlos übersexualisierten Welt kurz die Luft anhalten sollten: Sie erklärt das Problem schlicht zur Lösung! Falls das «sündige Verlangen» nach sexueller Befriedigung der Grund für die Verwerfung – und folglich die Erlösungsbedürftigkeit – des Menschen ist, warum sollte dann der orgiastische Rausch die Pforte zum verschlossenen Paradies nicht auch wieder aufstoßen? Und warum sollte der Erlöser nicht seinerseits als Verführer wiederkehren?

Bist du Erlöser, / was bannt dich, Böser,
nicht mir auch zum Heil dich zu einen?
Seit Ewigkeiten – harre ich deiner,
des Heilands, ach! so spät,
den ich einst kühn geschmäht.

Wagners ursprüngliche Dichtung ist hier expliziter als die gestochene Partitur, nach der wir zitieren – 1877 wird der Heiland noch «kühn *ver*schmäht». Wenn überhaupt, dann könnten den Zuschauer an *dieser* Stelle sinnreiche (nicht: ordinäre) Anspielungen auf die üppige erotische Kultur westlicher Metropolen ins Grübeln bringen. Denn dass die breite Palette heutiger Angebote «Lust sich zu erzeigen» durchaus Züge einer ersatzreligiösen Veranstaltung annehmen kann, wäre immerhin eine diskutable These – und zwar unabhängig davon, ob man das Faktum selbst positiv, negativ oder neutral bewertet.

Kundry jedenfalls, die sich seit ihrer initialen Verwerfung des Heils, «endlos durch das Dasein quält», macht aus ihrer erotisierten Erlösungshoffnung kein Geheimnis. Sie bekennt gegenüber Parsifal, sich mit ihm «vereinen» zu wollen, um «in dir entsündigt und erlöst» zu werden. Wenig später verheißt sie ihm gar, ihr «volles Liebes-Umfangen» lasse ihn «Gottheit erlangen», spricht sie ihn explizit als Lust spendenden neuen

Christus an: «Lass' mich dich Göttlichen lieben, / Erlösung gabst du dann mir.» Es spricht nichts dagegen, auch hier eine ketzerische Deutungstradition mitzuhören: Dass Jesus sich mit Maria von Magdala, einer der wenigen namentlich dokumentierten Jüngerinnen und erste Zeugin seiner Auferstehung, keineswegs nur geistlich «vereint» habe.

Parsifals im Vergleich mit Kundrys unorthodoxem Versprechen eher kühle Empfehlung, doch besser «dem Sehnen abgewandt» zu bleiben, klänge denn auch weniger brüchig, wenn ihr nicht eine unmissverständliche Feststellung folgte: Auch auf der anderen Seite des Monsalvat ist auf Rettung kaum zu hoffen. Denn die Gralsburg ist bloß ein Ort, an dem «die Brüder ... in grausen Nöten / den Leib sich quälen und ertöten». Parsifal markiert das Keuschheitsgelübde des Grals damit schon hier als Teil des Problems statt als Teil der Lösung. Seinen Worten zufolge ist das «Sehnen» vielmehr in seiner Grundstruktur dilemmatisch:

O Elend, aller Rettung Flucht!
O, Weltenwahns Umnachten:
in höchsten Heiles heißer Sucht
nach der Verdammnis Quell zu schmachten!

Angesichts dieser ausweglosen Diagnose muss die Antwort auf die Frage, ob Erlösung möglich oder überhaupt nötig ist, abermals vertagt werden. Seiner gescheiterten Verführerin jedenfalls verheißt Parsifal «Lieb und Erlösung» vorerst nur als Gegenleistung für eine Auskunft: Sie soll ihm den Weg zur Gralsburg weisen. Doch Kundry verweigert das nicht nur, sie, die durch die Zeiten Irrende, verflucht Parsifal zum ewigen Herumirren im Raum.

Wagner hätte *privatissime* wohl durchaus Sinn für den Scherz gehabt, ausgerechnet ein Freudenhaus als wahren Ort des Heils zu inszenieren. Tatsächlich erzählt hat diesen Witz aber erst Ernst Bloch in seinem *Spuk, dumm und aufgebessert*. Dort kommt ein Engel «alle Hundert Jahre in Gestalt einer Hure auf die Erde», um einem einzigen Menschen «das ganz anders zu machende Glück zu offenbaren» – und zwar mit dem rätselhaften Angebot, es dem Angesprochenen «mexikanisch» zu machen. Doch selbst Bloch hatte sich 1930 noch nicht getraut, die Fabel in die Erstausgabe seiner *Spuren* aufzunehmen.

Wagner beendet seinen ero-theologischen Spuk dagegen mit einem konventionellen Theaterdonner. Klingsor, von Kundry herbeigerufen, erscheint auf den Zinnen seiner Burg und versucht, Parsifal mit dem heiligen Speer niederzustrecken. Doch Wagner lässt den Speer über Parsifals Haupt schwebend verharren. Der nunmehr im Glauben Erstarkte schlägt damit ein Kreuzeszeichen – und Klingsors Zauberschloss stürzt ein, sein Garten verdorrt, die «Blumenmädchen» verwelken. Die Musik, die Wagner dazu komponiert, ist für seine Verhältnisse eher unspektakulär. Als er den zweiten Aufzug am 10. März 1881 beendet hatte, soll er bei Tisch aufatmend festgestellt haben, jetzt sei er Klingsor, «den musikalisch-dramatischen Meerrettich», endlich los.

Dritter Aufzug: Die abgesagte Erlösung

Das Vorspiel zum dritten Aufzug ‹erzählt› die jahrelange Irrfahrt Parsifals auf seiner Suche nach dem Gralsgebiet. Die Streicher setzen mit einer elegischen Musik, dem sogenannten «Gralstrauer-Motiv», ein. Wagner moduliert die Klangfolge, bis selbst geübte Hörer, ähnlich dem Helden, die harmonische Orientierung verloren haben. Mit tastenden, dank zahlreicher Synkopen heftiger werdenden Suchbewegungen arbeiten sich die Streicher zum Gralsmotiv («Dresdner Amen») vor, das Wagner zusammen mit den einsetzenden Bläsern in das Motiv Kundrys ‹abstürzen› lässt. In einem brüchigen Crescendo kontrastiert Wagner sodann das Thema der Verkündung des «reinen Toren» mit dem Motiv des heiligen Speers (in den Posaunen) sowie weiteren Andeutungen der Leitmotive Kundrys und Klingsors.

Wenn sich der Vorhang hebt, sehen wir, wie zu Beginn des *Parsifal,* ein Waldstück im Gebiet des Grals. Doch anders als man nach dem Vorspiel erwarten könnte, zeigt sich keine verdorrte oder winterliche Landschaft, sondern, so Wagners Regieanweisung, eine «anmutige Frühlingsgegend mit nach dem Hintergrunde zu ansteigender Blumenaue» und einer Quelle. Es ist, wie wir bald erfahren, der Morgen des «allerheiligste(n) Karfreitag» – des Tages «der Gnade ohnegleichen». Der letzte Akt von Wagners heilsgeschichtlichem Drama wird also nicht die Auferstehung – und mit ihr die Überwindung von Tod und «Sünde» – zelebrieren, sondern den Todestag Gottes. Wir kommen auf Wagners Variante der Karfreitagstheologie sowie ihre Nähe zu Nietzsches berühmt-berüchtigtem Diktum vom Tod Gottes am Schluss zurück.

Gurnemanz, inzwischen zum Greis gealtert, tritt aus seiner kargen Einsiedlerhütte. Das erste, was wir in der «anmutigen» Gegend hören, ist ein «jammervolle(s) Stöhnen». Gurnemanz erkennt darin den vertrauten «Klageruf» Kundrys, die er «kalt und starr» in einer «Dornenhecke» findet und «dem Todesschlafe noch einmal … entweckt». Parsifals gescheiterte Verführerin stöhnt abermals auf – und spricht dann ihre allerletzten Worte mehr, als dass sie sie singt: «Dienen … Dienen!» Damit wird eine der anspruchsvollsten Sopranpartien Wagners für die letzte Stunde ihrer Bühnenpräsenz zur stummen Rolle.

Ein Ritter in voller Rüstung und mit geschlossenem Visier nähert sich und lässt sich nahe der Quelle nieder. Gurnemanz fordert ihn auf, am «geweihten Ort» und am Karfreitag seine Waffen abzulegen. Parsifal tut dieses und kniet zum Gebet nieder. Gurnemanz und die sich zunächst abwendende Kundry erkennen ihn als den, «der einst den Schwan erlegt». An das

Motiv des symbolischen Sohnesmordes erinnert Wagner hier nicht ohne Absicht; es dient sozusagen als kleine Brücke zur Totenmesse des Aktschlusses. Ebenso erkennt Gurnemanz den heiligen Speer wieder, den Parsifal mit sich führt. Parsifal berichtet von seiner bisherigen «Irrnis» auf «der Leiden Pfade». Er und der verlorene Speer, so Gurnemanz, würden von den Gralsrittern sehnsüchtig erwartet. Seit langem verweigert Amfortas die Enthüllung des Grals, um «sein Ende zu erzwingen und mit dem Leben seine Qual zu enden». Seither müssen die Ritter anstelle «heil'ger Speisung» mit «gemeine(r) Atzung» vorliebnehmen. Ihre Kraft ist erlahmt, «mut- und führerlos» vegetieren sie dahin, ohne noch zu «heil'gen Kämpfen» gerufen zu werden. Titurel, «ein Mensch, wie alle», ist gestorben. Und abermals funktioniert – man ist schon geneigt zu sagen: auf Zuruf – das *Parsifal*-Prinzip der depressiven Schuldübertragung.

> *PARSIFAL: Und ich – ich bin's, / der all' dies Elend schuf!*
> *Ha! Welcher Sünden, / welches Frevels Schuld*
> *muß dieses Toren Haupt / seit Ewigkeit belasten,*
> *da keine Buße, keine Sühne / der Blindheit mich entwindet,*
> ...

In der folgenden Szene betreibt Wagner einigen musikalischen und szenischen Aufwand, um zumindest den Anschein von Hoffnung noch einmal aufkeimen zu lassen. Die Lösung der aufgelaufenen Schuldverhältnisse, so sollen wir glauben, könnte doch möglich sein. Für seine Beschwörungen greift der Meister beherzt in den Fundus der Bibel und der christlichen Ikonographie. So wie in vielen Inszenierungen der Gralsszenen unwillkürlich die katholische Messordnung das Kommando übernimmt, wird hier bisweilen der Drang übermächtig, Andachtsbilder im Stile der Nazarener auszupinseln.

Damit er «fleckenrein» (lies: sexuell unbefleckt) an sein «hohes Werk» gehen kann, wäscht Kundry Parsifal zunächst die Füße und trocknet sie mit ihrem Haar. Hier nimmt sie die Rolle der Maria Magdalena ein, die in katholischer Deutungstradition mit der «Sünderin» (lies: Prostituierten) gleichgesetzt wird, die Jesus bei *Lukas* 7,36-50 die Füße mit den Tränen ihrer Reue netzt. Gurnemanz nimmt mit dem Wasser der Quelle eine Handlung vor, die einer Taufe ähnelt. Der Aspekt, dass die Taufe von der ‹Erbsünde› entlasten soll, wird von Wagner allerdings stark ins Psychologische gewendet: Parsifal soll von «jeder Schuld Bekümmernis» gereinigt werden, also von genau jenem ewigen Schuldkomplex, der in den zurückliegenden vier Stunden des *Parsifal* so hingebungsvoll gepflegt worden war.

Sodann salbt Kundry Parsifal die Füße, Gurnemanz sein Haupt, auf «dass heute noch als König er mich grüße». Wagner lässt hier nun nicht etwa die Salbung Jesu zu Betanien nachstellen (*Matthäus* 26,12: «Dass sie das Öl auf meinen Leib gegossen hat, das hat sie für mein Begräbnis getan.»), sondern die Salbung Davids zum König Israels (1. *Samuel* 16). Anders gesagt: Hier wird nicht der kommende Erlöser gesegnet, sondern der neue weltliche Herrscher eines offensichtlich weltlichen Ordens ausgezeichnet. Weshalb auch die anschließende «Taufe» Kundrys durch Parsifal nur wenig gelten darf. Thomas Mann hatte schon recht mit seinem Gefühl, beim *Parsifal* «an einen Ort suggestiven Schwindels zu pilgern». Der harsche Vorwurf Eduard Hanslicks, der *Parsifal* erinnere ihn «nicht selten an die gereimten Andachtskrämpfe der deutschen Pietisten», enthält ebenfalls mehr Wahrheit, als dem Kritiker bewusst gewesen sein dürfte. Das letzte, was man Wagner allerdings vorwerfen darf, ist, hier in «christliche Ekstase» verfallen zu sein. Vielmehr sollte die Dekonstruktion seiner biblischen Collage zu der Einsicht führen, dass er hier eine Revue pseudoreligiöser Ritentravestien veranstaltet. Sein Verfahren ähnelt darin der Provokation der Popsängerin Madonna, die 2006 bei einem Konzert in Rom als Gekreuzigte auftrat, um gegen den Hunger in Afrika zu protestieren.

Diese Diagnose wird durch den folgenden «Karfreitagszauber» eher bestärkt als dementiert. Zwar zieht Wagner alle Register seiner lyrischen Kompositionskunst, feiert mit diesen Mitteln aber gerade nicht das der Szene ihren Namen gebende Geheimnis des Gottesopfers zur Vergebung der Sünden, sondern eine Art naturreligiöser Beschwörung. Statt am «höchsten Schmerzenstag» – in welcher Form auch immer – zu «trauern», freut sich nämlich an Wagners Karfreitag «alle Kreatur / auf des Erlösers holder Spur / Ihn selbst am Kreuze kann sie nicht erschauen: / da blickt sie zum erlösten Menschen auf», der zur Feier des Tages – den Rasen nicht betritt! Mehr noch: Ohne dass der Sündenfall der ersten Natur theologisch je ernsthaft erwogen worden wäre, erwirbt sie im *Parsifal* selbst «ihren Unschuldstag». Frei nach Hanslick könnte man Gurnemanz' Predigt zum ‹pantheistischen Andachtskrampf› erklären. Doch ihre eigentliche Pointe bekommt sie erst dadurch, dass Parsifal sie mit dem Bekenntnis rahmt, er habe «Wunderblumen» gesehen, «die bis zum Haupte süchtig mich umrankten», die dann welkten und die nun «nach Erlösung schmachten». Dieser «lyrische Exkurs» (Hanslick) ähnelt dem Lied Wolframs an den Abendstern im *Tannhäuser*. Noch weniger verklausuliert als dieser die Göttin Venus, besingt Parsifal in diesem Moment nämlich die Blumenmädchen des zweiten Aufzugs. Und statt eine weitere Runde im Bekenntnis rätselhafter Schuld zu eröffnen, erklärt er den Eros damit gralskirchenamtlich endlich zu dem, was er ist: zum Teil der «entsündigten Natur».

Doch bevor das Publikum in die Welt entlassen wird, muss es mit Wagner noch einmal in die Unterwelt hinabsteigen. Nichts anderes nämlich ist die Gralsburg der Schlussszene. Anlässlich der «Totenfeier» zu Ehren Titurels hat Amfortas zugesagt, den Gral letztmals zu enthüllen. Damit niemand im Saal das für ein regelkonformes Requiem hält, erklärt Gurnemanz den Zweck des Rituals bereits anlässlich von Parsifals Waschung und Salbung. Die Opferschale wird «zur Heiligung des hehren Vaters, / der seines Sohnes Schuld erlag» enthüllt. Damit steht das heikle Täter-Opfer-Verhältnis totemistischer Totenkulte wieder im Raum, das wir oben beschrieben hatten. Womit im gleichen Atemzug die Kreuzigung Christi, deren eigentlich am Karfreitag zu gedenken wäre, auf jenen Vatermord zurückverwiesen wird, der durch das Sohnesopfer gesühnt wird.

Und es lugt, von Wagner unbemerkt, von vielen seiner Adepten übersehen, jener «tolle Mensch» um die Ecke der Gralsburg, von dem Friedrich Nietzsche in seiner *Fröhlichen Wissenschaft* erzählt. Dass er 1882 einen Paralleltext zum *Parsifal* schrieb, dürfte dem Philosophen bewusst gewesen sein. Wagner leider nicht. Er hat Nietzsche seit ihrem Bruch 1877 ignoriert. Man muss das schon etwas ausführlicher zitieren, um zu erkennen, dass die Exfreunde mit höchst unterschiedlichen Mitteln im Grunde die gleiche Geschichte erzählen:

> *Habt ihr nicht von jenem tollen Menschen gehört, der am hellen Vormittag eine Laterne anzündete, auf den Markt lief und unaufhörlich schrie: ‹Ich suche Gott! Ich suche Gott!›? Da dort gerade viele von denen zusammenstanden, welche nicht an Gott glaubten, so erregte er ein großes Gelächter. Ist er denn verlorengegangen? sagte der eine. (...) Oder hält er sich versteckt? Fürchtet er sich vor uns? (...) Der tolle Mensch sprang mitten unter sie und durchbohrte sie mit seinen Blicken. ‹Wohin ist Gott?› rief er, ‹ich will es euch sagen! Wir haben ihn getötet – ihr und ich! Wir sind seine Mörder! (...) Gott ist tot! Gott bleibt tot! Und wir haben ihn getötet! Wie trösten wir uns, die Mörder aller Mörder? Das Heiligste und Mächtigste, was die Welt bisher besaß, es ist unter unsern Messern verblutet – wer*

> *wischt dies Blut von uns ab? Mit welchem Wasser könnten wir uns reinigen? Welche Sühnefeiern, welche heiligen Spiele werden wir erfinden müssen?*

Man sieht, dass es auch bei Nietzsche durchaus «vollblütig» zugeht. Vor allem aber: Mit einer Verwandlungsmusik, die an finsterer Wucht höchstens von «Siegfrieds Trauermarsch» aus der *Götterdämmerung* übertroffen wird, begeben sich Gurnemanz, Parsifal, Kundry und das *Parsifal*-Publikum präzise auf eine jener «Sühnefeiern» für den unbewältigten philosophischen Gottesmord der Aufklärung. Sie wird allerdings misslingen.

Unter drohenden Chören tragen die Ritter den Schrein des Grals und den Sarg Titurels herein. Ihre Anklage des «sündigen Hüter(s)» endet in einer echoartig vorgetragenen Mahnung, Amfortas solle «zum letzten Male (...) des Amtes walten». So wird das Heil stiftende letzte Abendmahl, das der Gral angeblich kultisch umkreist, per schlichtem Gleichklang in ein heilloses Endzeitspektakel umgedeutet. «Mein Vater!» ruft Amfortas über Titurels geöffnetem Sarg. Und schließt seinen Leidensmonolog nicht nur mit der gleichen Gebetsformel, die nicht umsonst an das «Mein Gott» des Gekreuzigten erinnert. Er hängt ihr zudem eine Fürbitte an, die an Abgründigkeit kaum noch zu überbieten ist: «Mein Vater! Dich – ruf ich, / rufe du es ihm zu: / Erlöser, gib meinem Sohne Ruh'!»

Also: Im Rahmen einer nachtschwarzen Pseudo-Eucharistie bittet ein angeblich sündiger Anti-Jesus seinen gottgleich abwesenden toten Vater um den Tod als «einz'ge Gnade». Um dann auch noch von seinen vor Wut beinahe rasenden Ritter-Jüngern den Gnadenstoß durch das Schwert zu fordern: «Tötet den Sünder mit seiner Qual: / von selbst dann leuchtet euch wohl der Gral!» Das soll fromm finden, wer mag.

Der heilige Speer, den Parsifal schlussendlich an die Wunde des Amfortas führt, schließt in einem tieferen Sinne denn auch nicht die Wunde des Gralskönigs. Das Symbol einer schuld- und sündenfixierten Religion schließt eine Wunde, die diese Religion selbst geschlagen hat: die Wunde des Glaubens an den «Schuldzusammenhang alles Lebendigen» (Walter Benjamin). Die rätselhafte Schlusswendung des *Parsifal* – «Höchsten Heiles Wunder! Erlösung dem Erlöser!» – versteht man daher wohl am ehesten, wenn man sie abermals mit Nietzsche vereindeutigt. Viele «Priester», verkündet dessen Zarathustra, «litten zuviel –: so wollen sie Andre leiden machen. (...) Gefangene sind es mir und Abgezeichnete. Der, welchen sie Erlöser nennen, schlug sie in Banden: – In Banden falscher Werthe und Wahn-Worte! Ach dass Einer sie noch von ihrem Erlöser erlöste!»

Ob die Welt erlöst werden kann, ob sie der Erlösung überhaupt bedarf, oder ob sie in ihrer ganzen Schönheit wie in ihrer ganzen Hinfälligkeit nicht einfach ist, wie sie ist, das ist eine Deutungsfrage, auf die auch der *Parsifal* klugerweise die Antwort verweigert. Wagner entlässt uns – gleich seinen von ihren verqueren «Rettungswerken» ausgelaugten Protagonisten – schlicht dahin, woher wir gekommen sind. Das aber immerhin mit einer unendlichen, flirrenden, berauschenden Musik, die das Theater für einen gedehnten Augenblick in den *Schein* von Erlösung taucht. Nur: Dieser Schein dünkt uns weltlich.

Anhang

Bibliographie

Barth, Herbert (Hrsg.): Richard Wagner und Bayreuth in Karikatur und Anekdote. Bayreuth, 1957/1970

Benjamin, Walter: Goethes Wahlverwandtschaften. In: Gesammelte Schriften. Hrsg. von Rolf Tiedemann und Hermann Schweppenhäuser. Band I.1, S. 123–201. Frankfurt am Main, 1974

Bermbach, Udo: Richard Wagner in Deutschland. Rezeption – Verfälschungen. Stuttgart / Weimar, 2011

Bermbach, Udo: Der Wahn des Gesamtkunstwerks. Richard Wagners politisch-ästhetische Utopie. Frankfurt am Main, 1994

Bermbach, Udo: «Blühendes Leid». Politik und Gesellschaft in Richard Wagners Musikdramen. Stuttgart / Weimar, 2003

Bloch, Ernst: Spuren. (= Werkausgabe Band 1). Frankfurt am Main, 1985

Borchmeyer, Dieter: Beckmesser – der Jude im Dorn? In: Bayreuther Festspiele 1996. Das Festspielbuch 1996. Hrsg. v. Wolfgang Wagner. Bayreuth, 1996, S. 89–99

Borchmeyer, Dieter (Hrsg.): Wege des Mythos in der Moderne. Richard Wagner, «Der Ring des Nibelungen». München, 1987

Borchmeyer, Dieter, Ami Maayani, Susanne Vill (Hrsg.): Richard Wagner und die Juden. Stuttgart, 2000

Borchmeyer, Dieter, Stephan Kohler (Hrsg.): Wagner-Parodien. Frankfurt am Main, 1983

Dahlhaus, Carl: Wagners Konzeption des musikalischen Dramas. München, 1990

Dahlhaus, Carl: Richard Wagners Musikdramen. Stuttgart, 1996

Freud, Sigmund: Totem und Tabu. Einige Übereinstimmungen im Seelenleben der Wilden und der Neurotiker. In: Studienausgabe, hrsg. von Alexander Mitscherlich, Angela Richards und James Strachey. Band IX, S. 287–444. Frankfurt am Main, 1974

Friedrich, Sven: Das auratische Kunstwerk. Zur Ästhetik von Richard Wagners Musiktheater-Utopie. Tübingen, 1996

Friedrich, Sven: Richard Wagners Opern. Ein musikalischer Werkführer. München, 2012

Girard, René: Das Heilige und die Gewalt. Frankfurt am Main, 1992

Goethe, Johann Wolfgang: Faust. Goethes Werke, Band III. Hrsg. von Erich Trunz, München, 1986

Gregor-Dellin, Martin: Richard Wagner. Sein Leben – Sein Werk – Sein Jahrhundert. München, 1980

Gregor-Dellin, Martin: Wagner Chronik. München, 1972

Gregor-Dellin, Martin, Michael von Soden (Hrsg.): Richard Wagner. Leben, Werk, Wirkung. Hermes Handlexikon. Düsseldorf, 1983

Gutman, Robert: Richard Wagner. Ein Mensch, sein Werk, seine Zeit. München, 1970

Hamann, Brigitte: Winifred Wagner oder Hitlers Bayreuth. München, 2002

Henle, Victor: Richard Wagners Wörterlexikon. Berlin / München, 2011

Hörisch, Jochen: Brot und Wein. Die Poesie des Abendmahls. Frankfurt am Main, 1992

Hörisch, Jochen: Charaktermasken. Subjektivität und Trauma bei Jean Paul und Marx. In: Jahrbuch der Jean-Paul-Gesellschaft Nr. 14. Tübingen, 1979, S. 79–96

Kittler, Friedrich: Das Nahen der Götter vorbereiten. München, 2012

Kurnitzky, Horst: Triebstruktur des Geldes. Ein Beitrag zur Theorie der Weiblichkeit. Berlin (West), 1974

Macho, Thomas: Tableaux vivants. In: Parsifal. Programmheft der Deutschen Oper Berlin zur Inszenierung von Philipp Stölzl. Berlin, 2013

Marx, Karl: Das Kapital. Kritik der Politischen Ökonomie (MEW 23). Berlin/DDR, 1979

Marx, Karl: Grundrisse der Kritik der politischen Ökonomie (MEW 42). Berlin/DDR, 1983

Marx, Karl: Zur Judenfrage. In: MEW 1. Berlin/DDR, 1976

Marx, Karl: Ökonomisch-philosophische Manuskripte. In: MEW 40, S. 465–588. Berlin/DDR, 1968

Metzger, Heinz-Klaus, Rainer Riehn (Hrsg.): Musik-Konzepte 5: Richard Wagner – Wie antisemitisch darf ein Künstler sein? München, 1978

Metzger, Heinz-Klaus, Rainer Riehn (Hrsg.): Musik-Konzepte 57/58: Richard Wagner, Tristan und Isolde. München, 1987

Mösch, Stephan: Weihe, Werkstatt, Wirklichkeit. Parsifal in Bayreuth 1882–1933. Kassel, 2009

Nietzsche, Friedrich: Werke in drei Bänden. Herausgegeben von Karl Schlechta. München, 1966

Oberhoff, Bernd: Richard Wagner. Die Walküre. Ein psychoanalytischer Opernführer. Gießen, 2011

Opelt, Franz-Peter: Richard Wagner – Revolutionär oder Staatsmusikant? Frankfurt am Main, 1987

Schleef, Einar: Droge Faust Parsifal. Frankfurt am Main, 1997

Schrenck, Erich von: Richard Wagner als Dichter. München, 1913

Sollich, Robert, Clemens Risi, Sebastian Reus, Stephan Jöris (Hrsg.): Angst vor der Zerstörung. Der Meister Künste zwischen Archiv und Erneuerung. Berlin, 2008

Strauß, Botho: Anschwellender Bocksgesang. In: DER SPIEGEL 6/1993 (8.2.1993), Seite 202–207

Voss, Egon: Richard Wagner. München, 2012

Voss, Egon: Wagner und kein Ende. Betrachtungen und Studien. Mainz, 1996

Wagner, Nike: Wagner Theater. Frankfurt am Main, 1999

Wagner, Richard: Ausgewählte Schriften. Frankfurt am Main, 1974

Wagner, Richard: Der fliegende Holländer. Ein Opernführer. Herausgegeben von der Staatsoper Unter den Linden. Frankfurt am Main/Leipzig, 2001

Wagner, Richard: Der fliegende Holländer. Einführung und Kommentar von Kurt Pahlen. Mainz, 1979/1999

Wagner, Richard: Der Ring des Nibelungen. Vollständiger Text mit Notentafeln der Leitmotive. Hrsg. von Julius Burghold. München, 1980

Wagner, Richard: Die Meistersinger von Nürnberg. Texte, Materialien, Kommentare. Hrsg. von Attila Csampai und Dietmar Holland. Reinbek bei Hamburg, 1981

Wagner, Richard: Lohengrin. Texte, Materialien, Kommentare. Hrsg. von Attila Csampai und Dietmar Holland. Reinbek bei Hamburg, 1989

Wagner, Richard: Lohengrin. Hrsg. von Michael von Soden. Frankfurt am Main, 1980

Wagner, Richard: Mein Leben. Hrsg. von Martin Gregor-Dellin. München, 1963

Wagner, Richard: Parsifal. Hrsg. von Michael von Soden. Frankfurt am Main, 1983

Wagner, Richard: Parsifal. Libretto mit musikalischer und literarischer Analyse, Dokumentationen zu Entstehung und Rezeption, Kommentaren, Diskographie, Bibliographie und Zeittafeln. Hrsg. von Ulrich Drüner. München, 1990

Wagner, Richard: Parsifal. Texte, Materialien, Kommentare. Hrsg. von Attila Csampai und Dietmar Holland. Reinbek bei Hamburg, 1984

Wagner, Richard: Schriften eines revolutionären Genies. Ausgewählt und kommentiert von Egon Voss. München, 1976

Wagner, Richard: Tristan und Isolde. Hrsg. von der Staatsoper Unter den Linden Berlin. Frankfurt am Main / Leipzig, 2000

Wagner, Richard: Tristan und Isolde. Texte, Materialien, Kommentare. Hrsg. von Attila Csampai. Reinbek bei Hamburg, 1983

Wagner, Richard: Werke, Schriften und Briefe. Hrsg. von Sven Friedrich. Berlin, 2004 (Digitale Bibliothek 107 / CD-ROM)

Wapnewski, Peter: Der Ring des Nibelungen: Richard Wagners Weltendrama. München, 1998

Wapnewski, Peter: Der traurige Gott. Richard Wagner in seinen Helden. München, 1980

Wapnewski, Peter: Richard Wagner. Die Szene und ihr Meister. München, 1978

Westernhagen, Curt von: Richard Wagners Dresdner Bibliothek 1842 bis 1849. Wiesbaden, 1966

Žižek, Slavoj: Der zweite Tod der Oper. Berlin, 2003

Diskographie

Für viele Wagner-Verehrer ist das Thema Plattenaufnahmen eine Art Ersatzreligion. Denn nicht wenige Traditionalisten meiden aufgrund der angeblich «mangelnden Werktreue» des modernen Regietheaters (ein fragwürdiger, unscharf definierter Begriff, von dem eigentlich nur seine Gegner ganz genau wissen, was darunter zu verstehen ist) die Opernhäuser inzwischen ganz. Wozu sich quälen? Schließlich hat man doch daheim mindestens einen *Ring* für jede Jahreszeit. Eines der beliebtesten Pausenthemen ist häufig auch die Klage, es gebe heute keine «Wagnerstimmen» mehr. Weshalb man sich mit einer einzigen abfälligen Bemerkung vom Geschehen des Abends ab- und Lobgesängen auf entlegene historische Aufnahmen zuwendet.

Mit nichts kann man sich also in Wagner-Kreisen schneller Feinde machen, als mit dezidierten Bekenntnissen zu einzelnen Dirigenten oder Sängerinnen und Sängern. Über der Beurteilung der Frage, ob dieser Maestro je Wagner hätte dirigieren, ob jener Bassbariton überhaupt einen Sachs hätte singen dürfen, sind schon alte Freundschaften zerbrochen. Und wer einmal ein emphatisches Dreißig-Minuten-Referat über die elf Bayreuther *Parsifal*-Mitschnitte unter Hans Knappertsbusch genießen durfte, der wird nie, nie wieder zugeben, leider nur die Solti-Aufnahme zu kennen. Sodass auch uns vollkommen klar ist, dass ein Teil unserer Leser dieses Buch allein wegen der folgenden – nicht einmal besonders exotischen – Empfehlungen möglicherweise auf den Index setzen wird. Aber über Geschmack lässt sich nun einmal nicht oder nur schlecht streiten. Wer findet, dass Birgit Nilssons Sopran-Trompete zwar brillant, aber kalt und unbeteiligt klingt, wird sich nie zu einer ihrer grandiosen Isolden überreden lassen. Wer schlanke, gerade geführte Stimmen bevorzugt, wird ein üppiges Vibrato verabscheuen und umgekehrt. Als im Wagner-Jahr Thomas Hengelbrock einen konzertanten *Parsifal* mit historischem Instrumentarium dirigierte, erwarteten viele davon Außerordentliches. Aber mindestens ebenso vielen grauste es allein bei der Vorstellung. Deshalb kann es keine Aufnahme geben, die allen gefällt. In diesem Sinne ist die folgende Liste nicht als Kaufbefehl zu verstehen, sondern eben nur als Empfehlung.

Lohengrin

Live-Tipp: Bayreuther Festspiele 1958. Dirigent: André Cluytens. Chor und Orchester der Bayreuther Festspiele. König Heinrich: Keith Engen – Lohengrin: Sándor Kónya – Elsa: Leonie Rysanek – Telramund: Ernest Blanc – Ortrud: Astrid Varnay – Heerrufer: Eberhard Wächter. Walhall Eternity Series.

Studio-Tipp: die Wiener Gesamtaufnahme von 1962/63. Dirigent: Rudolf Kempe. Chor der Wiener Staatsoper – Wiener Philharmoniker. König Heinrich: Gottlob Frick – Lohengrin: Jess Thomas – Elsa: Elisabeth Grümmer – Telramund: Dietrich Fischer-Dieskau – Ortrud: Christa Ludwig – Heerrufer: Otto Wiener. EMI Classics.

Inszenierungs-Tipp (DVD): die Gesamtaufnahme aus dem Gran Teatre del Liceu in Barcelona von 2006. Dirigent: Sebastian Weigle. Chor und Orchester des Gran Teatre del Liceu. Inszenierung: Peter Konwitschny – Kostüme: Helmut Brade. König Heinrich: Reinhard Hagen – Lohengrin: John Treleaven – Elsa: Emily Magee – Telramund: Hans Joachim Ketelsen – Ortrud: Luana DeVol – Heerrufer: Robert Bork. Naxos.

Tristan und Isolde

Live-Tipp: Mitschnitt der Bayreuther Festspiele 1966. Dirigent: Karl Böhm. Inszenierung: Wieland Wagner. Chor und Orchester der Bayreuther Festspiele. Tristan: Wolfgang Windgassen – Isolde: Birgit Nilsson – Brangäne: Christa Ludwig – Kurwenal: Eberhard Waechter – König Marke: Martti Talvela – Melot: Claude Heater – Ein junger Seemann: Peter Schreier. Universal.

Studio-Tipp: die Wiener Gesamtaufnahme von 1960. Dirigent: Sir Georg Solti. Wiener Philharmoniker – Chor der Wiener Staatsoper. Tristan: Fritz Uhl – Isolde: Birgit Nilsson – Brangäne: Regina Resnik – Kurwenal: Tom Krause – König Marke: Arnold van Mill – Melot: Ernst Kozub. Decca.

Inszenierungs-Tipp (DVD): die Bayreuther Gesamtaufnahme von 1995. Dirigent: Daniel Barenboim. Chor und Orchester der Bayreuther Festspiele. Regie: Heiner Müller – Bühnenbild: Erich Wonder – Kostüme: Yohji Yamamoto. Tristan: Siegfried Jerusalem – Isolde: Waltraud Meier – Brangäne: Uta Priew – Kurwenal: Falk Struckmann – König Marke: Matthias Hölle – Melot: Poul Elming. Deutsche Grammophon.

Die Meistersinger von Nürnberg

Live-Tipp: der Mitschnitt aus dem Großen Festspielhaus in Salzburg vom 5. August 1937 (Mono). Dirigent: Arturo Toscanini. Chor der Wiener Staatsoper – Wiener Philharmoniker. Hans Sachs: Hans Hermann Nissen – Veit Pogner: Herbert Alsen – Sixtus Beckmesser: Hermann Wiedermann – Fritz Kothner: Viktor Madin – Walther von Stolzing: Henk Noort – Eva: Maria Reining – Magdalene: Kerstin Thorborg – David: Richard Sallaba. Andante (derzeit nur antiquarisch erhältlich; die Box des Labels Quadromania ist tontechnisch inakzeptabel).

Studio-Tipp: die Aufnahme des Bayerischen Rundfunks vom Oktober 1967. Dirigent: Rafael Kubelik. Chor und Symphonieorchester des Bayerischen Rundfunks. Hans Sachs: Thomas Stewart – Veit Pogner: Franz Crass – Sixtus Beckmesser: Thomas Hemsley – Fritz Kothner: Kieth Engen – Walther von Stolzing: Sándor Kónya – Eva: Gundula Janowitz – Magdalene: Brigitte Fassbaender – David: Gerhard Unger.

Inszenierungs-Tipp (DVD): Die vorliegenden Produktionen sind unseres Erachtens allesamt zu betulich – egal ob mit oder ohne Nürnberger Butzenscheiben. Daher: kein DVD-Tipp.

Der Ring des Nibelungen

Live-Tipp: Bayreuther Festspiele 1966/67. Dirigent: Karl Böhm. Chor und Orchester der Bayreuther Festspiele. Wotan / Wanderer: Theo Adam – Loge: Wolfgang Windgassen – Alberich: Gustav Neidlinger – Mime: Erwin Wohlfahrt – Fafner: Kurt Böhme – Fricka: Annelies Burmeister – Erda: Vera Soukupova – Siegmund: James King – Sieglinde: Leonie Rysanek – Brünnhilde: Birgit Nilsson – Hunding: Gerd Nienstedt – Siegfried / Loge: Wolfgang Windgassen – Hagen: Josef

Greindl – Gunther: Thomas Stewart – Gutrune: Ludmilla Dvořáková – Waltraute: Martha Mödl. Decca.

Studio-Tipp: die Wiener Produktion der Jahre 1958–1965 (Rheingold 1958, Walküre 1965, Siegfried 1962, Götterdämmerung 1964). Dirigent: Sir Georg Solti. Wiener Philharmoniker – Chor der Wiener Staatsoper. Wotan / Wanderer: George London / Hans Hotter – Donner: Eberhard Wächter – Loge: Set Svanholm Alberich: Gustav Neidlinger – Mime: Paul Kuen / Gerhard Stolze – Fafner: Kurt Böhme – Fricka: Kirsten Flagstad – Erda: Jean Madeira / Marga Höffgen – Siegmund: James King – Sieglinde: Régine Crespin – Brünnhilde: Birgit Nilsson – Hunding: Gottlob Frick – Fricka: Christa Ludwig – Waltraute: Brigitte Fassbaender / Christa Ludwig – Siegfried: Wolfgang Windgassen – Hagen: Gottlob Frick – Gunther: Dietrich Fischer-Dieskau – Gutrune: Claire Watson. Decca.

Inszenierungs-Tipp: die Bayreuther Gesamtaufnahme des «Jahrhundertrings» von 1979/1980. Dirigent: Pierre Boulez. Chor und Orchester der Bayreuther Festspiele. Regie: Patrice Chéreau – Bühnenbild: Richard Peduzzi – Kostüme: Jacques Schmidt. Wotan / Wanderer: Donald McIntyre – Loge: Heinz Zednik – Alberich: Hermann Becht – Mime: Helmut Pampuch / Heinz Zednik – Fafner: Fritz Hübner – Fricka: Hanna Schwarz – Erda: Ortrun Wenkel – Siegmund: Peter Hofmann – Sieglinde: Jeannine Altmeyer – Brünnhilde: Gwyneth Jones – Hunding: Matti Salminen – Waltraute: Gabriele Schnaut – Siegfried: Manfred Jung – Hagen: Fritz Hübner – Gunther: Franz Mazura – Gutrune: Jeannine Altmeyer. Deutsche Grammophon.

Parsifal

Live-Tipp: Bayreuther Festspiele 1962. Dirigent: Hans Knappertsbusch. Chor und Orchester der Bayreuther Festspiele. Amfortas: George London – Titurel: Martti Talvela – Gurnemanz: Hans Hotter – Parsifal: Jess Thomas – Klingsor: Gustav Neidlinger – Kundry: Irene Dalis – Gralsritter: Niels Möller / Gerd Nienstedt – Blumenmädchen: Gundula Janowitz / Anja Silja / Else-Margrete Gardelli / Dorothea Siebert / Rita Bartos / Sona Cervená. Phillips.

«Studio»-Tipp: die konzertante Aufführung in der Berliner Philharmonie am 8. April 2011. Dirigent: Marek Janowski. Rundfunkchor Berlin – Rundfunk-Sinfonieorchester Berlin. Parsifal: Christian Elsner – Gurnemanz: Franz-Josef Selig – Kundry: Michelle DeYoung – Amfortas: Evgeny Nikitin – Klingsor: Eike Wilm Schulte – Titurel: Dimitry Ivashchenko – Blumenmädchen: Julia Borchert/Martina Rüping/Lani Poulson/Sophie Klußmann. PentaTone.

Inszenierungs-Tipp (DVD): Live-Gesamtaufnahme der Staatsoper Berlin vom April 2015, damals noch im Schiller Theater. Dirigent: Daniel Barenboim – Staatskapelle Berlin – Staatsopernchor (Leitung: Martin Wright) – Inszenierung und Bühnenbild: Dmitri Tcherniakov – Kostüme: Elena Zaytseva – Gurnemanz: René Pape – Parsifal: Andreas Schager – Klingsor: Tómas Tómasson – Kundry: Anja Kampe – Titurel: Matthias Hölle – Gralsritter: Michael Smallwood, Dominic Barberi – Blumenmädchen: Adriane Queiroz, Anja Schlosser, Sónia Grané, Narine Yeghiyan, Natalia Skrycka – Stimme aus der Höhe: Natalia Skrycka – Knappen: Sónia Grané, Natalia Skrycka, Stephen Chambers. Bel Air Classiques (2 DVD NTSC)

Richard Wagner bei C.H.Beck

Eine Auswahl

Christian Thielemann
Mein Leben mit Wagner
Unter Mitwirkung von Christine Lemke-Matwey
3., durchgesehene Auflage. 2015. 320 Seiten mit 27 Abbildungen. Gebunden

Sven Friedrich
Richard Wagners Opern
Ein musikalischer Werkführer
2012. 128 Seiten. Paperback

Egon Voss
Richard Wagner
2012. 128 Seiten. Paperback

Saul Friedländer, Jörn Rüsen (Hrsg.)
Richard Wagner im Dritten Reich
Ein Schloß-Elmau-Symposium
2000. 373 Seiten. Paperback

Richard Wagner
Lohengrin
Mit einer Einführung von Christian Thielemann, mit Bildern von Rosa Loy und Neo Rauch
2020. 152 Seiten mit 50 Abbildungen. Leinen